《思想道德与法治》
"三题三入"教学详案

闫 艳——主编　石 勇——副主编

知识产权出版社
全国百佳图书出版单位
—北京—

图书在版编目（CIP）数据

《思想道德与法治》"三题三入"教学详案/闫艳主编. —北京：知识产权出版社，2021.11
  ISBN 978-7-5130-7733-0

Ⅰ.①思… Ⅱ.①闫… Ⅲ.①思想修养—高等学校—教学参考资料②法律—中国—高等学校—教学参考资料 Ⅳ.①G641.6②D920.4

中国版本图书馆CIP数据核字（2021）第191887号

责任编辑：刘　江　　　　　　　　　责任校对：谷　洋
封面设计：智兴设计室·张国仓　　　　责任印制：刘译文

《思想道德与法治》"三题三入"教学详案

闫　艳　主　编
石　勇　副主编

出版发行：知识产权出版社有限责任公司 网　址：http://www.ipph.cn
社　址：北京市海淀区气象路50号院	邮　编：100081
责编电话：010-82000860转8344	责编邮箱：liujiang@cnipr.com
发行电话：010-82000860转8101/8102	发行传真：010-82000893/82005070/82000270
印　刷：北京九州迅驰传媒文化有限公司	经　销：各大网上书店、新华书店及相关专业书店
开　本：720mm×1000mm　1/16	印　张：17
版　次：2021年11月第1版	印　次：2021年11月第1次印刷
字　数：244千字	定　价：78.00元
ISBN 978-7-5130-7733-0	

出版权专有　侵权必究
如有印装质量问题，本社负责调换。

目 录 Contents

| 专题一 | 做担当民族复兴大任的时代新人 /1

| 专题二 | 掌握人生观的基本理论 /17

| 专题三 | 用正确的人生观指引人生 /32

| 专题四 | 理想信念的内涵和作用 /48

| 专题五 | 确立科学崇高的理想信念 /63

| 专题六 | 中国精神的科学内涵和现实意义 /79

| 专题七 | 弘扬新时代的爱国主义 /96

| 专题八 | 坚定社会主义核心价值观自信 /113

| 专题九 | 做社会主义核心价值观的积极践行者 /131

| 专题十 | 道德的基本理论与实践 /146

| 专题十一 | 吸收借鉴优秀道德成果　/161

| 专题十二 | 社会主义道德的核心、原则及其规范　/176

| 专题十三 | 我国社会主义法律的本质特征和运行　/192

| 专题十四 | 坚持全面依法治国　/208

| 专题十五 | 培养社会主义法治思维　/230

| 专题十六 | 依法行使权利、履行义务　/247

专题一 做担当民族复兴大任的时代新人

教学设计思路

一、教学目的与要求

（一）知识目标

1. 了解思想道德与法律的关系。
2. 掌握思想道德素质与法治素养的概念。
3. 理解新时代的内涵。
4. 掌握学习本课程的方法。

（二）能力目标

帮助大学生尽快适应大学生活，提升思想道德素质和法治素养，做有理想、有本领、有担当的时代新人。

（三）情感和价值观目标

引导学生珍惜历史机遇，胸怀实现中华民族伟大复兴的中国梦，立志为新时代贡献青春力量。

二、针对的学生主要思想困惑

1. 如何理解新时代？如何做时代新人？
2. 学习"思想道德修养与法律基础"课程的意义。

三、针对的错误思潮与模糊认识

部分学生认不清我们所处的新时代与自身成长成才的关系。

四、教学重点难点

1. 中国特色社会主义进入新时代。
2. 做有理想、有本领、有担当的时代新人。
3. 提升思想道德素质与法治素养。

五、教学时数

3 课时

教 学 正 文

授课导入

2020 年 6 月 30 日习近平总书记给复旦大学《共产党宣言》展示馆党员志愿服务队全体队员回信中强调，"心有所信，方能行远。面向未来，走好新时代的长征路，我们更需要坚定理想信念、矢志拼搏奋斗。"[①] 那么，新时代大学生如何在学思践悟中坚定理想信念，在奋发有为中践行初心使命？"思想道德修养与法律基础"（以下简称"基础课"）就来解答大家的这些疑问。

"基础课"是同学们在大学期间学习的第一门大学生思想政治理论课，它是一门融思想性、政治性、科学性、理论性、实践性于一体的课程。在这门课程中，我们将一起学习和探讨以下内容。

---

① 习近平给复旦大学青年师生党员回信勉励广大党员在学思践悟中坚定理想信念 在奋发有为中践行初心使命 [EB/OL]．（2020-06-30）[2021-03-15]．http：//www.xinhuanet.com/politics/leaders/2020-06/30/c_1126176463.htm.

专题一 做担当民族复兴大任的时代新人

2018年修订版基础课教材共包括绪论和六章内容,其中绪论介绍了何为新时代与时代新人,同学们步入人生新阶段,开启新征程,需要对所处的新时代有深入的了解和真切的感悟。大学生是民族复兴伟大进程的见证者和参与者,必须以"有理想有本领有担当"为根本要求,才能成长为中国特色社会主义事业的合格建设者和可靠接班人。

第一章"人生的青春之问"是思想教育部分,主要讲怎样的人生才是真正有意义有价值的人生。

第二章"坚定理想信念"、第三章"弘扬中国精神"和第四章"践行社会主义核心价值观"是政治教育部分,主要讲理想信念的内涵及作用,确立马克思主义信仰的重要意义,明确中国精神是实现中华民族伟大复兴的精神动力,社会主义核心价值观是中国发展进步最持久、最深层的力量之源。

第五章"明大德 守公德 严私德"是道德教育部分,主要讲马克思主义道德的基本理论,教会我们如何吸收借鉴优秀道德成果,在实践中,遵守新时代公民道德准则,向上向善,知行合一,做一个品德高尚的现代公民。

第六章"尊法学法守法用法"是法治教育部分,主要内容包括以宪法为核心的中国特色社会主义法律体系,坚持走中国特色社会主义法治道路的重要意义,培养法治思维,依法行使权利与履行义务等。

通过本门课程的学习同学们将收获什么?这门课程的学习将有助于大学生领悟人生真谛,坚定理想信念,践行社会主义核心价值观,做新时代的忠诚爱国者和改革创新的生力军;有助于大学生形成正确的道德认知,积极投身道德实践,做到明大德、守公德、严私德;有助于大学生全面把握社会主义法律的本质、运行和体系,理解中国特色社会主义法治体系和法治道路的精髓,增进法治意识,养成法治思维,更好地行使法律权利、履行法律义务,做到尊法学法守法用法,从而具备优秀的思想道德素质和法治素养。

本专题"做担当民族复兴大任的时代新人"对应教材绪论部分的内

容。主要涉及三个问题：（1）如何认识中国特色社会主义新时代；（2）如何理解时代新人要以民族复兴为己任；（3）学习本课程的意义和方法。

一、如何认识中国特色社会主义新时代

大学阶段，是人生发展的重要时期，是世界观、人生观、价值观形成的关键时期。怎样处理好理想与现实、个人与集体、竞争与合作、权利与义务、自由与纪律、友谊与爱情、学习与工作等方面的关系，做什么样的人，怎样做人，怎样的生活才有意义，怎样的人生追求才有价值等，这一系列的人生课题，都需要大学生在我们所处的中国特色社会主义新时代中观察、思索、选择、实践。步入人生新阶段，确立新目标，开启新征程，需要对新时代有深入的了解和真切的感悟。

（一）中国特色社会主义新时代的特点

时间之河川流不息，每一代青年都要面对和回答时代的问卷。我们所处的新时代，是中国特色社会主义新时代，也是大学生成长成才、成就事业、不容辜负的好时代。当代大学生只有认清我们所处的时代背景，才能抓住这难得的历史机遇，胸怀实现中华民族伟大复兴的中国梦，肩负接续奋斗的光荣使命，坚定理想，增强本领，勇于担当，立志为新时代贡献青春力量。

中国特色社会主义进入新时代是党的十九大作出的重大政治论断。习近平总书记宣布中国特色社会主义进入了新时代，这标志着我们从"新时期中国特色社会主义"进入了"新时代中国特色社会主义"。

如何认识"新时代"？我们可以在与"新时期"的对比中，更深入地认识"新时代"新在何处。首先，"新时期"的开启带有特定历史条件下的被迫性，而"新时代"的开启则是我国事业顺利发展的自然结果。其次，"新时期"是我们摸着石头过河并不断增强自觉性的探索过程，而"新时代"则一开始就是高度自觉的顶层设计。再次，"新时期"是中国逐步"富起来"的过程，而"新时代"则是中国"强起来"的新征程。最后，"新时期"进程中一直伴随着争议，而"新时代"的到来则引起全民

高度认同和热烈欢呼。①

在对比中，我们认识到新时代是承前启后、继往开来、在新的历史条件下继续夺取中国特色社会主义伟大胜利的时代；是决定全面建成小康社会、进而全面建设社会主义现代化强国的时代；是全国各族人民团结奋斗、不断创造美好生活、逐步实现全体人民共同富裕的时代；是全体中华儿女勠力同心、奋力实现中华民族伟大复兴中国梦的时代；是我国日益走近世界舞台中央、不断为人类作出更大贡献的时代。

新时代是理解当前所处历史方位的关键词。习近平总书记在党的十九大报告中指出："经过长期努力，中国特色社会主义进入了新时代，这是我国发展新的历史方位。"中国特色社会主义进入新时代，意味着近代以来久经磨难的中华民族迎来了从站起来、富起来到强起来的伟大飞跃，迎来了实现中华民族伟大复兴的光明前景；意味着科学社会主义在21世纪的中国焕发出强大生机活力，在世界上高高举起了中国特色社会主义伟大旗帜；意味着中国特色社会主义道路、理论、制度、文化不断发展，拓展了发展中国家走向现代化的途径，给世界上那些既希望加快发展又希望保持自身独立性的国家和民族提供了全新选择，为解决人类问题贡献了中国智慧和中国方案。这三个意味着彰显了中国特色社会主义新时代的特点，是它与以往时代环境最大的不同。

（二）中国特色社会主义新时代与中国梦

在认清中国特色社会主义新时代的特点之后，对于当代中国大学生来说，还有一个重要的问题必须明确，即我们这个时代的主旋律和大目标是什么？一言以蔽之，就是实现中华民族伟大复兴的中国梦。大学生是实现这个伟大中国梦的"梦之队"主力军，当代大学生最美好的青春年华恰恰与实现中华民族伟大复兴中国梦合拍共振。

中国梦是历史的、现实的，也是未来的。它凝结着无数仁人志士的不

---

① 从"新时期"到"新时代"：中国特色社会主义的历史跃升 [EB/OL]. (2017 - 10 - 19) [2021 - 03 - 15]. http://www.rmlt.com.cn/2017/1019/500387.shtml.

懈努力，承载着全体中华儿女的共同向往，昭示着国家富强、民族振兴、人民幸福的美好前景。今天，在习近平新时代中国特色社会主义思想的指引下，中华民族的追梦之路更清晰、筑梦之基更坚实、圆梦之策更精准。站在新时代的起点，我们比历史上任何时期都更接近中华民族伟大复兴的目标，比历史上任何时期都更有信心、有能力实现这个目标。

【案例点击】2012年11月29日，在国家博物馆，中共中央总书记习近平在参观"复兴之路"展览时，第一次阐释了"中国梦"的概念。他说："大家都在讨论中国梦。我认为，实现中华民族伟大复兴，就是中华民族近代以来最伟大的梦想。"他称，到中国共产党成立100年时全面建成小康社会的目标一定能实现，到新中国成立100年时建成富强民主文明和谐的社会主义现代化国家的目标一定能实现，中华民族伟大复兴的梦想一定能实现。

2013年3月17日，中国新任国家主席习近平在十二届全国人大一次会议闭幕会上，向全国人大代表发表自己的就任讲话。据有关媒体报道，在将近25分钟的讲话中，习近平9次提及"中国梦"，44次提到"人民"，共获得了十余次掌声，有关"中国梦"的论述更一度被掌声打断。

【案例评析】习近平主席所提出的中国梦既是国家的、民族的，也是每一个中国人的。只有每个人都为美好梦想而奋斗，才能汇聚起实现中国梦的磅礴力量。在实现民族复兴梦想的伟大征程中，青年不懈追求的梦想始终与振兴中华的责任担当紧密相连。在革命战争时期，青年一代满怀革命理想，为争取民族独立、人民解放冲锋陷阵、抛洒热血；在社会主义建设时期，青年一代响应党的号召，在新中国的广阔天地忘我劳动、艰苦创业；在改革开放时期，青年一代发出了团结起来、振兴中华的时代强音，为祖国的繁荣富强开拓奋进、锐意创新；如今新时代更是为广大青年学子提供了实现梦想的最广阔舞台。

(三) 中国特色社会主义新时代与当代大学生

新时代属于每一个人，每一个人都是新时代的见证者、开创者、建设者。民族复兴的中国梦包含重要的"两个一百年"的奋斗目标：一是到中国共产党成立 100 年时，实现国内生产总值和城乡居民人均收入比 2010 年翻一番，全国建成惠及十几亿人口的小康社会；二是到 21 世纪中叶，即中华人民共和国成立 100 年时，建成富强民主文明和谐的社会主义现代化国家。

由此可见，我们当代的大学生，正是民族复兴伟大进程的见证者和参与者，也是社会主义事业建设的生力军。自你们迈入大学校门的那一刻，就注定承担着这个时代、我们的祖国和民族所赋予你们特殊而神圣的使命，你们的成长与发展，将与我们国家的繁荣昌盛、与民族的伟大复兴紧密相连，在新时代的中国，经济建设主战场、文化发展大舞台、社会建设新领域、科技创新最前沿、基层实践大熔炉，都是当代大学生贡献聪明才智、书写青春篇章的热土福地。

二、如何理解时代新人要以民族复兴为己任

党的十九大明确提出了"培养担当民族复兴大任的时代新人"的战略要求。当代大学生应该从两个方面着力，积极响应党的这一战略要求。

（一）做有理想有本领有担当的时代新人

青年兴则国家兴，青年强则国家强。青年一代有理想、有本领、有担当，国家就有前途，民族就有希望。大学生是国家宝贵的人才资源，是民族的希望、祖国的未来，肩负着人民的重托、历史的重任。新时代的大学生朝气蓬勃、好学上进、视野宽广、开放自信，是可爱、可信、可为的一代。在此次抗击新冠肺炎疫情的战役中，他们用实际行动彰显出无私奉献和勇于担当的精神，除此之外，成长为"时代新人"还需要具备哪些品质？在抗击新冠肺炎疫情的战役中涌现出的诸多英雄人物为"时代新人"的成长树立了榜样。

【案例点击】在这次抗击新冠肺炎疫情的战役中，有一位"定海神针"式的人物，他带领广大医护人员冲在一线，及时给出防疫和治疗建议，给予全国人民战胜疫情的信心，他就是被广大网友亲切称为"钟爷爷"的钟南山院士。

2020年新冠肺炎疫情暴发，钟南山首先肯定存在人传人的情况，并且告诫公众"尽量不要去武汉"，他自己却坐上了前往疫区的高铁。一位84岁的老人，因为临时决定前往武汉，没有座位，只能在餐车熬了一宿，接下来又连续往返于武汉、广东和北京之间，为防控疫情而奔波。其实，早在2003年，钟南山就果断否定了关于"典型衣原体是非典型肺炎病因"的观点，为广东卫生行政部门及时制定救治方案提供了决策论据，并且得到世界卫生组织派出专家的肯定。从2003年的"非典"到2020年的"新冠肺炎"，是他用自己精准、高超的职业判断，对于整个疫情形势的准确定位，为党和政府做出正确的判断和采取行之有效的战略措施提供了坚实的保障。

钟南山院士在关键时刻能够做出这样专业的判断绝非一时之功，而是基于他长年积淀的实践经验和牢固的专业基础，这也与他从青年起就将"治病救人"作为人生理想密不可分。1936年，钟南山出生于一个医生世家，父亲钟世藩，是我国著名的儿科医学专家，并被世界卫生组织聘为医学顾问。父亲在晚年忍受着眼疾的痛苦坚持完成了儿科诊断的重要著作，他用自己的行动告诉钟南山："人总要为世界留下点什么，才算没有白活！"钟南山将这句话牢牢记在心里，并以父亲为榜样，始终坚持奋斗在医疗卫生事业的第一线。

【案例点评】 钟南山院士的案例启示我们：第一，时代新人要有崇高的理想信念，牢记使命，自信自励。"功崇惟志，业广惟勤。"理想指引人生方向，信念决定事业成败。崇高的理想信念是事业和人生的灯塔，决定我们的方向和立场，也决定我们的精神状态和实际行动，直接关系着人生目标的选择、人生价值的实现。第二，时代新人要有高强的本领才干，勤奋学习，全面发展。不断增强的本领才干，是青春焕发光彩的重要源泉。新时代大学生素质和本领的强弱，直接影响着民族复兴的进程。身处日新月异的新时代，面对国内外环境发生深刻变化，知识更新周期大大缩短，大学生要有本领不够、才干不足的紧迫感，自觉加强学习、勤奋探索，在社会实践中全面发展。第三，时代新人要有天下兴亡、匹夫有责的担当精神，讲求奉献，实干进取。青春至美是担当，青年的担当是决定人生价值的最大砝码，是影响时代发展进程的重要力量。"历尽天华成此景，人间万事出艰辛。"我们越是接近中华民族的伟大复兴，越是需要付出更为艰巨、更为艰苦的努力。作为实现中华民族伟大复兴的生力军，大学生的担当精神体现为奉献祖国、奉献人民、尽心尽力、勇于担责，必须讲求奉献，实干进取，自觉树立国家意识、民族意识、责任意识，把个人前途命运与国家、民族的前途命运紧紧地联系在一起，在尽责集体、服务社会、贡献国家中实现人生理想和人生价值。

在这次疫情的"逆行者"中，有一群朝气蓬勃的"95后""00后"，湖南省儿童医院感染科护士胡佩，1998年出生；武汉金银潭医院ICU男护士梁顺，1999年出生；南昌大学一附院象湖院区护士徐文惠，1997年出生……他们既是刚毕业不久的大学生，也是立志打赢这场战役的"战士"，他们没能和家人吃上一顿热乎的年夜饭，不能陪父母一起看春晚，而是转身投入到这场与病毒争分夺秒的战斗中，即使要剪掉心爱的长发、忍受护目镜勒出的血印也丝毫没有退却。他们的身上体现出极强的"政治意识、大局意识、核心意识、看齐意识"。

由此可见，"时代新人"基本内涵具有三个层次：一是着眼于其应具备的基本素质，包括理想信念、爱国情怀、道德品质、知识见识、奋斗精神、综合能力等；二是着眼于其应具有的精神状态，包括坚定、自信、奋进、担当等；三是着眼于其所担负的时代责任，主要是担当起在新时代实现中华民族伟大复兴的历史重任。[①] 当代大学生应该自觉向抗疫中涌现出来的优秀大学生学习，以有理想、有本领、有担当作为对自己的根本要求，夯实综合素质基础，自觉在学习、工作和生活中提升自己的思想道德素质和法治素养，展现新的风貌、新的姿态，努力成长为能够担当建设中国特色社会主义事业的时代新人，成为走在新时代前列的奋进者、开拓者、奉献者。

---

① 刘建军. 论"时代新人"的科学内涵[J]. 思想理论教育，2019（2）.

（二）提升思想道德素质与法治素养

要成为有理想有本领有担当的时代新人，还必须具备良好的思想道德素质和法治素养。大学生在自觉提升思想道德素质和法治素养之前，应该先明晰思想道德和法律两者之间的关系。

1. 思想道德和法律的关系

人的本质是一切社会关系的总和。一个人要安身立命、成长成才、贡献社会，需要不断地调整自身与他人的关系，不断实现人的社会化。其中最重要的就是要正确认识自己、认识他人、认识社会，学习掌握运用道德和法律规范，正确调整自己的行为。

思想道德属于上层建筑的范畴，是一种特殊的社会意识形式。它是以善恶为评价方式，主要依靠社会舆论、传统习俗和内心信念来发挥作用的行为规范的总和。法律是由国家制定或认可并以国家强制力保证实施的，反映由特定社会物质生活条件所决定的统治阶级意志的规范体系。

思想道德和法律都是调节人们思想行为、协调人际关系、维护社会秩序的重要手段。但是，道德与法律不能相互替代、混为一谈，两者的区别为以下方面：第一，产生的条件不同。道德的产生与人类社会的形成同步，它是维系一个社会最基本的规范体系，没有道德规范，整个社会就会分崩离析。法律是在原始社会末期随着氏族制度的解体以及私有制、阶级的出现，与国家同时产生的。第二，表现形式不同。道德规范的内容存在于人们的意识之中，并通过人们的言行表现出来。道德一般不以文字的形式固定下来，相较于清晰的法律条款来说，道德的内容较为抽象和模糊。第三，调整范围不尽相同。从深度上看，道德不仅调节人们的外部行为，还调整人们的动机和内心活动，它要求人们根据高尚的意图而行动，要求人们为了善而去追求善。而法律尽管也考虑人们的主观过错，但如果没有违法行为，就不对主观过错进行惩罚；从广度上看，由法律调整的领域，一般也由道德调整。但是，也有些由法律调整的领域几乎不包括任何道德判断，如专门的程序规则、政府的组织规则等。第四，作用机制不同。道德主要依靠社会舆论、传统习俗以及人们的内心信念来维持，而法律是靠国家强制力如法庭、监狱、警察等保障实施。第五，内容不同。道德一般只规定义务，并不要求对等的权利。例如，面对一个落水者，道德提示人们有救人的义务，却未赋予人们向其索要报酬的权利。而法律是以权利、义务为内容的，一般要求权利与义务的对等，在法律的视域中，没有无权利的义务，也没有无义务的权利。

思想道德和法律虽然在调节领域、调节方式、调节目标等方面存在很大不同，但是二者都是上层建筑的重要组成部分，共同服务于一定的经济基础。在我国，中国特色社会主义思想道德建设和中国特色社会主义法治建设紧密联系、相互促进，为中国特色社会主义事业提供坚实的思想基础、精神支撑和法治保障。坚持和发展中国特色社会主义，既要发挥思想道德的引领和教化作用，又要发挥法律的规范和强制作用。

第一，思想道德为法律提供思想指引和价值基础。首先，思想道德为法律的制定、发展和完善提供价值准则，是社会主义法律正当性和合理性的重要基础。法律应包含最低限度的道德，不以道德为基础的法律，是一种"恶律"，是无法获得人们的尊重和自觉遵守的。其次，道德对法律的实施有保障作用，思想道德能够促进人们自觉尊法学法守法用法，维护法律权威。《孟子·离娄上》说："徒善不足以为政，徒法不足以自行"，只有善德不足以处理国家的政务，只有法令不能够使之自己发生效力。也就是说法律除了规范以外，要真正发挥法律作用，制定法律的人要善，制定的法律要科学，要保证人民大众的利益，而不是少数权贵阶层的利益，执法者职业道德的提高，守法者法律意识、道德观念的增强，都对法律的实施起着积极的作用。最后，道德对法律有补充作用，思想道德调整社会关系的范围和方式更加广泛灵活，可以弥补法律调整的短板，与法律一道共同促进良好社会秩序的形成。有些不宜由法律调整的，或本应由法律调整但因立法滞后而尚"无法可依"的领域，道德调整能起到补充作用。同时，道德和法律在某些情况下会相互转化，随着社会的发展，一些道德要求逐渐凸显出来，被认为对社会非常重要并有被经常违反的危险，立法者就有可能将之纳入法律的范畴；相反，某些过去曾被视为不道德因而需要法律加以禁止的行为，也有可能退出法律领域而转为道德调整。

第二，法律不仅为思想道德提供制度保障，也是弘扬道德的有效手段。道德可以分为两类：一类是社会有序化要求的道德，即某一社会要维系下去所必不可少的"最低限度的道德"，如不得暴力伤害他人、不得用欺诈手段谋取利益，不得危害公共安全等；另一类是那些有助于提高生活质量、增进人与人之间紧密关系的原则，如博爱、无私等。其中，第一类道德通常上升为法律，通过制裁或奖励的方式得以推行；而第二类道德则是较高要求的道德，一般不宜转化为法律，否则可能混淆法律与道德，结果导致"法将不法，德将不德"。法律的实施，本身就是一个惩恶扬善的过程，不但有助于人们法律意识的形成，还有助于人们良好道德品质的养成。法律作为一种国家评价标准，对于提倡什么、反对什么，有一个统一的规定，而法律所包含的评价标准与大多数公民最基本的道德信念又是一致或接近的，所以法律的实施能对社会道德的形成和普及起到重大作用。

因此，法律通过对思想道德的基本原则予以确认，为思想道德建设提供国家强制力保障。科学立法和民主立法，可以将思想道德有机融入法律体系，使法律具有鲜明道德导向，让法治成为良法善治；严格执法和公正司法，有利于维护社会公平正义，弘扬真善美、打击假恶丑，使思想道德要求在实践中得到切实遵循；全民普法和全民守法，有助于增强人们信守法律的思想道德水平，引导人们自觉履行法定义务、家庭责任、社会责任。

第三，国家和社会治理需要法律和道德共同发挥作用。自人类进入文明社会以来，任何社会在建立与维持秩序时，都必须同时借助这两种手段，只不过有所偏重。因为法律的效果是有限的，法律的惩戒是有形的，法律惩戒于恶行之后；而道德是在行为之前的，是无限的、无形的，是自律的。所以，单一的法治模式或单一的德治模式不免都是有缺陷的，必须将道德和法律结合起来，用法律来守住社会底线，使人的恶行受到及时、严厉的惩罚，同时，用德治对法治做有益的补充。

坚持和发展中国特色社会主义，既要发挥法律的规范和强制作用，又要发挥道德的教化和引领作用。要通过科学立法和民主立法，将社会主义道德理念融入社会主义法律体系之中，使法律成为饱含道德价值的良法；要通过严格执法和公正司法，使社会主义道德要求在实践中得到弘扬和遵循，并成为衡量执法、司法合理性的重要标准；要通过全民守法，使社会主义道德成为公民内心的信仰，充分发挥法律对道德建设的促进和保障作用。要切实践行社会主义核心价值观，弘扬中华传统美德，培育社会公德、职业道德、家庭美德和个人品德，坚持以道德滋养法律，以道德丰富法律，以道德支撑法律，以道德精神和价值促进并引领全社会信仰法律。

2. 思想道德素质和法治素养

思想道德素质和法治素养，是思想政治素质、道德素质和法治素养的有机融合，是新时代大学生必须具备的基本素质。

思想道德素质是人们的思想观念、政治立场、价值取向、道德情操和行为习惯等方面品质和能力的综合体现，反映着一个人的思想境界和道德风貌，是促进个体健康成长、社会发展进步的重要保障。

法治素养是指人们通过学习法律知识、理解法律本质、运用法治思维、依法维护权利与依法履行义务的素质、修养和能力，对于保证人们尊崇法治、遵守法律具有重要的意义。

良好的思想道德素质和法治素养，是在学习中升华、内省中完善、自律中养成、实践中锤炼的结果，同时也是大学生把握发展机遇、创造精彩人生的基础条件和宝贵资源。大学生应当通过理论学习和实践体验，牢固树立坚定的理想信念和正确的价值观念，陶冶高尚的道德情操，增强尊法学法守法用法的自觉性，不断提高自身的思想道德素质和法治素养。

三、学习本课程的意义和方法

"思想道德修养与法律基础"课程针对大学生成长过程中面临的思想道德和法律问题，开展马克思主义的世界观、人生观、价值观、道德观、法治观教育，引导大学生提高思想道德素质和法治素养，成长为能够自觉担当民族复兴大任的时代新人。

(一) 学习本课程的重要意义

本课程能够帮助大学生立大志，同时认识到立德的重要性，明白做人做事的道理，选择正确的成才之路。

学习本课程，有助于大学生领悟人生真谛，坚定理想信念，践行社会主义核心价值观，做新时代的忠诚爱国者和改革创新的主力军；能够帮助大学生明确党和国家对大学生的希望和要求，明确自身成长所面临的机遇和挑战，明确自身肩负的历史使命、努力方向以及成长成才的途径和方法。

有助于大学生掌握丰富的思想道德和法律知识，为提高思想道德素质和法治素养打下知识基础。本课程把马克思主义基本理论应用于大学生思想道德修养与法律基础领域，用深刻的哲理和多方面的综合知识，对大学生进行理想信念、爱国主义、人生价值、道德修养和法律基础等方面的教育。通过本课程的学习，有利于大学生确立为人处世、做人做事的正确立场，掌握启迪智慧、修身养性、陶冶情操的方法，形成正确的道德认知，积极投身道德实践，做到明大德、守公德、严私德。

同时，有助于大学生全面把握社会主义法律的本质、运行和体系，理解中国特色社会主义法治体系和法治道路的精髓，增进法治意识，养成法治思维，更好地行使法律权利、履行法律义务，做到尊法学法守法用法，从而具备优秀的思想道德素质和法治素养。

学习本课程还有助于大学生摆正德与才的位置，促进自身全面发展。德与才是一个人的基本品质。德为立身之本，才为立身之基。在德与才的关系上，德是前提和灵魂，才是能力和工具。大学生只有摆正德与才的关系，深刻理解党和国家提出的"立德树人"要求，避免走入重智轻德的误区，不断提升自身的道德水平和法治素养，从各方面发展自我、完善自我，才能做到德才兼备、全面发展。

(二) 学习本课程的基本方法

学好科学理论。这里所说的科学理论，主要是指马克思主义的基本原理，马克思主义的立场、观点和方法。这是构建本课程的理论基础和贯穿本课程的灵魂，也是学习本课程要把握的重点。本课程针对大学生普遍关心的思想道德问题，运用马克思主义基本原理进行了科学的分析和解答；针对大学生普遍关心的法律法规，进行集中的讲解和介绍。在学习中，同学们既要注意学习和掌握教材中的理论，更要着重把握基本的立场、观点和方法，并用其分析纷繁复杂的社会现象，认识并解决自己成长中遇到的问题。

掌握基本知识。本课程包含丰富的人生哲学、伦理道德和法律知识。这些知识是人类在长期社会实践中形成的思想成果，是哲学社会科学的重要组成部分。学习本课程，要注意汲取和把握这些思想成果，加强道德修养，培养法律素质，提高精神境界。在学习好本教材的基础上，广泛学习其他方面的知识，扩展自己的知识领域，不断提高自己的思想水平。

注重联系实际。理论学习只有联系实际，才会生动而具体。本课程的内容来源于现实生活，又对现实生活具有指导意义。在学习的过程中一定要密切联系我国改革开放和社会主义现代化建设的实际，密切联系社会主义市场经济条件下思想道德建设、民主法治建设的实际，密切联系自身的学习和生活实际，真正领会和掌握本课程的主要内容和精神实质。要积极主动地向人民群众学习、向英雄模范人物学习、向身边的榜样学习，从实际生活中汲取丰富的精神营养，在社会实践中加深对思想道德和法律知识的理解。

坚持学以致用。本课程的内容具有鲜明的实践性。学习本课程要把知与行结合起来，把学习与践履结合起来，把学习规范与遵守规范结合起来，使知识转化为内在素质。古人说："修以求其粹美，养以期其充足，修犹切磋琢磨，养犹涵育熏陶也。"加强思想道德和法律修养是知、情、意、行辩证统一的过程，只有通过个人的主观努力和亲身实践，在学中做，在做中学，学以致用，不断增强自我教育、自我约束、自我激励的能力，慎独自守，防微杜渐，才能实现提高自己思想道德素质和法律素质的学习目的。

专题小结

大学是立德树人、培育人才的地方，是青年人学习知识、丰富思想、增长才干、放飞梦想的地方。大学生既要在大学中通过学习提高自身素质，同时也要注重培养自己的社会责任感和担当精神。中国特色社会主义进入新时代为大学生发展提供了新机遇，大学生应明确"新时代"新在何处，抓住难得的历史机遇，立志在社会实践的磨砺中，不断提高自身的思想道德素质与法治素养，成长为有理想有本领有担当的时代新人。

延伸阅读

1. 中共中央宣传部．习近平新时代中国特色社会主义思想三十讲［M］．北京：学习出版社，2018．

2. 教育部思想政治工作司，中共北京市委教育工作委员会．莫辜负新时代——"四个正确认识"大学生读本［M］．北京：人民出版社，2018．

3. 余斌．西南联大的背影［M］．北京：生活·读书·新知三联书店，2017．

4. 约翰·亨利·纽曼．大学的理念［M］．高师宁，等译．北京：北京大学出版社，2016．

思考题

1. 什么是思想道德素质与法治素养？如何提升思想道德素质与法治素养？

2. 结合自身实际，谈谈如何做有理想有本领有担当的时代新人？

（撰写人：赵洁）

专题二　掌握人生观的基本理论

教学设计思路

一、教学目的与要求

（一）知识目标

1. 引导学生理解马克思主义关于人的本质的论断。
2. 帮助学生系统认识人生观的主要内容以及人生观与世界观的关系。
3. 引导学生深刻理解马克思主义关于个人与社会关系的基本原理，正确认识个人与社会的辩证关系。

（二）能力目标

1. 引导学生正确认识人生目的、人生态度和人生价值间相互联系、相辅相成的关系。
2. 引导学生结合个人实际和社会现实，正确处理个人利益和社会利益的关系。

（三）情感和价值观目标

1. 使学生能够在复杂的社会生活中树立正确的价值取向，正确处理自我价值与社会价值的关系。
2. 引导学生科学看待人生的根本问题，能够用正确的方式对待生活。

二、针对的学生主要思想困惑

1. 人的本质到底是什么？
2. 如何正确处理个人与社会之间的关系？

三、针对的错误思潮与模糊认识

1. 不能正确理解人生观主要由哪些内容构成。
2. 不能正确认识个人利益与社会利益的关系。

四、教学难点重点

1. 马克思主义关于人的本质的论断。
2. 人生观的主要内容。
3. 个人与社会的辩证关系。

五、教学时数

3 课时

教 学 正 文

授课导入

每个人的一生是一条没有回程的单行线，怎样不虚度人生，是我们每一个人都不能回避的问题。习近平总书记同青年大学生座谈时强调："要树立正确的世界观、人生观、价值观，掌握了这把总钥匙，再来看看社会万象、人生历程，一切是非、正误、主次，一切真假、善恶、美丑，自然就洞若观火、清澈明了，自然就能作出正确判断、作出正确选择。"[1] 大学

---

[1] 习近平谈治国理政（第1卷）[M]. 北京：外文出版社，2018：173.

生思考和规划自己的人生之路，首先要学会科学看待人生的根本问题，认识个人与社会的辩证关系，掌握人生观的基本理论。

一、人生观主要由哪些内容构成

（一）正确认识人的本质

探讨"人生观"的问题，首先必须回答两个问题：人是什么？人的本质是什么？

1. 人是什么

希腊德尔斐神庙上有这样的一句话："人啊！认识你自己。"人对自身的认识，既是一个古老的问题，又是一个常新的问题。古今中外关于"人是什么"这一问题还有多种不同的说法。

例如，《列子·黄帝》记载："有七尺之骸，手足之异，戴发含齿，倚而趣者，谓之人。"汉代董仲舒指出："人受命于天，固超然异于群生，人有父子兄弟之亲，出有君臣上下之谊，会聚相遇，则有耆老长幼之施，粲然有文以相接，欢然有恩以相爱，此人之所以贵也。"[1]

在西方哲学里面，苏格拉底认为，人是理性的动物。柏拉图认为，人是没有羽毛的两脚动物。亚里斯多德指出，人是天生的政治动物，等等。

这些思想家从不同角度提出关于人是什么的见解，其中不乏真知灼见，但很难对人是什么给予精准的界定。对人的认识，核心在于认识人的本质，人的本质问题是人生观的理论基础。

2. 人的本质是什么

在中外思想史上，许多思想家对"人的本质是什么"这一问题提出过自己的见解，但直到19世纪中叶，马克思和恩格斯创立了辩证唯物主义和历史唯物主义，并用它来观察人、分析人、认识人的时候，才在人类历史上第一次科学揭示了人的本质，为人们认识人生，形成正确的人生观提供

---

[1] 班固. 汉书[M]. 北京：中华书局，1962：2515.

了科学的方法论。马克思运用辩证唯物主义和历史唯物主义的立场观点方法，揭开了人的本质之谜，他指出："人的本质不是单个人所固有的抽象物，在其现实性上，它是一切社会关系的总和。"①

怎样理解这句话呢？

第一，人的本质属性在于社会性。本质属性是决定一事物之所以成为该事物而区别于其他事物的属性。人的本质属性是人之所以为人的最根本的属性。广义上，可以把人的属性分为自然属性和社会属性。自然属性是人类存在的物质前提，指人的肉体存在及其特性。不可否认，人类具有自然属性，如肚子饿了想吃东西，冷了想取暖，累了需要休息，生命受到威胁时知道自卫等。但是，这种自然属性不仅为作为高等动物的人所具有，其他动物也会有。人的自然属性表明了人和动物的联系和共同性。因此，不能把自然属性当作人的本质特征。正如马克思所说："吃、喝、性行为等等，固然也是真正的人的机能。但是如果使这些机能脱离了人的其他活动，并使他们成为最后的、唯一的终极的目的，那么在这种抽象中，他们就是动物的机能。"②甚至就自然属性而言，人远远不如动物。一个幼小的动物脱离母体很快就能独立生存，而人需要相当长的时间才能独立，而且，任何一个独立的个体无法单独生存。人所依靠的不是自己的生理优势，而是自己的存在方式。人依靠社会组织，依靠生产工具区别于其他动物。正如荀子所说，人之所以有力量，在于人能"群"。所以，社会属性是人的本质属性，是揭示人的本质的关键之所在。

第二，人的本质是一切社会关系的总和。任何人都是处在一定的社会关系中从事社会实践活动的人。人从出生那天起，不管是否愿意，都置于一定的社会关系中。马克思认为，人的本质是从人的本质属性——社会性揭示出来，具体包括两个方面：在人和动物相区别的层面上，人的本质在于社会劳动；在人和人相区别的层面上，人的本质在于社会关系。把人的

---

① 马克思恩格斯文集（第1卷）[M]．北京：人民出版社，2009：501．
② 马克思恩格斯全集（第42卷）[M]．北京：人民出版社，1979：94．

本质归结为生产劳动，无疑把人与动物最终区别开来，但马克思认为这仅仅是人的一般本质的揭示，是人的共性，是不分时间、种族、阶级、性别，是所有人共同具有和动物相区别的"一般本性"。然而，人从来都是有差别的，现代人不同于古代人，资本主义时代的人不同于封建时代的人。即使是共处于同时代、同地区的人也不尽相同。例如，工人不同于资本家，农民不同于地主。这就需要进一步揭示人的本质的历史变化性的根源，即人的"独特性"或曰"特殊本质"。马克思经过对人的历史和现实的深入考察，最终揭示了真正决定让人的本性发展变化的独特力量不是别的，而是社会关系。正是社会关系的不同，才决定人的本质的差异性和历史变化性。

第三，人的本质是具体的、历史的。人的本质是一切社会关系的总和，而社会关系不是固定不变的，因此，人的本质也不是永恒的，它是随着社会生产力和生产关系的矛盾运动而不断变化、深化和发展的。人们之间的社会关系的历史变动性，决定了人的本质的具体历史性。每一个人从出生那天起，就从属于一定的社会群体，同周围的人发生各种各样的社会关系，如家庭关系、地缘关系、业缘关系、经济关系、政治关系、法律关系、道德关系等。人的社会关系的总和决定了人的本质。人们正是在这种客观的、不断变化的社会关系中塑造自我，成为真正现实的、具有个性特征的人。

因此，认识人的本质，只能立足于具体的、历史的社会关系中从事社会实践的人，而不能从抽象的人性论出发，更不能依靠神的启示。

（二）人生观的主要内容

人们面对各种各样的境遇，在客观的不断变化的社会关系中实践人生，通过现实的生活逐渐地感悟人生，形成相应的人生观。人生观就是人们关于人生目的、人生态度、人生价值等问题的总观点和总看法。

人生现象纷繁复杂，人生观的内容十分丰富。总的来说，人生观的主要内容包括人生目的、人生态度和人生价值。这里，我们具体来看一下人生目的、人生态度和人生价值分别是什么，它们分别回答了什么样的问题。

1. 人生目的

人生目的是指生活在一定历史条件下的人在人生实践中关于自身行为的根本指向和人生追求。

人活着为什么需要目的呢？马克思在《资本论》中有一段论述，给了我们非常好的认识视角。马克思在分析动物的活动和人的活动之间的区别时指出，"蜘蛛的活动与织工的活动类似，蜜蜂建筑蜂房的本领使人间的许多建筑师感到惭愧。但是，最蹩脚的建筑师从一开始就比最灵巧的蜜蜂高明的地方，是他在用蜂蜡建筑蜂房以前，已经在自己的头脑中把它建成了……他还在自然物中实现自己的目的"①。马克思这段话强调了"自由的有意识"的活动恰恰是人的类特性。人的活动中预定的蓝图、目标、活动方式和步骤等，都体现着意识活动的目的性和计划性。毛泽东在《论持久战》中也曾指出："一切事情是要人做的"，"做就必须先有人根据客观事实，引出思想、道理、意见，提出计划、方针、政策、战略、战术，方能做得好。思想等等是主观的东西，做或行动是主观见之于客观的东西，都是人类特殊的能动性，我们名之曰'自觉的能动性'，是人之所以区别于动物的特点。"② 人区别于动物就在于人的活动是自觉的、有目的的。也就是说，人在活动之前已经对活动的对象有了一个自觉的认识，明确自己要做什么，并对活动的结果有着预期的设想。

人生之所以需要目的，其实除了理论上这样的一种论说之外，还有非常重要的现实指向。社会实践生活中，人们所处的环境和时代的不同、阶级的不同，会导致人们产生不同的人生目的。从现实的角度讲，人生目的是对"人为什么活着"这一人生根本问题的认识和回答，是人生观的核心，在人生实践中具有重要的作用。这一作用主要体现在以下三个方面。

其一，人生目的决定人生道路。人生目的规定了人生的方向，对人们所从事的具体活动起着定向的作用。为实现人生目的，人们会注重培养能

---

① 马克思恩格斯文集（第5卷）[M]．北京：人民出版社，2009：208．
② 毛泽东著作选读 [M]．北京：人民出版社，1986：228．

力、磨炼意志、奋发进取、努力拼搏。古今中外众多创造了辉煌壮丽人生的志士仁人，多在青年时期就确立了正确的人生目的，从而在面对人生的一系列重大课题时，能做出正确的选择，始终朝着正确的人生发展方向前进。例如，青年时期的马克思在 17 岁高中毕业的论文中就思考选择最能为人类福利而劳动的职业是如此；青年时期的毛泽东面对民族危亡给自己取名为"子任"，决心把救国救民作为自己的责任和抱负是如此；青年时期习近平把"要为人民做实事"作为毕生追求是如此；青年时期钟南山把"治病救人"作为终生坚守也是如此。

其二，人生目的决定人生态度。人生道路上有时会一帆风顺，有时会崎岖不平，面对各种各样的矛盾和斗争，不同的人生目的会使人持有不同的人生态度。正确的人生目的可以使人无所畏惧、顽强拼搏、积极进取、乐观向上；错误的人生目的则会使人或是投机钻营、违法犯罪，或是虚度人生、放纵人生，或是悲观消沉、厌世轻生。在历史上和现实生活中，许多事业有成者，莫不是在正确人生目的的引导下，笑对人生道路上的惊涛骇浪，对未来充满信心，困难面前不动摇，失败之后不灰心，以百折不挠的勇气赢得了成功，成为世人学习的楷模。

其三，人生目的决定人生价值选择。不同的人生目的，会有不同的人生追求，不同的人生追求又影响着不同的人生价值选择。正确的人生目的会使人懂得人生的价值首先在于奉献，从而在工作中尽心、尽力、尽责。错误的人生目的则会使人把人生价值理解为向社会或他人进行索取，从而把追逐个人私利视为有价值、有意义的人生，而漠视对国家、社会、集体和他人的义务与责任。

总之，人生目的是一个人的航标，它指引着人生的航向，决定着人生的根本方向。不同的人生目的，决定了人为什么而活，以及怎么去生活；也决定了一个人的人生是光彩照人还是暗淡无光。高尚伟大的人生目的造就为社会、为国家、为人民自觉奉献的一生。

2. 人生态度

人生态度是指人们通过生活实践形成的对人生问题的一种稳定的心理

倾向和精神状态。人生态度是对"人应当怎样活着"这一问题的回答。人生态度对一个人的一生起着非常重要的作用。

下面来看人生态度与人生观的关系。

首先，人生态度是人生观的重要内容。一个人有什么样的人生观，就会有什么样的人生态度。当一个人对自己的人生观有了某种明确的选择，实际上就在主要方面决定了他将如何对待生活，决定了他在实践中将以怎样的方式处理各种人生问题。

其次，人生态度是人生观的表现和反映。在纷繁复杂的人生中，人生态度呈现多元化。一个人的人生观如何，可以通过他的人生态度体现出来。一个人如果不思考人的生命应有的意义，对什么事都显得无所谓，"当一天和尚撞一天钟"，这实际上是庸碌无为的人生观的表现。一个人如果抱着"浮生如梦""及时行乐""今朝有酒今朝醉"的混世态度，其背后必然是低俗、庸碌和沉沦的人生观。一个人如果看破红尘，满眼只见烦恼、痛苦和荒谬，以心灰意冷的倦怠态度对待生活，其背后必然是消极悲观的人生观。与上述情况相反，一个人如果满怀希望和激情，热爱生活，珍视生命，勇敢坚强地战胜困难并不断开拓人生新境界，其背后一定有正确的人生观作为精神支柱。

【案例点击】疫情下一个个小故事，实实在在温暖着人心，替我们驱散病毒带来的恐惧和困难，让我们看到了力量和希望。武汉方舱医院是主要收治新冠肺炎轻症患者的医院，然而，这里没有你想象中过多的恐惧和绝望，更多的是人们对生活的热爱和绝境生花的坚强！

在武汉客厅方舱医院C区，一名戴着口罩的男孩在聚精会神地做数学作业。男孩是武汉某高中高三学生，将参加今年的高考。他的爸爸最先感染，妈妈和他为轻症。他说，住进来之前已完成寒假作业，要考试的六门参考资料都带来了医院。"我要充分利用这有限的时间，进行最后的冲刺，不能掉队！这次对我来说，斩杀病魔是面对高考前的一次'大考'。"武汉体育中心方舱医院，有一名大三学生，边治疗边学习考研英语，其认真专注的神情，丝毫不被周遭的环境所打扰。他说，他在复习考研英语，而自

专题二 掌握人生观的基本理论

己的愿望是考上武汉大学！即使被感染，即使不知道何时能治愈，他也没放弃任何学习的机会，而是心怀梦想，努力备考！

疫情期间，几段视频在网络刷屏。医院对于我们大多数人而言，很多人都是躺在床上、坐在床上度过的，在武汉方舱医院却出现了让人惊奇的一幕，从刚开始患者在床边小范围的跳舞，到后来医护人员带着大家一起跳八段锦、打太极拳、做呼吸操，新疆医疗队的姑娘穿着笨重的防护服教起了"黑走马"，不相识的病友们一起舞起了《火红的萨日朗》，这些病患居然让这里成了"舞台"，成为他们的"健身房"，在这里他们似乎并不是患者，而是"舞者"，用他们的行动燃旺生命之火，用他们的行动表达着乐观的人生态度。①

【案例评析】 对个人来说，与疾病作斗争既是一场身体上的斗争，也是一场精神上的斗争。武汉方舱医院备考的高三读书哥、大学考研哥、"方舱斗舞"的病人和医护人员的图片和视频在网上广泛传播，这是对抗疫情中一道特别的风景线，我们看到了患者和医生在为战胜病毒努力，我们更看到一种乐观向上的人生态度，不管前方的路多么难行，他们都能够不畏艰险，不怕困难，敢于斗争，善于斗争，才能够攻克病毒，赢得最终的胜利。

3. 人生价值

人生价值是指人的生命及其实践活动对于社会和个人所具有的作用和意义。选择什么样的人生目的，走什么样的人生道路，如何处理生命历程中个人与社会、现实与理想、付出与收获、生与死等一系列人生中的重大问题，人们总是有所取舍、有所好恶，对于赞成什么、反对什么，认同什么、抵制什么，总会有一定的标准。这些都与人们对人生价值的看法密切相关。

人生价值包含多方面的内容，如人的物质价值和精神价值、现有价值和未来价值、内在价值和外在价值等。就其主要内容而言，包括自我价值

---

① 方舱医院"斗舞"，火红的日子还会再来 [N]. 工人日报, 2020 - 02 - 23 (04).

和社会价值。

人生价值反映的是人与人、人与社会的关系，这些关系中，个人既是以其社会实践满足社会需要的客体，又是社会的成员，有着自身生存、发展及劳动创造的各种需要，是需要的主体。人生的自我价值，是个体的人生活动对自己的生存和发展所具有的价值，主要表现为对自身物质和精神需要的满足程度。由于人的需要是多方面的，自我价值也是多方面的，如个人对基本生存条件的获得，对自我社会身份的确认和尊重，以及在知识、道德、人格等方面的自我完善等。人生的社会价值，是个体的实践活动对社会、他人所具有的价值，主要表现为个体通过劳动、创造对社会和他人所作出的贡献。

人生的自我价值和社会价值，既相互区别，又密切联系、相互依存，共同构成人生价值的矛盾统一体。一方面，人生的自我价值是个体生存和发展的必要条件，人生的自我价值的实现是个体为社会创造更大价值的前提。个体的人生活动不仅具有满足自我需要的价值属性，还必然地包含着满足社会需要的价值属性。个体通过努力提高自我价值的过程，也是其创造社会价值的过程。另一方面，人生的社会价值是社会存在和发展的重要条件，人生社会价值的实现是个体自我完善、全面发展的保障。没有社会价值，人生的自我价值就无法存在。人是社会的人，这不仅意味着个体物质和精神的需要必须在社会中才能得到满足，还意味着以怎样的方式和在多大程度上得到满足也是由社会决定的。

人生自我价值的实现是个体为社会创造更大价值的前提，人生社会价值的实现是个体自我完善、全面发展的保障。因此，在实践中，我们必须正确处理自我价值和社会价值的关系，把两者有机结合和统一起来，在实现人生社会价值的过程中，实现人生的自我价值。

通过讲述，我们知道，人生目的表明人的一生追求什么，人生态度表示以怎样的心态实现人生目标，人生价值判定一个具体人生的价值和意义。这三个方面相互联系、相辅相成，统一为一个有机整体。其中，人生目的决定着人们对待实际生活的基本态度和人生价值的评判标准，人生态度影响着人们对人生目的的持守和人生价值的评判，人生价值制约着人生目的和人生态度的选择。大学生只有深刻理解人生目的、人生态度、人生价值三者间的辩证统一关系，才能准确把握人生，树立正确的人生观。

（三）人生观与世界观

人生观与世界观有密切关系。那么，什么是世界观？人生观和世界观之间具有什么样的关系呢？

世界观是人们对生活在其中的世界以及人与世界的关系的总体看法和根本观点。这里，需要注意从以下两点理解世界观：第一，世界观不是仅仅关于世界的某一个方面或某一个局部的问题，而是有关整个世界、有关世界的一切事物的最普遍的问题。整个世界包括自然界、人类社会、人的思维及意识等，世界观研究的对象是宇宙中自然、社会、人类思维的本质和一般规律，它要回答的问题是思维和存在的关系问题。第二，世界观建立在一个人对自然、人生、社会和精神的科学的、系统的、丰富的认识基础上，不是对某类事物的观点，不是零散的具体的看法。

世界观是在社会实践中产生的，是对社会存在的反映，人们处在不同时间不同位置时对世界的认识往往也是不同的。人人都有世界观，但世界观有正确与错误之分。世界观不同，人们在认识和改造世界时的立场、观点和方法也不同。正确、科学合理的世界观可以为人们科学合理地认识世界和改造世界提供正确的思路方向，而错误的世界观则会将人们的实践活动带上歧途。

人生观与世界观是紧密相连、密不可分的。一方面，世界观决定人生观，有什么样的世界观，就会有什么样的人生观。人生观的形成是在人们实际生活过程中逐步产生和发展起来的，受人们世界观的制约。一个人思考生活的意义，树立追求的理想目标，确定以怎样的方式对待生活，探讨协调身与心、自我与他人、个人与社会的关系，总是以其世界观为根据，受到其世界观的制约和影响。树立正确的人生观，离不开马克思主义科学世界观的指导。辩证唯物主义的世界观承认世界的物质性、客观性，承认物质世界是按照自身的发展规律运动和变化的，人的活动既要遵守客观世界的规律，又通过实践认识和改造自然界以及人类自身。在这样的世界观指导下，人们就能更好地立足现实，客观地对待人生，在人生道路上勇于拼搏，在实际社会生活过程中寻找解答人生问题的正确答案。

另一方面，人生观又对世界观的巩固、发展和变化起着重要作用。如果一个人的人生观发生变化，往往会导致世界观发生变化。现实生活说明，一个人即使曾经树立了正确的世界观，但在人生实践中，如果经不起拜金主义、享乐主义和极端个人主义等腐朽人生观的侵蚀，放弃了为人民服务的人生观，那么，正确的世界观必然也会丧失。

二、如何理解个人与社会的辩证关系

人是社会的人，每一个人都存在和活动于具体的、基于特定历史的现实社会中。人生的内容与复杂多样的社会关系和社会活动密不可分。个人与社会的关系问题是认识和处理人生问题的重要着眼点和出发点。

个人与社会是对立统一的关系，如果把社会比作一台运行的机器，每个人都是其中的零件，两者相互依存、相互制约、相互促进。社会是由一个个具体的人组成的，离开了人就没有社会，社会是人的存在形式。同时，人是社会的人，离开了社会人也无法生活。

个人与社会的关系，最根本的是个人利益与社会利益的关系。关于如何处理个人利益和社会利益的关系，下面通过一个案例分析一下。

【案例点击】他身患"渐冻"绝症，妻子被感染隔离，却瞒着全院医护人员，率领600多名白衣卫士冲锋在前，与病魔争抢时间。他就是武汉最大的专科传染病医院——金银潭医院院长张定宇。自2019年12月29日转入首批7名新冠肺炎患者以来，金银潭医院在张定宇的带领下连续奋战在抗疫一线。这里是武汉最大的专科传染病医院，目前收治的全部为确诊新型冠状病毒肺炎的危重患者。金银潭医院有600多名医护人员，"雷厉风行"是身边同事对张定宇评价最多的词语。"性子急，是因为生命留给我的时间不多了。"张定宇沉默了一会儿，"我是一名渐冻症患者，双腿已经开始萎缩，全身慢慢都会失去知觉。我必须跑得更快，

专题二 掌握人生观的基本理论

才能跑赢时间,把重要的事情做完;我必须跑得更快,才能从病毒手里抢回更多的病人。""身为共产党员、医务工作者,非常时期、危急时刻,必须不忘初心、勇担使命,坚决顶上去!"张定宇告诉记者,全院240多名党员,没有一个人迟疑、退缩。和很多担心病人的家属一样,他也只是个普通的丈夫,就在张定宇日夜扑在一线,同为医务人员的妻子,却因新冠病毒感染,在十几公里外的另一家医院里独自忍受着病痛,接受治疗和隔离。提起与病毒争分夺秒的日子,眼前这位硬汉,忽然湿了眼眶。"这样的疫情和灾难,无论发生在其他任何一个国家,后果都不可想象。我很感恩,当我们为了抢救病人不顾一切,背后支撑我们的,是整个中国。"[1]

【案例评析】 如何处理生命历程中个人与社会、付出与收获、个人利益与社会利益等一系列重大问题,人们总是有所取舍,总会有一定的标准。在抗击新冠肺炎疫情这场看不见硝烟的战争中,这些伟大的医护工作者们,舍小家为大家,冒着被传染被隔离的生命危险,用他们的身躯守护在我们每一个人的前面,与病魔做着殊死搏斗。而与之相反,还存在个别人得了病隐瞒的现象,这种情况下,传染别人是损人不利己的表现,严重的还要追究刑事责任。

马克思17岁时在他的中学毕业论文中写道:"在选择职业时,我们应该遵循的主要指针是人类的幸福和我们自身的完美。不应认为,这两种利益是敌对的,互相冲突的,一种利益必须消灭另一种的;人类的天性本来就是这样的:人们只有为同时代人的完美、为他们的幸福而工作,才能使自己也达到完美。"[2] 在社会主义社会中,社会进步的成果由全体人民共享,个人利益与社会利益在根本上是一致的。社会利益离不开个人利益,个人利益也离不开社会利益。如果社会利益得不到保障,最终会影响到每个人的利益。同时社会利益是靠每个人自觉的创造性劳动保障的。社会利

---

[1] 用渐冻的生命,托起信心与希望 [N]. 湖北日报, 2020-01-29 (001).
[2] 马克思恩格斯全集(第40卷)[M]. 北京:人民出版社, 1995:7.

益不是个人利益的简单相加,是有机统一体。社会利益体现了作为社会成员的个人的根本利益和长远利益,是个人利益得以实现的前提和基础,同时它也保障个人利益的实现。共同抗击新冠肺炎疫情,也正体现了个人利益和社会利益的统一。以习近平同志为核心的党中央强有力领导我们"集中力量办大事",举国之力战"疫"。在社会主义的中国,我们渐渐习惯了祖国的包机撤侨,我们亲历了一方有难、八方支援,万众一心、众志成城,我们见证了10天从确定方案到收治病人的医院建设,彰显了社会主义制度优越性的"中国速度"。我们比任何时候都更能深切地感受到个人的命运与国家的命运紧密依存。大学生应把自己的人生追求同社会的发展进步紧密结合起来,在为社会作贡献的过程中成长进步,实现自己的人生价值。

专题小结

正确理解人的本质问题,是科学理解人生观一切问题的前提,也是抵制错误人生观消极影响的基础。认识人的本质,只能从"一切社会关系的总和"上认识"现实"的人,而不应从抽象的"人性"出发来说明现实的人。正是在一定的社会历史条件下,人们面对各种各样的境遇,在客观的不断变化的社会关系中实践人生,通过现实的生活逐渐地感悟人生,形成相应的人生观。人生观的主要内容包括人生目的、人生态度和人生价值。人生目的回答人为了什么活着,人生态度回答人应当如何活着,人生价值回答什么样的人生才有价值。这三个方面相互联系、相辅相成,统一为一个有机整体。对大学生来说,思考人生问题,应该正确认识和处理个人与社会的关系,把小我和大我更好地统一起来,把自己的人生追求同社会的发展进步紧密结合起来,以疫情中的最美"逆行者"为榜样,在为社会作贡献的过程中成长进步,实现自己的人生价值。

延伸阅读

1. 中共中央文献研究室．习近平关于青少年和共青团工作论述摘编[M]．北京：中央文献出版社，2017．
2. 季羡林．季羡林谈人生[M]．杭州：浙江人民出版社，2016．
3. 杨绛．走到人生边上——自问自答（增订本）[M]．北京：商务印书馆，2016．
4. 维克多·弗兰克．活出意义来[M]．赵可式，沈锦惠，译．北京：生活·读书·新知三联书店，1991．

思考题

1. 如何理解"人的本质不是单个人所固有的抽象物，在其现实性上，它是一切社会关系的总和"？
2. 人们常说"个人是社会大海中的一滴水"，每个人的生存和发展都离不开社会这个大环境。一切正常的个人总要在社会生活中担负一定的工作，在自己的岗位上从事这样那样的有意识有目的的活动，从而在社会历史发展的进程中留下自己的印记，社会的发展要靠全体社会成员自觉努力才能实现。然而，在现实的社会生活中一些人以"个人利益"为名的诉求和行为损害了他人的正当个人利益，损害了社会和国家的整体利益。请结合社会现实和自身实际，分析个人和社会的关系以及如何正确理解个人利益和社会利益的关系？

（撰写人：袁颖）

专题三　用正确的人生观指引人生

教学设计思路

一、教学目的与要求

（一）知识目标

1. 明确什么是正确的人生观。
2. 掌握科学认识和理解人生问题的立场、观点和方法。

（二）能力目标

1. 帮助学生运用马克思主义的人生观理论分析和解决人生问题。
2. 使学生能够在复杂的社会生活中自觉抵制错误人生观的影响，在服务人民、奉献社会的实践中成就出彩人生。

（三）情感和价值观目标

引导学生确立科学高尚的人生追求，形成积极进取的人生态度和正确的人生价值取向，努力提升人生境界。

二、针对的学生主要思想困惑

1. 判断人生观正确与否的标准是什么？
2. 什么样的人生才是有价值的？
3. 如何成就出彩人生？

三、针对的错误思潮与模糊认识

1. 部分学生不能辩证对待人生矛盾，陷入人生误区。
2. 部分学生受拜金主义、享乐主义和极端个人主义思潮影响，不能树立正确的人生观。

四、教学难点重点

1. 科学高尚的人生追求。
2. 积极进取的人生态度。
3. 科学评判人生价值。
4. 树立正确的幸福观。

五、教学时数

3 课时

教 学 正 文

授课导入

人生是现实的，又是神秘的；人生之路，是漫长的，又是短暂的。时而铺满鲜花，充满阳光和希望；时而坎坷曲折，笼罩阴霾和迷雾。青年大学生正处在人生之路的岔道口上，在这紧要处，往往只有几步，走对了，前程似锦"柳暗花明又一村"；走错了，征途渺茫"山穷水尽疑无路"。怎么走，取决于如何选择，而如何选择又主要取决于我们对人生的理解和主张，即人生观。有什么样的人生观就有什么样的人生，正因为如此，习近平总书记在和大学生座谈时经常语重心长地叮嘱大家"人生的扣子从一开始就要扣好"。他指出，青年处于人生观形成和确立的关键时期，抓好这一时期的人生观养成十分重要。这就像穿衣服扣扣子一样，如果第一粒扣子扣错了，剩余的扣子都会扣错。树立正确的人生观，将帮助我们扣好人生的第一粒扣子，确保我们走好人生之路，成就各自的出彩人生。

一、什么是正确的人生观

【课堂讨论】什么是正确的人生观，有什么判断的标准吗？

【教师讲解】马克思主义认为，在阶级社会中，人生观有阶级性，它集中反映了不同阶级的经济和政治地位、不同的利益和愿望。虽然每个人都自觉或不自觉、系统或不系统地有自己对人生的看法，但不能说，有多少个人就有多少种人生观。实际上，人生观是有类型的，尽管各人的人生观都会打上个人的烙印，打上个人的生活阅历、人生境遇的烙印，但其中也存在某些共同的、重复的、稳定的原则，这种共同的、重复的、稳定的对于人生根本问题的看法，便构成了不同阶级的人生观，例如，封建地主阶级的人生观、资产阶级人生观、无产阶级人生观，等等。人的社会性决定了人生的社会价值。评价一种人生观是否正确，是进步的还是落后的，其根本标准就是看它是否符合社会发展的要求，看它如何认识和处理个人发展同社会进步的关系。地主阶级、资产阶级等属于剥削阶级，他们的人生观可被统称为剥削阶级人生观，如极端个人主义、享乐主义、拜金主义等。

【课堂提问】什么是极端个人主义、享乐主义、拜金主义？它们有什么典型表现和危害？

【教师讲解】极端个人主义是个人主义的一种表现形式，它突出强调以个人为中心，在个人与他人、个人与社会的关系上表现为极端利己主义和狭隘功利主义。享乐主义是一种把享乐作为人生目的，主张人生就在于满足感官的需求与快乐的思想观念。拜金主义是一种认为金钱可以主宰一切，把追求金钱作为人生至高目的的思想观念。此类人生观没有正确把握个人与社会的辩证关系，忽视或否认社会性是人的存在和活动的本质属性，对人的需要的理解极端、狭隘和片面，其出发点和落脚点都是一己之私利，是引发贪婪自私、权钱交易、超前消费、奢靡腐化、违法乱纪等错误行为的重要思想根源，因此是错误的人生观。值得警惕的是，随着我国改革开放和市场经济的快速发展，这些错误观念也趁虚而入，不同程度地侵蚀着一些大学生的心灵，不仅危害大学生的健康成长，而且败坏社会风气。我们要深刻认识这些错误观念的思想实质，在内心深处自觉筑起抵制错误人生观的"防火墙"。

无产阶级人生观与剥削阶级人生观有本质的不同，它以为人民服务为核心。无产阶级人生观以历史唯物主义关于人民群众是历史的创造者的基本观点为理论基础，是建筑在无产阶级和广大劳动人民利益基础之上的，建筑在最后解放全人类、摆脱资本主义灾难、建设幸福美好的共产主义世界的利益基础之上的。因此，它是人类历史上最进步、最科学、最正确的人生观，它符合人类社会发展的客观规律。无产阶级人生观既不是人生来固有的，也不是人凭空想象出来的，而是在马克思主义世界观的指导下，在长期的生产实践和革命斗争中逐渐形成的。在马克思主义发展史上，从马克思和恩格斯提出的"为绝大多数人谋利益"，到列宁提出的"为千千万万劳动人民服务"，再到毛泽东精辟概括的"为人民服务"，反映了无产阶级人生观的形成、发展和完善的过程。为人民服务作为无产阶级的人生观，不论在革命战争年代还是在和平建设时期，都产生了广泛而深远的影响，熏陶、感染了一代代革命者和建设者。

为人民服务不是讲在嘴上，写在纸上，挂在墙上，而是真切地体现在实际的行动中。联系到2020年年初爆发的新冠肺炎疫情，疫情发生以来，以习近平同志为核心的党中央始终把人民群众生命安全和身体健康放在第一位。习近平强调，疫情防控是一场保卫人民群众生命安全和身体健康的严峻斗争。在这场斗争中，总书记一直亲自部署，亲自指挥。从中央领导到基层干部，从用生命赴使命的"白衣天使"到捐献血浆的康复患者、"我的遗体捐国家"的临终病人，从各行各业的"逆行者"到四面八方的驰援者，大家万众一心，众志成城，全力投入抗击疫情的阻击战中，取得了积极的抗"疫"成效，获得了国际社会普遍肯定。战"疫"必胜的背后既是党的人民至上执政理念的彰显，也是无数国民对以"为人民服务"为核心的无产阶级人生观的深刻表达和生动践行。正所谓"时穷节乃见"！疫情既彰显出无数中华志士的风采，也如同一面照妖镜，折射出一些跳梁小丑的真容。有人精致利己，擅离职守，临阵脱逃；有人利字当头，制假贩假，哄抬物价；有人心怀叵测，隐瞒病情，害人害己；有人肆意乱为，损害民众利益……这些人虽然是极个别人，但对整个社会造成的危害不容小觑，他们言行背后体现的恰恰是极端个人主义、拜金主义等错误的人生观。有比较方有甄别。疫情当前，民族危难之际，发生在我们眼前的一切，就是一本鲜活的人生教科书，它使我们更深刻地明白，以为人民服务为核心的人生观是正确的人生观，是值得我们终身奉行不移的，是我们中华民族战无不胜、攻无不克、奋进新时代、筑梦新征程的"硬核"力量。

俗话说，"怎么活不是一辈子"，但有的人"生的伟大，死的光荣"，有的人生被千夫所指，死后遗臭万年；有的人"生如夏花之绚烂，死如秋叶之静美"，有的人生如行尸走肉，死如烟消云灭。我们青年大学生，要珍惜青春年华，顺应时代潮流，要学会思考、善于分析、正确抉择，认清错误人生观的实质并坚决摒弃，选择并牢固树立正确的人生观。正确的人生观不是一下子养成的，需要经历长期的学习、磨砺、实践的过程，我们要从三个方面着力。

（一）选择科学高尚的人生追求

为人民服务作为无产阶级人生观的集中体现，在境界上有不同的层次，在实践中也有一个递升的过程。每个人都处在不同的层次上，都有自己要走的路和递进的台阶，但人应往高处走则是共同的。青年大学生要完善自身，就要把自己的人生目的与国家前途、民族命运、人民幸福联系在一起，持有"服务人民，奉献社会"的高尚人生追求，自觉将个人小我融入社会大我，努力为推进社会进步创造不朽的业绩。用马克思的话说，这是"开始走上生活道路而又不愿在最重要的事情上听天由命的青年的首要责任"。①

---

① 马克思恩格斯全集（第1卷）[M]．北京：人民出版社，1995：455．

【案例点击】新冠肺炎疫情期间，天津师范大学新闻传播学院1805班的张薰元同学主动联系所居住小区，参加无偿献血。同为小区居民的安徽理工大学李老师激动地说：在天津师大新闻传播学院张薰元同学的动员和感召下，我们小区不到半天已献血超过6000ml，献血工作人员昨天一天跑了三个社区才采集到2500ml，感谢天津师大培养出这么品学兼优的学生！张薰元同学表示："国家有难，作为新时代青年大学生和入党积极分子，应该挺身而出，做一些力所能及的事情。家家户户都应为社区做贡献，为国家做贡献，父母不满足献血条件，那我就应该站出来。"

【案例评析】张薰元同学朴实的话语中透露出的正是"服务人民、奉献社会"的高尚人生追求。法国哲学家蒙田说过："一个有使命感的生命是人类最伟大的作品。"一个明确的人生目的可以指引我们的方向，并赋予我们生命意义——生命不再是支离破碎的片段，而是变成了一个有机的整体。"服务人民、奉献社会"的人生追求，就像协调每个音符的交响乐主题，让我们的行动更加协调一致。单个音符也许没有特别的意义，当它一旦成为交响乐的一部分，就会奏出无比动人的曲调。

（二）保持积极进取的人生态度

没有积极进取的人生态度，再崇高的人生目标也难以真正实现。走好人生之路，需要大学生正确认识、处理生活中各种各样的困难和问题，保持认真务实、乐观向上、积极进取的人生态度。

（1）人生须认真。人生没有彩排，每天都是现场直播。大学生要以理性和良知，体味事理，观照人情，在如歌的岁月中学会对自己负责，对亲人负责，对社会、国家负责，不能得过且过、放纵生活、游戏人生，否则就会虚掷光阴，甚至误入歧途。

（2）人生当务实。大学生要从人生的实际出发，以科学的态度看待人生，以务实的精神创造人生。不能好高骛远、空谈理想、眼高手低、浅尝辄止，否则就会脱离实际、一事无成。习近平总书记曾寄语大学生："青年有着大好机遇，关键是要迈稳步子、夯实根基、久久为功。心浮气躁，朝三暮四，学一门丢一门，干一行弃一行，无论为学还是创业，都是最忌讳的。"①

（3）人生应乐观。乐观是珍惜和热爱生活。用乐观的态度对待人生，可看到"青草池边处处花"，"百鸟枝头唱春山"；用悲观的态度对待人生，举目只是"黄梅时节家家雨"，低眉即听"风过芭蕉雨滴残"。乐观态度能使一个人用生命去谱写对事业的热爱，抱着乐观的态度去面对生活，面对一切，会让我们更体会到人生的充盈。疫情期间一不小心成"网红"的"方舱医院读书哥"，最让人心生感触的地方，就在于疫情波及之下，他仍能安静下来，淡定从容中显现出对美好未来的期许和信心。

（4）人生要进取。逆水行舟，不进则退。习近平总书记指出："现在，青春是用来奋斗的；将来，青春是用来回忆的。"② 纵观世界发展史，许多思想家、科学家、文学家的重要创造都是产生于风华正茂、思维最敏捷的青年时期。《共产党宣言》发表时马克思是 30 岁、恩格斯是 28 岁。牛顿和莱布尼茨发现微积分时分别是 22 岁和 28 岁。达尔文开始环球航行时是 22 岁，后来写出了著名的《物种起源》。爱迪生发明留声机时是 30 岁，发明电灯时是 32 岁。……李政道和杨振宁提出弱相互作用中宇称不守恒定律时分别为 30 岁和 34 岁。大学生要不断丰富人生的意义，不能贪图安逸、满足现状、因循守旧、故步自封，要只争朝夕，不负韶华，越是艰难越向前，在创新创造中不断书写人生的新篇章。

（三）掌握人生价值的科学评价标准与方法，明确人生价值的实现条件

1. 人生价值的评价

人生价值评价的结果有肯定、否定、辩证的否定等。人生价值评价是一定社会或阶级调整个人与社会的关系、进行人生导向的重要形式，是对人生实践及其是非功过所做的结论。正确的人生价值评价可以帮助人们找

---

① 习近平. 在北京大学师生座谈会上的讲话［N］. 人民日报，2018－05－03.
② 中共中央文献研究室. 习近平关于青少年和共青团工作论述摘编［M］. 北京：中央文献出版社，2017：48.

到判别人生是非成败的标准和依据，是社会进步的杠杆，对于实现人生价值具有重要的指导意义。

人生价值的评价既有自我评价，也有社会评价。自我评价是一个人以自我价值目标为评价标准，对自身的是非功过所做的评价。由于受个人能力、素质以及现实生活中利害关系的影响，做出正确的自我评价是比较困难的。社会评价是以社会利益和社会需要为标准，对一个人的是非功过所做的评价。社会评价能代表社会大多数成员的意见，因此评价的结果往往是客观、公正的。

（1）衡量人生价值的标准，最重要的就是看一个人是否用自己的劳动和聪明才智为国家和社会真诚奉献，为人民群众尽心尽力服务。

（2）评价人生价值的方法：客观、公正、准确地评价社会成员人生价值的大小，除了要掌握科学的标准外，还需要掌握恰当的评价方法。坚持能力有大小与贡献须尽力相统一，坚持物质贡献与精神贡献相统一，坚持完善自身与贡献社会相统一。

2. 实现人生价值的条件

人们在实践中努力实现自己的人生价值。但是，人们的实践活动从来都不是随心所欲的，任何人都只能在一定的主客观条件下去实现自己的人生价值。因此，正确把握人生价值实现的条件至关重要。大学生实现人生价值要着眼于社会客观条件和个体自身条件，不断增强实现人生价值的能力和本领。在"大我"中成就"自我"是我们应该拥有的选择智慧。我国近代教育家罗家伦先生曾说："自我实现非在大社会中实现不可。所谓大社会就是整个的大我。自我的实现，并不是为了自己，排斥他人，侵犯他人的意思。若是如此，自我也就断难实现。人生在世，依靠大我的帮助太多了……离开大我，要实现自我是不可能的……所以自我的实现，非恃大我——整个的大我来实现不可。至于自我的发展，能到什么程度，一方面要看大我发展到如何地步，一方面要靠投身在大我里面的自我，能替大我尽如何的力量。大我是无数自我构成的，自我的力量尽得愈多，则大我的实现愈大；大我的实现愈大，自然自我的实现也因之愈大。……一个伟大人物之所以能够成功，正是因为他能抓住为大我服务的机会，而不肯松懈于自我实现的努力。"①

二、如何创造有意义的人生

"看似寻常最奇崛，成如容易却艰辛。"大学生的人生成长之路还很长，要在正确人生观的指引下，科学对待生活的幸福与不幸、顺境与逆境、成功与失败等人生矛盾，自觉抵制错误观念，努力提升人生境界，创造有意义的人生。

（一）树立正确的幸福观

【课堂讨论】什么是人生的真正幸福？我们应该追求什么样的幸福？通过什么样的方式实现幸福？

【教师讲解】什么是人生的真正幸福，追求什么样的幸福，通过什么样的方式实现幸福，是大学生应该认真思考的人生课题。作为人类永恒的追求，幸福是人们普遍关注并常谈常新的话题。幸福可以划分为不同层次和境界，它既是主观的，更是客观的；既是物质的，更是精神的；既是感性的，更是理性的；既是结果的，更是过程的；既是理论的，更是实践的；既是个体的，更是与他人、与社会密切相关的。

首先，幸福是一个总体性范畴，它意味着人总体上生活得美好，家庭和睦、事业成功、行为正当、人格完善等都是幸福的重要因素。幸福总是相对的，不是尽善尽美的，不同的人有不同的幸福标准。追求幸福的过程就是不满足于现状、不断追求和创造更美好生活的过程。习近平总书记指出："奋斗本身就是一种幸福。只有奋斗的人生才称得上幸福的人生。"②

【互动】请大家谈谈对奋斗幸福观的理解。

奋斗是幸福之母。历史总是抛弃那些征途上的懒惰者、懈怠者、无为者，而将那些坚定者、奋进者、搏击者镌刻在丰碑上。只有奋斗，才能创

---

① 罗家伦. 写给青年：我的新人生观演讲 [M]. 北京：中国人民大学出版社，2004：107-109.
② 习近平. 在2018年春节团拜会上的讲话 [N]. 人民日报，2018-02-15.

造更多更好的物质财富和精神财富,才能不断增强成就感、尊严感、自豪感。对全社会来说,奋斗是促进时代前进的动力;对每个人而言,奋斗是通往幸福的阶梯。正如习近平主席所说:"有梦想,有机会,有奋斗,一切美好的东西都能够创造出来。"

奋斗是奋斗者的通行证。奋斗是艰辛的、长期的、曲折的。艰难困苦、玉汝于成,没有艰辛就不是真正的奋斗。"为有牺牲多壮志,敢教日月换新天。"艰苦奋斗、接力奋斗、共同奋斗,不但可以成就学业、事业,而且可以使人净化灵魂、磨砺意志、坚定信念。越是困难和矛盾挡道,越需要用奋斗来逢山开路、遇水架桥,越需要用奋斗来攻坚克难、固本开新。结得千层茧,练成冲天翅。能力的升级、知识的扩容、本领的锻造,都需要不懈奋斗、不负韶华。

幸福的真谛就在于奋斗,在于追求幸福、赢得幸福。奋斗者是精神最为富足的人,也是最懂得幸福、最享受幸福的人。这种幸福,不同于感官上的刺激、物欲上的满足,而是更高层次的情感追求、更有意义的生活方式、更大价值的人生取向。

新时代是奋斗者的时代。我们应该以什么样的状态拥抱新时代?以什么样的作为开启新征程?奋斗,就是我们最有力的回答。

其次,实现幸福离不开一定的物质条件,物质需要的满足、物质生活的富足是幸福的重要方面,但人的幸福不能仅仅局限于物质方面,要更加注重追求德性和人格的高尚,注重追求健康向上的精神生活。近年来备受关注的"幸福悖论"(财富收入与幸福感在某临界点所呈现的负相关关系)问题的出现,也在提醒我们,对物质财富的过度关注和对精神财富的相对忽视,导致个体乃至整个社会在精神层面出现的焦虑、烦躁、空虚、不安,已然在相当程度上影响到个人幸福和社会幸福的获得。

再次,在追求幸福的过程中,不能把自己的幸福建立在损害社会整体和他人利益的基础上。哈佛大学最受欢迎的幸福课主讲者沙哈尔博士基于多年的研究得出结论:我们最大的幸福来自于意义与快乐,如果其中还带着助人为乐的成分,那就是锦上添花了。在做出决定时,我们必须先问自己，什么能让自己感到幸福，然后再看看我们的行为，是否会剥夺他人追求幸福的权利。如果是，那么我们也等于在渐渐地摧毁自己的幸福。① 幸福是个人幸福与社会整体幸福和他人幸福的有机统一。幸福具有个体性，但决不意味着幸福是"个人的私事"。个人幸福与社会整体幸福和他人幸福互相联系、互相依存，一方面，社会整体幸福是个人幸福的基础，没有社会整体幸福，就没有个人幸福；另一方面，社会整体幸福高于个人幸福，个人幸福充实社会整体幸福。个人要索取，首先要有贡献，要想获得幸福，就要为社会、为他人创造幸福。正如马克思所说："人类的天性本来就是这样的：人们只有为同时代人的完善、为他们的幸福而工作，才能使自己也达到完善。""历史承认那些为共同目标劳动因而自己变得高尚的人是伟大人物，经验赞美那些为大多数人带来幸福的人是最幸福的人"。②

（二）树立正确的得失观

得与失是人们最常遇到的一对矛盾，能否处理好这对矛盾，影响着每个人的爱情、婚姻、家庭、事业、健康、幸福、成就等，即影响着每个人生命的质量与数量、人生的成功与失败。在人生的得与失面前应该审时度势，做出聪明而理智的选择。权衡得失，不要拘泥于个人利益的得失，不要满足于一时的得，不要惧怕一时的失。

人生有得就有失，得与失都是相对的。某些时候看似失去了一些东西，但同时也得到了一些东西。为工作牺牲了一些休息的时间，但得到了成长的机会；在荣誉面前退让，但得到了大家的认可。可见，得与失的标准不只是物质的，精神的追求更重要。例如，如果失去成就了别人，那是成人之美，这对自己是精神意义上的获得。正因为有了这样的认识，社会上才有了善举、友情和见义勇为的壮举。以积极进取的态度去面对生活中的成败得失，使一时的成败得失成为人生的财富而不是人生的包袱。要努

---

① 泰勒·本-沙哈尔. 幸福的方法——哈佛大学最受欢迎的幸福课［M］. 汪兵，刘俊杰，译. 北京：中信出版社，2018：124.
② 马克思恩格斯全集（第40卷）［M］. 北京：人民出版社，1995：7.

力从患得患失中跳出来，做到不为私心所扰、不为名利所累、不为物欲所惑。有了正确的得失观，人的心胸会更加豁达，人的心灵会更加美丽，人的境界也会更加高尚。整个社会在这种得失观的影响下，才会越来越和谐、越来越健康。

（三）树立正确的苦乐观

苦与乐既对立又统一，在一定条件下又可以相互转化。世界上没有只收获快乐而不用付出的事情，真正的快乐只能由奋斗的艰苦转化而来。正所谓"宝剑锋从磨砺出，梅花香自苦寒来"，奋斗是艰辛的，艰难困苦、玉汝于成。不经历风雨怎能见彩虹，不经历人生的苦难，怎能享受到人生的乐趣？

宋代大臣范仲淹曾写下"先天下之忧而忧，后天下之乐而乐"的千古名句，这是历代仁人志士的苦乐观。梁启超说过，"负责任最苦，尽责任最乐"。习近平总书记提出的"我将无我，不负人民"，更是将传统的忧乐观提升到了更高的境界，展现了共产党人的纯粹品格和博大情怀，是对新时代苦乐观的深刻诠释，也是对新时代党员干部正确处理"有我"与"无我"、树立高尚精神品格所发出的号召。在一次记者采访中，一名抗疫志愿者说："虽然很累，但更快乐！"这种快乐是发自内心的，他真的把工作当成了一种爱好，把全心全意为人民服务当成自己所追求的人生价值。抗击疫情中很多类似的案例，奋战在一线抗击疫情的各行各业人员，不怕困难，不计得失。大学生在成长过程中，要准确把握苦与乐的辩证关系，努力做迎难而上、艰苦奋斗的开拓者。

（四）树立正确的顺逆观

顺境和逆境是人生道路上的一对重要矛盾。在顺境中前进，如同顺水行舟，天时、地利、人和等有利因素，使人们更容易接近和实现目标。但是，顺境中的宽松气氛、优越条件，又容易使人滋生骄娇二气，自满自足，意志衰退。在逆境中奋斗，犹如逆水行舟，不进则退，需要付出更大的努力和更多的艰辛才可能成功。在逆境中奋斗，会有顺境中难以得到的获得感和成就感。

逆境的恶劣环境，对于个人来说，可以磨炼意志、陶冶品格、积累战胜困难的经验、丰富人生阅历。对于一个国家或民族来说更是如此，只有经过历练，国家和民族才能不断成长。2020年4月22日，习近平总书记在陕西考察时强调，当前防控疫情也是一个历史机遇，我们需要化危为机，重大的历史进步都是在一些重大的灾难之后，中华民族就是这样在艰难困苦中历练、成长起来的。努力战胜疫情这个困难，中国民族就会取得更大的进步。

人生旅途中没有永远的顺境，也没有永远的逆境。无论是顺境还是逆境，对人生的作用都是双重的，关键是我们怎样去认识和对待它们。顺势而快上，乘风而勇进，这是身处顺境的学问，是善于抓住机遇不断丰富与完善自己的途径；处低谷而力争，受磨难而奋进，临危不惧、化危为机，这是身处逆境的学问，是将压力变成动力之所为。

（五）树立正确的生死观

生命的历程是一个从生到死的过程，有生必有死，这是恒常不变的自然现象。如何认识、对待生与死，体现了一个人人生境界的高低，更直接影响着他的实际生活。大学生要牢固树立生命可贵的意识，善待一切生命，理性面对生老病死的自然规律，用"爱与责任"来要求自己，努力使自己的生命绽放人生应有的光彩。人难免一死，有死才能彰显生的可贵。德国哲学家海德格尔曾说，人如果想不到自己有一天会死，也许会得过且过，不思进取，把宝贵的年华白白浪费掉。俄国作家别尔嘉耶夫也说，人生在世所以会有意义，就是因为死亡这件事，假如人间没有死，人生的意义就没有了。人可以不死，但可以在过程中创造不朽。孔子谓"杀身成仁"，孟子曰"舍生取义"，司马迁认为"人固有一死，或重于泰山，或轻于鸿毛"，这些千古名句说明，人的生命的时长是有限的，而生命的价值是无限的。大学生应珍惜韶华，在服务人民、投身民族复兴伟大事业中开发出生命所蕴藏的巨大潜能，努力给有限的个体生命赋予更有价值的意义，使自己的生命绽放人生应有的光彩。

（六）树立正确的荣辱观

荣辱是一对基本道德范畴，"荣"即荣誉，是指社会对个人履行社会义务所给予的褒扬与赞许，以及个人所产生的自我肯定性心理体验；"辱"即耻辱，是指社会对个人不履行社会义务所给予的贬斥与谴责，以及个人所产生的自我否定性心理体验。荣辱观是人们对荣辱问题的根本看法和态度，是一定社会思想道德原则和规范的体现和表达。荣辱观对个人的思想行为具有鲜明的动力、导向和调节作用。

【案例点击】 炫丑与审丑都是一种病态

近几年，一些"网络红人"，通过一些"大胆露骨"的丑态行为"吸引眼球"。令人疑惑的是，网络上的这种炫丑行为还挺"吃香"。尽管不少人对此类"网络红人"颇觉无聊、深为不齿，但也有一些人对他们的炫丑饶有兴味。一些网站、行业展会则给他们提供舞台平台，聚焦他们的言行，放大他们的丑态。甚至在他们被揭穿后，还有人为他们"叫屈"，轻描淡写为其开脱，令人匪夷所思。

如果说炫丑是一种病态，那么这种审丑也是一种病态。炫丑与审丑的共同特点是，在是非美丑善恶等基本价值观念上，发生动摇、迷茫甚至错位。炫丑者以非为是、以丑为美，觉得只要能得名得利可以不论方式，只要能过上奢华、富裕的日子可以不择手段，甚至认为这便是生活的价值、人生的成功。在审丑者群体中，有的面对纷繁世象失去对原有价值、信念的坚守，有的则对一些丑陋行为表现出一种无原则、无底线的宽容，有的人是通过审丑来满足自己的一些畸形低俗的欲念，有的人则想借此对自己不良情绪进行一种扭曲式宣泄。[1]

【案例评析】 炫丑与审丑行为恰恰体现了当前社会中一些人荣辱观念不强，自尊心、羞耻心和上进心的缺失。网络不是个人私域，而是一个公共舆论空间。网络上所发生的一些闹剧、事件，既是对社会时风与心态的

---

[1] 沐松风. 人民日报批"郭美美现象"：炫丑与审丑都是一种病态［EB/OL］.（2014 - 08 - 06）［2021 - 03 - 15］. http：//opinion.people.com.cn/n/2014/0806/c1003 - 25409683.html.

折射，又会对社会公众的心理产生潜移默化的影响。尤其是对一些人生观、价值观正在形成阶段的青年人，更会成为混淆善恶的负能量、颠倒是非的坏导向。

大学生只有具备正确的荣辱观，明确是非、对错、善恶、美丑的界限，才会在纷繁复杂的社会生活中明确应当坚持和提倡什么，反对和抵制什么，从而为自身判断行为得失，作出道德选择，确定价值取向，提供基本的价值准则和行为规范。

专题小结

大学生担当新时代赋予的历史责任，要自觉抵制极端个人主义、享乐主义、拜金主义等错误观念，在正确的人生观的指引下，明确人生目的、端正人生态度、认识人生价值。美好的人生目标要靠社会实践才能转化为现实，大学生要科学对待人生矛盾，不断用真善美来雕琢自己，应当与历史同向、与祖国同行、与人民同在，在服务人民、奉献社会的实践中创造有意义的人生。在此过程中，大学生要坚持理论联系实际，积极投身社会实践，在基层一线砥砺品质，在同人民群众的密切联系中锤炼作风，在实践中发现新知、运用真知，在解决实际问题的过程中增长才干，不断提高实践能力、创新能力，实现最大的人生价值，创造无悔的青春。

延伸阅读

1. 中央党校采访实录编辑室. 习近平的七年知青岁月 [M]. 北京：中央党校出版社，2017.

2. 毛泽东. 为人民服务 [M] // 毛泽东选集（第3卷）. 北京：人民出版社，1991.

3. 中共中央文献研究室. 毛泽东 邓小平 江泽民论世界观人生观价值观 [M]. 北京：人民出版社，1997.

4. 亚伯拉罕·哈罗德·马斯洛. 实现人生价值［M］. 冯化平，编译. 呼和浩特：内蒙古人民出版社，2003.

思考题

1. 追求人生的轰轰烈烈，但真正能做到的很少，而且很累，但不追求轰轰烈烈，选择平平淡淡的人生，作为大学生又有点不心甘。请问，我们应该怎样选择？

2. 请结合新冠肺炎疫情，谈谈为什么要确立服务人民、奉献社会的人生追求？

（撰写人：闫艳）

专题四　理想信念的内涵和作用

教学设计思路

一、教学目的与要求

1. 知识目标：理想与信念的内涵和特征，理想信念的重要作用。

2. 能力目标：使大学生能够辨别理想信念的性质，用科学正确的理想信念规划自己的人生。

3. 情感和价值观目标：引导大学生摒弃理想无用论、实用论、渺茫论等论调，重视精神之"钙"的价值。

二、针对的学生主要思想困惑

为什么说理想信念是精神之"钙"？

三、针对的错误思潮与模糊认识

部分学生受理想无用论、实用论等思潮影响，在一定程度上消解了理想信念的重要性。

四、教学重点难点

1. 理想信念的内涵和特征。

2. 理想信念对大学生成长成才的重要作用。

五、教学时数

3 课时

教 学 正 文

授课导入

习近平总书记在党的十九大报告中寄语广大青年：青年兴则国家兴，青年强则国家强。青年一代有理想、有本领、有担当，国家就有前途，民族就有希望……广大青年要坚定理想信念，志存高远，脚踏实地，勇做时代的弄潮儿，在实现中国梦的生动实践中放飞青春梦想，在为人民利益的不懈奋斗中书写人生华章！早在2013年，习近平总书记参加"五四"优秀青年代表座谈会时就强调："理想指引人生方向，信念决定事业成败，没有理想信念，就会导致精神上'缺钙'。"① 我们以习总书记这句话作为一个导入点，理想怎么就能指引方向，信念为什么就能决定事业成败，理想信念何以成为精神之"钙"？带着这些问题，我们开始本专题的讲解，本次课重点解决两个问题：其一，什么是理想信念？其二，理想信念有用吗？有什么用？

一、什么是理想信念

（一）理想的内涵和特征

1. 何为理想？

理想，在中国古代，与"志"意思相同，是指人生追求的奋斗目标。《辞海》中对理想的解释是："同奋斗目标相联系的有实现可能性的想象。"

---

① 习近平. 在实现中国梦的生动实践中放飞青春梦想 在为人民利益的不懈奋斗中书写人生华章［N］. 人民日报，2013－05－05.

理想是人们在实践中形成的、有实现可能性的、对未来社会和自身发展目标的向往和追求，是人们的世界观、人生观和价值观在奋斗目标上的集中体现。理想在某种意义上来讲就是前两个专题讲的人生目的的具体化。

2. 理想有哪些典型特征？

通过理想的内涵，我们可以总结归纳出理想的几个典型特征。

（1）超越性。理想之所以能够成为一种推动人们创造美好生活的巨大力量，就在于它不仅源于现实，而且超越现实，是人们对未来美好生活的憧憬和期待。因为不满，所以想改变；因为没有，所以才需要；因为很弱小，所以想强大。理想的超越性恰恰体现了人的自觉能动性，将人与动物区分开来。

（2）实践性。理想不是凭空产生的，而是人们一定的社会实践的产物。离开了实践，任何理想的产生都是不可思议的。理想的实现，同样也离不开实践。实践产生理想，理想指引实践，理想与实践的相互作用推动人们既脚踏实地，又仰望星空，在奋斗中追求，在追求中奋斗，逐渐接近人生巅峰，实现人生抱负。

（3）时代性。人的本质的社会性规定了理想不能脱离人所处的时代。理想总是一定社会历史条件和政治经济关系的产物，在不同的时代会有反映当时生产力水平和社会条件的不同的理想。理想的实现也依赖于特定的社会条件。诗人流沙河曾在他的一首题为《理想》的诗中写道：饥寒的年代，理想是温饱；温饱的年代，理想是文明；离乱的年代，理想是安定；安定的年代，理想是繁荣。其非常形象地说明了理想的时代性特点。理想不仅受时代条件的制约，而且随时代的发展而发展。随着对自然界和人类社会发展规律认识的逐步深化，人们也会不断调整、丰富和发展自己的理想。

（4）实现可能性。"可能性是指事物发展过程中的潜在阶段或状态。在这种状态中，已经具备了产生未来事物的内在根据，为未来事物的产生奠定了基础。"[①] 理想不是凭空产生的，不是拍脑门的产物，是在实践中产生的，其本身反映着现实发展的客观规律和趋势，是对现实理性分析基础上产生的对未来的合理估计，这就决定了理想具有变为现实的可能性，即经过或长或短时期的努力是可以实现的。

当然，要想使理想真正变成现实，还需要一定的客观条件和主观努力。尤其需要注意的是，那些违背客观规律从而根本不可能实现的想象不是理想而是空想，是非科学的。科学的理想是人的主观能动性与社会发展客观趋势的一致性的反映，是人们在正确把握社会历史发展客观规律的基础上形成的。我们要牢固树立科学理想，不能耽于空想。

3. 理想的类型

在现实中，人类社会生活的多样性、人们对现实的认识和对未来的想象的多层次性，决定了人们的理想是多方面和多类型的。

（1）从性质上划分为科学理想与非科学理想、崇高理想与庸俗理想；

（2）从时序上划分为远期理想和近期理想；

（3）从对象上划分为个人理想和社会理想；

（4）从内容上划分为政治理想、道德理想、生活理想和职业理想等。

政治理想是人们对未来社会的政治制度、政治关系和政治生活特征的预见和设想，是人们对公正与合理的社会政治生活的追求和向往。政治理想广泛地存在于社会中的不同人群，并对我们日常生活发挥导引性的作用，表达出人类生活向善的目的性。

道德理想是人们在做人方面所向往和追求的目标。一个人认为自己应该具有什么样的道德品质，形成什么样的人格形象，学习什么样的理想人格，这是人们在道德修养方面的理想追求。

生活理想是人们对幸福生活的想象和向往，涉及物质生活、精神生活和家庭生活等多个方面。生活理想不仅是生活条件，更重要的是生活方式，例如文明、健康和科学的生活方式。

[①] 孙正聿. 理想信念的理论支撑 [M]. 长春：吉林人民出版社，2014：17.

职业理想是关于工作方面的理想，包括两个方面：一是希望自己能选择一种理想的职业，找到理想的工作；二是希望自己在工作中达到理想的境界。一般来讲，第二个方面是职业理想的核心内容。

明确了理想的内涵、特征及类型，请分析一下，所谓"一心迎娶白富美，今生只嫁高富帅"是理想吗？所谓"青春献给小酒桌，醉生梦死就是喝"是理想吗？持有这样的理想真的能幸福吗？真的可以不枉此生，实现自己的人生价值吗？我们再回到前面习总书记讲的那句话，"理想指引人生方向"，这里面有两层意思：科学崇高的理想指引我们走向正确的人生道路，非科学、庸俗的理想会指引我们走向错误的人生之路，使我们人生之路越走越窄。

实际上，确实有些同学的理想还局限于赚多多的钱，建一个温馨的家庭，生个可爱的孩子，这就是他们追求的幸福。有错吗？某种意义上没错，但太实用，过于着眼自己的"小确幸"，属于"低配"理想。贪图安逸，追求享乐被爱因斯坦称为"猪栏里的理想"。作为新时代的弄潮儿，我们要努力超越"猪栏理想"，坚持远大的、崇高的理想。习近平总书记指出："只有把人生理想融入国家和民族的事业中，才能最终成就一番事业。"①

很多伟人、成功人士，他们所走的人生道路、在人生的历程中展现出的人生态度和精神力量，以及他们人生价值的实现程度都与他们在青少年时期树立的远大理想密切相关。青年时期的马克思在17岁高中毕业的论文中就思考选择最能为人类福利而劳动的职业。他写道："如果我们选择了最能为人类福利而劳动的职业，那么，重担就不能把我们压倒，因为这是为大家而献身；那时我们所感到的就不是可怜的、有限的、自私的乐趣，我们的幸福将属于千百万人，我们的事业将默默地、但是永恒发挥作用地存在下去，而面对我们的骨灰，高尚的人们将洒下热泪。"②

---

① 习近平. 勇做走在时代前面的奋进者开拓者奉献者[N]. 人民日报, 2013-05-05.
② 马克思, 恩格斯. 马克思恩格斯全集（第40卷）[M]. 北京：人民出版社, 1982：3-7.

青年时期的毛泽东面对民族危亡给自己取名为"子任",决心把救国救民作为自己的责任和抱负。1912年,毛泽东的父亲要他去做生意,但他立志走出家乡继续求学。在离家赴学前夕,毛泽东提笔写了《赠父诗》:孩儿立志出乡关,学不成名誓不还。埋骨何须桑梓地,人生无处不青山。这首诗是青年时期毛泽东走出乡关、奔向外面世界的宣言书,表明了他胸怀天下、志在四方的崇高理想。

还有敬爱的周恩来总理,早在青少年时期他就发出"为中华崛起而读书""志在四方""愿相会于中华腾飞世界时"的时代强音。1917年,周恩来从南开中学毕业后决定赴日留学。《大江歌罢掉头东》一诗正是在这次东渡前写成的。他将这首诗默默地记在心里,激励自己勤奋学习、报效祖国。

习近平总书记不到16岁扎根陕北农村,有过短暂的迷茫彷徨期,但在和当地人民同甘共苦的岁月中,习近平总书记慢慢形成并坚定了人生的理想——"要为人民做实事!"

这些伟人的经历也启示我们:青年人不要把个人理想等同于纯粹的自我设计、自我实现,要找准"小我"与"大时代"的契合点,把个人的命运与国家和人民的命运联系在一起,把个人理想融入社会理想之中,在为实现社会理想而奋斗的过程中实现个人理想,这是大学生成长成才的必由之路。"得其大者可以兼其小。"只有把人生理想融入国家和民族的事业中,才能最终成就一番事业。

2019年是中华人民共和国成立70周年,天安门广场举行了盛大的阅兵仪式。在走过天安门广场的军人中,有一位"地震男孩",他的名字叫程强。

【案例点击】"地震男孩"

第14排面的受阅队员程强每次站军姿,都会向教练申请,在腿上捆背包带纠正腿型。方队里的人都知道这是他的老习惯了,从阅兵选拔至今,背包带就一直伴随着程强的训练和生活。程强有点"O"型腿,站立时膝盖并不拢,所以在阅兵选拔之前一个月,他就开始进行腿部的矫正,晚上睡觉的时候也在膝盖处捆着背包绳。"当时不适应,经常从腿的麻木疼痛中醒来。但是现在腿已经能并上了,我自己也习惯了。"程强训练认真刻苦,多次获得方队"训练标兵",但许多人认识他却并不是从这次阅兵集训开始的。

2008年汶川地震,顷刻间,地动山摇,满目疮痍!手持"黄继光英雄连"红旗的空降兵部队赶来,帮助灾区人民重建家园,恢复生产。救灾结束时,当时读小学的程强手举"长大我当空降兵"的横幅立下誓言,被媒体报道后,程强也被网友称为"地震男孩"。也是从那时起,"长大当空降兵"这颗理想的种子在程强心中生根发芽。2013年,程强报名参军,来到黄继光生前所在部队,成为了梦想中的空降兵。从参加新兵第一批伞降训练到重大演习的摔打磨练,程强一直冲锋在前,很快成长为一名空降尖兵。

凭借着刻苦努力,程强连续拿下"军姿标兵""进步之星"等多项荣誉,并被任命为排面小教员兼班长。针对有的队员队列动作不规范情况,他言传身教讲动作、教方法。"训练下来,我经常跟大家讨论,和平年代,又有多少枪眼能让我们去堵?几乎没有。但是在阅兵的'战场'上,面对困难,不服输,死磕到底,我认为这也是对黄继光精神的继承,秉持着这种信念、信仰,我们在前进的路上就会有力量。"①

【案例评析】曾立志当兵、报效祖国的"地震男孩",克服重重困难,在2019年庆祝中华人民共和国成立70周年阅兵式上,他昂首挺胸、目光坚毅,迈着铿锵有力的步伐接受全国人民的检阅。理想之花,美丽如斯。

理想的实现需要诸多主客观因素,从主观因素来讲,理想的实现离不开信念的支撑!著名学者王国维在《人间词话》中讲到:古今成大事业、大学问者必经三种境界:第一种境界,"昨夜西风凋碧树。独上高楼,望尽天涯路"。这是志存高远的境界。第二种境界,"衣带渐宽终不悔,为伊

---

① "地震男孩"程强:像黄继光一样去战斗[EB/OL].(2019-09-25)[2021-03-12]. http://military.cnr.cn/kx/20190925/t20190925_524792084.html.

消得人憔悴",这就是坚定的信念,既然选择了远方就要风雨兼程,执着追求、忘我奋斗。第三种境界,"众里寻他千百度,蓦然回首,那人却在,灯火阑珊处",几经求索,终获成功……理想和信念总是相互依存。理想是信念所指的对象,信念则是理想实现的保障。离开理想这个人们确信和追求的目标,信念无从产生;离开信念这种对奋斗目标的执着向往和追求,理想寸步难行。在此意义上,理想和信念难以分割地紧密联系在一起。也正因如此,人们常将理想与信念合称为理想信念。那什么是信念呢?

(二) 信念的内涵和特征

1. 何为信念?

信念是人们在一定认识基础上确立的对某种思想或事物坚信不疑并身体力行的心理态度和精神状态。信念是认知、情感和意志的有机统一体,为人们矢志不渝、百折不挠地追求理想目标提供了强大的精神动力。认知是信念的前提,认知的因素决定着信念的性质,使信念有科学和非科学之分。

2. 信念的特征

(1) 信念的执着性。信念因其执着而为信念。信念一旦形成,就不会轻易改变。执着性不仅是指信念的稳定性,而且更多地是指具有坚定信念的人的精神状态和行为状态的稳定性。当一个人抱有坚定的信念时,他就会全身心投入到为实现目标而努力奋斗的事业中去。坚定的信念使得人们具有强大的精神定力,不为利益所动,不为诱惑所扰,不为困难所惧。

(2) 信念的多样性。不同的人由于社会环境、思想观念、利益需要、人生经历和性格特征等方面的差异,会形成不同的信念。即使是同一个人,也会形成关于社会生活不同方面的许多信念。例如学习方面的、交往方面的、工作方面的、道德方面的、政治方面的……一方面,要承认这是正常的现象,不强求信念一律;另一方面,又要看到,在一定的社会中,人们各自的信念也有相同共通之处,是形成社会共同信念的基础。

(3) 信念的多层次性。一个人会形成不同类型和层次的信念,并由此构成信念体系。在信念体系中，高层次的信念决定低层次的信念，低层次的信念服从高层次的信念。例如，有的同学谈到自己的信念时说自己就信钱，甚至把赚钱作为自己的信仰。事实上，如果把赚钱当作一个信念的话，那么，它至多也是一个低层次的信念。因为如何赚钱，要由更高层次的信念决定。如果一个人笃信人不为己、天诛地灭，那么他会不择手段地赚钱；如果一个人笃信做人要讲良知，天道酬勤，那么就他会通过诚实劳动、合法经营去赚钱。

【案例点击】他们，向武汉逆行

"黑夜中我很害怕，越骑越快。但是，医院需要我，患者需要我，我必须赶到！" 2月3日下午，靠着导航、单车骑行了4天3夜，1996年出生的女孩甘如意终于到达武汉市江夏区金口中心卫生院范湖分院。甘如意是湖北荆州公安县斑竹垱镇杨家码头村人，老家距离范湖分院300多公里。春节前夕，她已回到老家。疫情发展迅速，她所在的化验室，只剩一个人坚守。"我必须马上回去！"没有私家车，公共交通已经中断，怎么办？年轻的女孩毅然决定，骑自行车回去！

妈妈担忧："300多公里，安全吗？""我骑一段少一段。"女儿答道。家人最终同意了。

她立刻电话联系卫生院院长陈宗勇开具了返岗证明。1月31日，正月初七，甘如意背上饼干、泡面就出发了。一路下着小雨，她衣服被淋湿，带的干粮也吃完了，路上车少、人少，她拼尽全力赶路。直到2月2日天已漆黑，看到路口的灯光下，站着三四个执勤民警。她才知道已到了潜江。"这么晚了，你一个女孩子怎么骑自行车？"得知她回武汉江夏上班，好心的民警帮着她联系好旅馆。2月3日，在民警的帮助下，甘如意终于搭上一辆去武汉的顺风车。中午12点多，她到达武汉市汉阳区。吃了碗泡面后，她又找了一辆共享单车，骑行6个小时到达金口中心卫生院范湖分院。①

---

① 田豆豆. 他们，向武汉逆行[N]. 人民日报，2020-02-08（02）.

请大家思考：甘如意骑行300多公里，花了4天3夜从家乡荆州到武汉，是什么支撑着她弱小的身躯迸发出那么惊人的力量呢？本来她可以在家休假，她又为什么在危险的疫情期间选择"逆行"而上呢？

【案例评析】支撑甘如意克服严寒、恐惧，在筋疲力尽时仍然坚持"逆行"的是她心中始终有一个"医院需要我，患者需要我"的高层次信念！这个信念的背后体现的是医者仁心、大爱无疆的敬业精神，是"服务人民、奉献社会"的人生追求。这个信念使她产生了一种非这样不可的使命感，即"我必须赶到！""必须马上回去！"4天3夜的孤身路，怎能不彷徨？黑暗中的"逆行"怎能不恐惧？但疫情容不得彷徨！信念战胜了恐惧！甘如意担得起最美的赞誉，从心而发的举动燃烧着爱与责任之火，这团火在她心中已经熔铸成最坚定的信念，并为了这份信念勇敢地去奋斗，去拼搏！

信念的最高层次是信仰。如果说信念是人们在一定认识的基础上确立的对某种思想或事物坚信不疑并身体力行的心理态度和精神状态。信仰则是人们对某种理论、学说、主义的信服和尊崇，是一个人做什么和不做什么的根本准则和态度。信仰属于信念，是信念的一部分，是信念最集中、最高的表现形式。

信仰和信念一样，以认知为前提。"信其真"和"其为真"是两回事，所以信仰也有盲目的信仰和科学的信仰之分。其中，盲目的信仰就是对虚幻的世界、不切实际的观念、荒谬的理论等的迷信和狂热崇拜，科学的信仰则是人们对自然界和人类社会发展规律的科学认识。

中国人民大学马克思主义学院刘建军教授指出，信仰不是儿戏，甚至也不是尝试。真正的信仰是献身，就是把自己完完全全地交出去。如果说人生中有些大事，那么也许没有比这更重大的事件了。这是心灵的事业，是终生的事业，是命运的抉择。从这个意义上讲，信仰比"理想信念"更深刻一些，更严峻一些。它不是某种社会流行的集体意识或舆论，不是一般性的价值观念认同，而是处于心灵最深层，与人的生命根基血肉相联。因此，对于这样的事情，一个人决不能采取轻率的随意的态度，而应以极为慎重的态度对待之。为此，他提出了选择信仰的四个标准：第一，要看这种信仰怎样对待理性和科学。它是以理性和科学的局限性为出发点，去反对理性和科学性，还是把自己的立足点建立在理性和科学的正面价值基础上。如果有一种信仰公开反对理性，致力于让人进入非理性的世界，那我们就要保持警惕。第二，要看这种信仰怎样对待现实生活。它究竟是让人厌弃和放弃现实生活，还是肯定现实生活；是逃避现实生活，还是勇于面对现实生活，并改造现实生活，在现实世界中追求人生幸福。如果有一种信仰，大讲世界末日，否定现实世界，让人放弃现实生活，甚至放弃地球上的生命，去追求来世的所谓"圆满"，那也要对它保持警惕。第三，要看这种信仰怎样对待道德和精神追求。它是否有文化的价值，是否倡导和引领更高的精神境界，是否提倡对人生社会有益的道德。如果有一种信仰，不是致力于对真理和精神价值的追求，而是对某人的膜拜和献身；如果它带给人的不是自我约束和精神提升，而是肉体上的放纵，或是对世俗权力和盲目力量的崇拜，那我们对它也要保持警惕。第四，要看这种信仰体系是否正常和健康。信仰是在人类精神世界的深处做文章，而人类精神世界的深处科学之光还没有完全照亮。所以，在人类制造的信仰产品中，有健康美好的形态，也有变态和丑陋的形态，这些不健康的信仰，例如邪教之类，是有害无益的。对于那种违背人的生活常理、常情，令人走火入魔的信仰，避开得越远越好，不要使自己成为其牺牲品。①

关于信仰的问题还有很多，也有很多同学非常感兴趣，继续深入地了解，推荐阅读刘建军教授所著的《信仰书简》②，该书以书信的形式，围绕信仰这一主题做了深入阐述，可以为我们进一步答疑解惑。

二、理想信念有什么作用

在十八届中共中央政治局第一次集体学习时，习近平总书记讲到：

---

① 刘建军. 信仰书简：与当代大学生谈理想信念 [M]. 北京：中国青年出版社，2012：142-149.

② 刘建军. 信仰书简：与当代大学生谈理想信念 [M]. 北京：中国青年出版社，2012.

专题四　理想信念的内涵和作用

"形象地说，理想信念就是共产党人精神上的'钙'，没有理想信念，理想信念不坚定，精神上就会'缺钙'，就会得'软骨病'。现实生活中，一些党员、干部出现这样那样的问题，说到底是信仰迷茫、精神迷失。"①"钙"是人体重要的生命元素，理想信念作为精神之"钙"是大学生人生发展的内在动力，其作用主要体现在以下三个方面。

（一）理想信念昭示奋斗目标

人生是一个在实践中奋斗的过程。要使生命富有意义，就必须在科学的理想信念指引下，沿着正确的人生道路前进。理想信念是人的思想和行为的定向器，一旦确立就可以使人方向明确、精神振奋，即使前进的道路曲折、人生的境遇复杂，也能使人看到未来的希望和曙光，永不迷失前进的方向。从某种意义上说，人类之所以需要并形成理想，是由于人们需要在现实生活的不确定性中为自己寻找一种确定性，作为自己安身立命和安心立命之所在，以求得更好的生存和发展的条件。因此，人的理想信念，反映的是对社会和人自身发展的期望。有什么样的理想信念，就意味着以什么样的期望和方式去改造自然和社会，塑造和成就自身。只有树立起崇高的理想信念，才能够解答好人生的意义、奋斗的价值以及做什么样的人等重要的人生课题。

在纪念五四运动100周年大会上，习近平总书记指出："青年的理想信念关乎国家未来。青年理想远大、信念坚定，是一个国家、一个民族无坚不摧的前进动力。青年志存高远，就能激发奋进潜力，青春岁月就不会像无舵之舟漂泊不定。"② 青年大学生要重视理想信念的选择和确立，努力树立科学崇高的理想信念，树立对马克思主义的信仰、对中国特色社会主义的信念、对中华民族伟大复兴中国梦的信心，到人民群众中去，到新时代新天地中去，让理想信念在创业奋斗中升华，让青春在创新创造中闪光！

---

① 习近平. 紧紧围绕坚持和发展中国特色社会主义　深入学习宣传贯彻党的十八大精神 [N]. 人民日报，2012-11-19.
② 习近平. 在纪念五四运动100周年大会上的讲话 [N]. 光明日报，2019-05-01.

（二）理想信念提供前进动力

一个人有了崇高坚定的理想信念，才会以惊人的毅力和不懈的努力成就事业。无数杰出人物之所以能在平凡的岗位上做出不平凡的成绩，在极其困难的条件下创造奇迹，一个重要的原因就在于他们具有崇高坚定的理想信念，从而具有披荆斩棘、锲而不舍的动力。

邓小平同志曾说："为什么我们过去能在非常困难情况下奋斗出来，战胜千难万险使革命胜利呢？就是因为我们有理想，有马克思主义信念，有共产主义信念。"①

习近平总书记在纪念红军长征胜利80周年大会上发表重要讲话时指出："长征是一次理想信念的伟大远征"，在25000里的长征路上，"平均每300米就有一名红军牺牲"，"红军将士同敌人进行了600余次战役战斗，跨越近百条江河，攀越40余座高山险峰，其中海拔4000米以上的雪山就有20余座……"，"长征胜利启示我们：心中有信仰，脚下有力量；没有牢不可破的理想信念，没有崇高理想信念的有力支撑，要取得长征胜利是不可想象的。"②

"每一代人有每一代人的长征路，每一代人都要走好自己的长征路"。当前，以习近平同志为核心的党中央正带领全国各族人民在实现中华民族伟大复兴的长征路上继续奋斗。前面道路上还有许多"雪山""草地"需要跨越，还有许多"娄山关""腊子口"需要征服。在2020年五四青年节到来之际，习近平总书记寄语新时代青年："要继承和发扬五四精神，坚定理想信念，站稳人民立场，练就过硬本领，投身强国伟业，始终保持艰苦奋斗的前进姿态，同亿万人民一道，在实现中华民族伟大复兴中国梦的新长征路上奋勇搏击。"③ 进行新的长征，同样需要崇高的理想信念为我们注入不竭的动力。

---

① 邓小平文选（第3卷）[M]．北京：人民出版社，1993：110．
② 习近平．在纪念红军长征胜利80周年大会上的讲话[N]．光明日报，2016 – 10 – 22．
③ 习近平．坚定理想信念站稳人民立场 练就过硬本领投身强国伟业[N]．光明日报，2020 – 05 – 04．

（三）理想信念提高精神境界

理想信念作为人的精神世界的核心，一方面能使人的精神生活的各个方面统一起来，使人的精神世界成为一个健康有序的系统；另一方面，又能引导人们不断追求更高的人生目标，并在追求和实现理想的过程中提升精神境界、塑造高尚人格。在追求理想和实现理想的过程中，有的人能够乘风破浪、披荆斩棘，从狭隘走向高远、从空虚走向充实、从犹疑走向执着，他们成为时代的楷模、民族的脊梁、人民的公仆！反之，有的人，由于缺失理想信念，精神上缺"钙"，在面对困难时退缩了，面对挑战时胆怯了，面对诱惑时蜕化了，这些人在政治上开始变质，经济上逐渐贪婪，生活上慢慢腐化。从很多领导干部违纪违法案件可以看出，他们之所以步入歧途、走上不归路，最根本的是思想政治出了问题，是理想信念出了问题。

事实警示我们，理想信念动摇是最危险的动摇，理想信念滑坡是最危险的滑坡。对于大学生来说，大学时期确立的理想信念，对今后的人生之路将产生重大影响。大学生人生目标的确立、生活态度的形成、知识才能的丰富、发展方向的设定、工作岗位的选择，以及如何择友、如何面对挫折、如何克服困难等问题的解决，都需要一个总的原则和目标，都离不开理想信念的指引和激励，都必须牢牢把握理想信念这个核心。

专题小结

理想信念是精神之"钙"，是人生的奋斗目标、前进动力和精神支柱。如果说社会是大海，人生是小舟，那么科学的理想就是引航的灯塔，崇高的信念就是推进的风帆。对于大学生来说，只有树立科学崇高的理想信念，才能激发起为民族复兴和人民幸福而发愤学习的强烈责任感与使命感，掌握服务人民、奉献社会的本领。当前，同学们要以疫情中涌现出的最美"逆行者"为榜样，坚定理想信念，把个人的奋斗志向同国家和民族的前途命运紧紧联系在一起，把个人的学习进步同祖国的繁荣昌盛紧紧联系在一起，使理想信念之花结出丰硕的成长成才之果。

延伸阅读

1. 中共北京市委宣传部．正道沧桑：社会主义五百年［M］．北京：北京出版社，2013．

2. 习近平．弘扬伟大长征精神，走好今天的长征路［M］//习近平谈治国理政（第2卷）．北京：外文出版社，2017．

3. 孙正聿．理想信念的理论支撑［M］．长春：吉林人民出版社，2014．

4. 刘建军．信仰书简［M］．北京：中国青年出版社，2012．

思考题

1. 个人理想与社会理想是一对悖论吗？你认为大学生如何才能实现个人理想与社会理想的统一？

2. 有人认为中国年轻一代没有信仰，你怎么看？

（撰写人：魏晓冉）

专题五　确立科学崇高的理想信念

教学设计思路

一、教学目的与要求

1. 知识目标：引导和帮助大学生准确把握马克思主义信仰、中国特色社会主义共同理想、共产主义远大理想的科学内涵和基本特点。

2. 能力目标：使大学生能够正确抵制马克思主义"无用论""过时论"、共产主义"渺茫论"等错误思潮，自觉把个人理想与社会理想相结合，在为实现中国梦而奋斗的实践中放飞青春梦想。

3. 情感和价值观目标：引导大学生深刻认识坚定科学崇高的理想信念的重要性，增强中国特色社会主义道路自信、理论自信、制度自信与文化自信，自觉确立科学崇高的理想信念。

二、针对的学生主要思想困惑

1. 为什么信仰马克思主义？
2. 共产主义远大理想为什么能够实现？
3. 共同理想和远大理想之间是什么关系？

三、针对的错误思潮与模糊认识

1. 马克思主义"无用论""过时论"。

2. 共产主义"渺茫论"。

四、教学重点难点

1. 科学崇高的理想信念的主要内容。
2. 在实现中国梦的实践中放飞青春梦想。

五、教学时数

3 课时

教学正文

授课导入

专题四主要围绕什么是理想信念，理想信念有什么用进行了讲解。大家明确了加强思想修养，提高精神境界，必须牢牢把握理想信念这个核心。没有理想信念的人，某种意义上相当于直立行走的动物，虽然也可能活的"很好"，但只能是鲁迅先生所谓的"苟活"的层次。中国有句古话，叫作"取法乎上，仅得其中"。没有理想信念，"取法乎下"，就会"等而下之"，甚至会越过为人的"底线"。因此，我们不仅要胸怀理想信念，理想信念还要"取法乎上"，即自觉以科学崇高的理想信念构建我们的精神家园。要实现国家的繁荣富强，民族的伟大复兴，人民的美好生活，离不开科学崇高的理想信念的有力支撑。那么，科学崇高的理想信念具体包括哪些内容？如何才能放飞青春梦想，用理想和青春书写"大写的人生"呢？带着这些问题，我们开始本专题的学习。先来看第一个问题。

一、什么是科学崇高的理想信念

（一）马克思主义的科学信仰

信仰什么？这是19世纪末20世纪初，中国的进步人士都在思考的问题。青年时期的毛泽东，就立下了拯救民族于危难、改造中国与世界的远大志向。1919年，他在《〈湘江评论〉创刊宣言》中写道："时机到了，世界的大潮卷得更急了！洞庭湖的闸门动了，且开了！"在风华正茂的"恰同学少年"岁月，他发出了"问苍茫大地，谁主沉浮"的仰天长问，展示了"到中流击水，浪遏飞舟"的浩然壮气。十月革命一声炮响，给中国送来了马克思列宁主义。1921年年初，毛泽东在新民学会年会上大声宣告，"主义譬如一面旗帜"。旗子竖起来了，大家才有所指望，才知所趋赴。以毛泽东为杰出代表的老一辈无产阶级革命家，从纷然杂陈的各种观点中，毅然选择了马克思主义，选择了为共产主义而奋斗的崇高理想。在中国共产党成立之初，他们就郑重地把马克思主义写在自己的旗帜上。

对很多同学来讲，马克思是最熟悉的陌生人。马克思是全世界无产阶级和劳动人民的革命导师，是马克思主义的主要创始人，是马克思主义政党的缔造者和国际共产主义的开创者，是近代以来最伟大的思想家。马克思是顶天立地的伟人，也是有血有肉的常人。他热爱生活，真诚朴实，重情重义。推荐大家观看国产动漫《领风者》，其讲述了"千年第一思想家"马克思的传奇一生。马克思给我们留下的最有价值、最具影响力的精神财富，就是以他名字命名的科学理论——马克思主义。这一理论犹如壮丽的日出，照亮了人类探索历史规律和寻求自身解放的道路。

什么是马克思主义呢？马克思主义的内容是极其丰富的，可以从以下三个方面来理解。

第一，三个学说。马克思主义是关于自然、社会和人类思维发展一般规律的学说；是关于社会主义必然代替资本主义、最终实现共产主义的学说；是关于无产阶级解放、全人类解放和每个人自由而全面发展的学说。

第二，三个基本组成部分。马克思主义理论体系是一个有机整体，可以用三大部分来概括，即马克思主义哲学、马克思主义政治经济学、科学社会主义，分别是马克思、恩格斯受德国古典哲学、英国古典政治经济学、法国空想社会主义影响，并在此基础上创立的。

第三，三统一，即基本立场、基本观点、基本方法的统一。

基本立场：马克思主义观察、分析和解决问题的根本立足点和出发点——以无产阶级的解放和全人类的解放为己任，以人的自由全面发展为美好目标，以人民为中心，一切为了人民，一切依靠人民。

基本观点：关于世界统一于物质、物质决定意识的观点，事物矛盾运动规律的观点，实践和认识辩证关系的观点，社会存在决定社会意识的观点，人类社会发展规律的观点，阶级和阶级斗争的观点，人民群众创造历史的观点，人的全面发展和社会全面进步的观点；关于商品经济和社会化大生产一般规律的观点，劳动价值论、剩余价值论和资本主义生产方式本质的观点，垄断资本主义的观点，资本主义政治制度和意识形态本质的观点；关于社会主义必然代替资本主义的观点，社会主义革命和无产阶级专政的观点，无产阶级政党建设的观点，社会主义社会本质特征和建设规律的观点，共产主义社会基本特征和共产主义远大理想的观点等。

基本方法：建立在辩证唯物主义和历史唯物主义世界观和方法论基础上，指导人们正确认识世界和改造世界的思想方法和工作方法——实事求是的方法、辩证分析的方法、社会基本矛盾和主要矛盾分析的方法、历史分析的方法、阶级分析的方法、群众路线的方法等。

【课堂提问】为什么信仰马克思主义？马克思主义过时了吗？

【教师讲解】1840年鸦片战争以后，中国沦为半殖民地半封建社会，陷入任人宰割的境地，人民苦难深重。这时中国的仁人志士纷纷探索救国救民的道路。当时都是向西方学习，想通过资本主义道路来挽救中国。然而处处碰壁。正当大家迷茫、彷徨，找不到出路的时候，十月革命一声炮响，送来了马克思列宁主义，人们认识到还有另一条道路可以走，即劳动人民当家作主、消灭剥削和压迫的社会主义道路。马克思主义一经传入中国，中国的面貌就发生了根本的变化。马克思主义与中国工人运动相结合，成立了中国共产党，在中国共产党的领导下，中国人民的革命斗争取得了伟大的胜利。马克思主义深刻地改变了中国，中国革命、建设、改革的成功，都是马克思主义的胜利。

马克思主义体现了科学性和革命性的统一。马克思主义是对自然、社会和人类思维发展本质和规律的正确反映。虽然马克思主义产生距今已有一个多世纪，但至今没有任何主义和思想体系能与其相比。原因正在于它的辩证唯物主义和历史唯物主义世界观的科学性，在于它的经济学说和社会主义学说对资本主义经济运行规律和内在矛盾的科学揭示，在于它对资本主义社会发展必然趋向的科学揭示。马克思主义的革命性，集中表现为其彻底的批判精神和鲜明的无产阶级立场。马克思主义的阶级基础是革命的无产阶级。它是指引无产阶级革命斗争、指引无产阶级政党进行社会革命和自我革命，以及指引社会主义建设与改革事业不断发展的行动指南。在无产阶级解放斗争和社会主义事业发展的任何时期，都必须始终坚持马克思主义的科学性与革命性的统一，发扬马克思主义的科学精神和革命精神。

马克思主义具有鲜明的实践品格。在人类思想史上，从来没有一种学说像马克思主义这样曾经改变和正在改变整个世界的格局，改变一个社会的结构，改变人类学术思想的理论思维方式。牛津大学教授特里·伊格尔顿在《马克思为什么是对的》一书中指出："与政治家、科学家、军人和宗教人士不同，很少有思想家能真正改变历史进程，而《共产党宣言》作者恰恰在人类历史发展进程中发挥了决定性作用。历史上从来未出现过建立在笛卡尔思想之上的政府，用柏拉图思想武装的游击队，或者以黑格尔的理论为指导的工会组织。马克思彻底改变了人类对历史的理解，这就是连马克思主义最激烈的批评者也无法否认的事实。"[①] 马克思的墓碑上，镌刻着马克思的一句名言："哲学家们只是用不同的方式解释世界，而问题在于改变世界。"[②] 实践性是马克思主义理论区别于其他理论的显著特征。马克思主义不是书斋里的学问，而是为了改变人民历史命运而创立的，是在人民求解放的实践中形成的，也是在人民求解放的实践中丰富和发展的，为人民认识世界、改造世界提供了强大精神力量。

---

① （英）特里·伊格尔顿. 马克思为什么是对的 [M]. 李杨，任文科，郑义，译. 北京：新星出版社，2012：2.

② 马克思恩格斯文集（第1卷）. 北京：人民出版社，2009：506.

马克思主义具有持久生命力。马克思主义具有持久的生命力在于它是开放的、与时俱进的理论体系。马克思一再告诫人们,马克思主义理论不是教条,而是行动指南,必须随着实践的变化而发展。一部马克思主义发展史就是马克思、恩格斯以及他们的后继者们不断根据时代、实践、认识发展而发展的历史,是不断吸收人类历史上一切优秀思想文化成果丰富自己的历史。因此,马克思主义能够永葆其美妙之青春,不断探索时代发展提出的新课题、回应人类社会面临的新挑战。

习近平总书记指出,人生的扣子从一开始就要扣好。在当今社会,有的青年人在纷繁复杂的社会思潮中迷失了方向,出现了信仰的非理性化和非科学化,崇尚所谓的实用主义、拜金主义、自由主义,不同程度影响其自身发展。信仰强迫不来,但实践一直在证明科学信仰的伟大魅力。马克思主义自其诞生170多年来,在不断自我丰富发展创新中推动着人类社会的进步。特别是中国共产党把马克思主义与中国具体实践相结合,领导广大人民群众取得革命、建设和改革的伟大胜利,再到今天实现中华民族伟大复兴中国梦的伟大征程,充分证明马克思主义信仰的伟力。习近平总书记反复强调:"对马克思主义的信仰,对社会主义和共产主义的信念,是共产党人的政治灵魂,是共产党人经受住任何考验的精神支柱。"[①] 一个政党、一个民族,如果没有坚定的理想信念,就如同一盘散沙没有凝聚力,就会失去奋斗目标和前进方向。新时代的大学生要认真学习马克思主义,掌握马克思主义的立场、观点、方法,确立正确的世界观和历史观,准确把握时代发展潮流,以科学的理想信念指引人生前进的道路和方向。

【课堂提问】 如何看待马克思主义被边缘化现象?[②]

习近平总书记在哲学社会科学工作座谈会上发表的重要讲话中指出:"实际工作中,在有的领域中马克思主义被边缘化、空泛化、标签化,在一些学科中'失语'、教材中'失踪'、论坛上'失声'。这种状况必须引

[①] 习近平谈治国理政(第1卷)[M].北京:外文出版社,2018:15.

[②] 部分内容参见:陈先达.马克思主义被边缘化现象不是偶然[J].理论导报,2016(11).

起我们高度重视。"在中国这样的社会主义国家出现马克思主义被边缘化现象，不是偶然的。其原因有大环境方面的，也有小环境方面的。就大环境而言，主要是东欧剧变和苏联解体，世界社会主义革命低潮，西方国家尤其是美国推行思想渗透，等等。就小环境而言，主要是改革开放以来，我们经历了深刻的社会变化，其中最重要的有两条：一条是由单一公有制向多种所有制共同发展的转变；另一条是由计划经济向市场经济的转变。这两个变化都是极其重要的变化，没有这两个变化，中国就没有可能成为世界第二大经济实体，也就没有现在这样在国际上举足轻重的地位。可与此相关的是，这种变化在人际关系、意识形态等方面也带来一些新问题：所有制多元化必然导致利益的分化，与利益分化相联系的是思想的多元化、价值观念的多元化；由计划经济向市场经济的深刻变化中，市场经济既有解放生产力和发展生产力的积极作用，也会对人际关系和思想意识产生深刻影响。

有人可能会说：如果由单一公有制转变为多种所有制并存、由计划经济转变为市场经济会带来如此多的问题，那么何必进行改革呢？这里，有两个原则是不能忽略的：一是多种所有制并存和共同发展，不能动摇公有制的主体地位，要把国有经济做大、做强、做优、做实。如果没有这一条，那么马克思主义的指导地位就会由于失去它强大的经济基础而发生动摇。二是我国的市场经济是社会主义市场经济，"社会主义"这四个字不是空洞的修饰词，而必须是实实在在的。

社会主义市场经济是一个整体性的、具有创造性的新概念，它不是社会主义加市场经济，而是不可分割的有机整体。有人说：马克思主义不是在资本主义市场经济条件下产生的吗？对！马克思主义是在资本主义市场经济条件下产生的，但它不是为发展资本主义市场经济、为资本追逐最高利润服务的，而恰恰是为了批判资本主义社会。

这里的一个根本区别是，在我们国家搞的是社会主义市场经济。如果单纯搞市场经济，可以不需要马克思主义，只需要各种有利于资源最有效配置和资本最大效益的学科就可以了。

"社会主义"这四个字是生命线。习近平总书记强调指出，改革开放要不走封闭僵化的老路，要不走改弦易帜的邪路，在经济领域中一定要牢牢地把握两条：一条是公有制的主体地位，一条是市场经济的社会主义本质。有了这两条，共产党的领导、马克思主义的指导，才有坚固的经济基础。在这种条件下，即使产生了马克思主义被边缘化的现象，也容易纠正。

当前，我们社会中的一些乱象，包括贫富差距、贪污腐败、道德滑坡等，应该如何解释呢？这里存在一个更深层的问题，就是"制"与"治"的问题。"制"，指的是基本制度；"治"，指的是治理。在社会主义初级阶段，我国的基本经济制度是以公有制为主体、多种所有制经济共同发展，我国的基本政治制度是中国共产党领导的多党合作和政治协商制度、民族区域自治制度以及基层群众自治制度。可是在这种制度下，我们治理能力和治理方式如何？是否到位？这些值得深入研究。再好的制度也要人去执行，制度不会自动起作用。制度的有效性和优越性的发挥，取决于执行者的治理能力和管理能力。这些年来，习近平总书记没少强调国家治理的问题。

其实，当前我国社会中一些乱象，从根本上说也不在于我们的基本政治制度和基本经济制度，我们的基本政治制度和基本经济制度是符合中国国情的；而在于我们有些地方和有些方面的治理和管理还不够到位。例如，对市场导致的贫富差距，对市场失灵导致的各种乱象，从一定程度和一定范围来说，我们没有有效的治理方法。管理市场经济需要相应的法律和相应的道德规范。市场必须管，必须治，放任的市场经济，必然导致贫富差距、诚信缺失、道德滑坡。而且由于对现实问题不满，必然也会影响到马克思主义的威信。现在，社会上有些人，包括我们有的个别学生，不相信马克思主义，主要不是因为读了马克思主义著作以后有什么新见解，而是由于对某些社会乱象的不满连带引起的反应。

（二）中国特色社会主义共同理想

有共同理想，才能有共同步调。在中国共产党领导下，坚持和发展中国特色社会主义,实现中华民族伟大复兴,必须树立中国特色社会主义共同理想。

中国特色社会主义是科学社会主义,不是别的什么主义。"鞋子合不合脚,自己穿了才知道。"新中国成立70多年来特别是改革开放40多年来的事实已经摆在世人面前:我国经济实力、综合国力大幅提升,人民生活显著改善,经济总量跃居世界第二,成功实现从低收入国家向中等收入国家的跨越,中国的国际地位空前提高,比以往任何时候都接近世界舞台的中央。这样的伟大成就和历史巨变,在人类发展史上都是罕见的。特别是进入新时代以来,以习近平同志为核心的党中央,正在书写着中国特色社会主义的更加精彩的篇章,带领中国人民为实现中华民族伟大复兴的中国梦而奋斗。事实雄辩地证明,中国特色社会主义,在道路、理论、制度、文化等方面,正是最切合当代中国发展进步的内在推进器,是中国人民真正"合脚"的"鞋子"。对此,习近平总书记深刻指出:"中国特色社会主义,是科学社会主义理论逻辑和中国社会发展历史逻辑的辩证统一,是根植于中国大地、反映中国人民意愿、适应中国和时代发展进步要求的科学社会主义,是全面建成小康社会、加快推进社会主义现代化、实现中华民族伟大复兴的必由之路。"[1]

中国特色社会主义不是从天上掉下来的,而是中国共产党带领人民历经千辛万苦找到的实现中国梦的正确道路。中国共产党的领导是中国特色社会主义最本质的特征。"新冠肺炎疫情发生后,武汉采取了封城措施。一些国外媒体觉得中国的做法是'侵犯武汉民众人权'。也有人质疑,以巨大的经济为代价来阻断病毒传播,是否值得?立场不同,选择、答案自然就会不一样。中国共产党是马克思主义政党。人民性是马克思主义最鲜明的品格,中国共产党自诞生之日起,就把为中国人民谋幸福、为中华民族谋复兴作为自己的初心和使命。"[2] 疫情发生以来,以习近平同志为核心

---

[1] 习近平谈治国理政(第一卷)[M]. 北京:外文出版社,2018:21.
[2] 让青春在奋斗与担当中闪光[N]. 光明日报,2020-03-17.

的党中央始终把人民群众生命安全和身体健康放在第一位,精准研判、迅速部署,全面开展疫情防控工作。在党中央统一指挥下,29个省区市和新疆生产建设兵团、军队等调动大量医疗与生活物资紧急驰援湖北,火神山医院和雷神山医院在很短时间内建成并交付使用,19个省份对口支援湖北省武汉市以外地市,等等。疫情防控工作取得的显著成效充分展现了中国力量、中国精神、中国效率,彰显出中国共产党的坚强有力领导和中国特色社会主义制度的显著优势。

党政军民学,东西南北中,党是领导一切的,是最高的政治领导力量。坚持和完善党的领导,是党和国家的根本所在、命脉所在,是全国各族人民的利益所在、幸福所在。只有中国共产党,才能领导中国人民坚持和发展中国特色社会主义,才能担当起带领中国人民创造幸福生活、实现中华民族伟大复兴的历史使命。

(三) 共产主义远大理想

【课堂提问】有人认为"共产主义是渺茫的幻想",是无法实现的,对此观点你是否同意?为什么?

学生发言:略。

【教师讲解】习近平总书记指出:"中国共产党之所以叫共产党,就是因为从成立之日起我们党就把共产主义确立为远大理想。"① 共产主义社会,是物质财富极大丰富,人民精神境界极大提高,每个人自由而全面发展的社会。共产主义只有在社会主义社会充分发展和高度发达的基础上才能实现。恩格斯在《共产主义原理》中回答"能不能一下子就把私有制废除"时,明确说:"不,不能,正像不能一下子就把现有生产力扩大到为实行财产公有所必要的程度一样。因此,很可能就要来临的无产阶级革命,只能逐步改造社会,只有创造了所必需的大量生产资料之后,才能废除私有制。"②邓小平指出:"我们搞社会主义才几十年,还处在初级阶段。

---

① 习近平谈治国理政(第2卷)[M]. 北京:外文出版社,2017:34.
② 马克思恩格斯文集(第1卷)[M]. 北京:人民出版社,2009:685.

专题五 确立科学崇高的理想信念

巩固和发展社会主义制度，还需要一个很长的历史阶段，需要我们几代人、十几代人，甚至几十代人坚持不懈地努力奋斗，决不能掉以轻心。"[1] 共产主义决不是"土豆烧牛肉"那么简单，不可能唾手可得、一蹴而就，我们现在做的是社会主义初级阶段的事情，但不能忘记初衷，不能忘记我们的最高奋斗目标，不能因为实现共产主义理想是一个漫长的过程就认为那是虚无缥缈的海市蜃楼。在理想信念问题上，不能含糊其辞、语焉不详。为着共产主义理想而奋斗，我们就能真正做到"千磨万击还坚劲，任尔东西南北风"。

共产主义是现实运动和长远目标相统一的过程。共产主义是崇高的社会理想，是关于无产阶级解放的学说，同时也是一种现实运动。共产主义远大理想既是面向未来的，又是指向现实的，不仅反映了人们对未来社会的美好向往，更是一个从现实的人出发，不断满足人的现实利益需求、推进人的全面发展、推动社会发展进步的历史过程与现实运动。有人认为，共产主义理想离现实太遥远，是无法实现的，这实际上割裂了共产主义远大理想与现实的辩证统一关系。事实上，共产主义的思想和实践早已存在于我们的现实生活中，那种认为"共产主义是渺茫的幻想""共产主义没有经过实践检验"的观点，是完全错误的。共产主义高级阶段不是在某个早晨一觉醒来就会出现的，它是一个不断积累的过程，是一种具有连续性的运动过程，是一个共产主义因素在社会主义过程中不断增长的过程。千里之行，始于足下；九层之台，起于垒土。社会主义社会中共产主义因素的增加，是非常重要的，也是可以做到的。中国共产党始终坚持以人民为中心的发展思想，抓住人民最关心最直接最现实的利益问题，不断保障和改善民生，促进社会公平正义，在更高水平上实现幼有所育、学有所教、劳有所得、病有所医、老有所养、住有所居、弱有所扶，让发展成果更多更公平惠及全体人民，不断促进人的全面发展，着力实现全体人民共同富裕，这些都是在朝着共产主义方向前进。

---

[1] 邓小平文选（第3卷）[M]. 北京：人民出版社，1993：379-380.

共产主义远大理想的最终实现是一个漫长、艰辛的历史过程，需要一代又一代人付出艰苦的努力。回顾共产主义运动的历史进程，从1848年《共产党宣言》问世到1917年第一个社会主义国家建立，从第二次世界大战后一大批社会主义国家勃然兴起到20世纪80年代末90年代初东欧剧变、苏联解体，再到新时代中国特色社会主义焕发出前所未有的生机和活力，社会主义和共产主义的理想与实践不仅没有戛然而止，没有像西方某些人所预言的那样进入历史博物馆，反而在长期的艰辛探索中展现出更加光明的前景。理想实现的路途是艰难曲折的，共产主义远大理想的实现更是需要一代又一代人的不懈奋斗和接续努力。

作为当代大学生，我们要正确认识共产主义远大理想和中国特色社会主义共同理想之间的关系。这对关系具有丰富的理论内涵，需要我们从不同的角度和层面去认识和把握。大体上，我们可以从时间、层次和范围三个维度加以考察。首先，从时间上看，远大理想与共同理想的关系是最终理想与阶段性理想的关系。其次，从层次上看，远大理想与共同理想的关系是最高纲领与最低纲领的关系。最后，从范围来看，远大理想与共同理想的关系也是全人类理想与全体中国人民理想的关系。总之，必须以辩证思维把握和处理远大理想和共同理想的关系。实现共产主义是我们的远大理想，坚持和发展中国特色社会主义，就是向着远大理想所进行的实实在在的努力。

二、如何在实现中国梦的实践中放飞青春梦想

心中有信仰，脚下有力量。理想信念既是一个思想认识问题，又是一个实践问题。走好新时代的长征路，大学生要用青春奋斗担起责任，让青春奋斗与民族复兴同频共振，在中华民族伟大复兴的征程中谱写"大写的青春"。

立志当高远。树雄心、立壮志，是关系大学生一生前途命运的重大课题。近百年来，一代代、一批批优秀青年在中国共产党的坚强领导下，用热血、信仰、智慧和汗水，一分一分地为中国洗刷落后，一点一点地为中

国创造财富，一次一次地为中国开创奇迹，终于让近代以来久经磨难的中华民族迎来从站起来、富起来到强起来的伟大飞跃，擦亮了民族复兴的伟大梦想。志向是青春的火焰，是生命的动力。远大的志向如太阳，唯其大，才有永不枯竭的热能；如灯塔，唯其高，才能照亮前进的航程。大写的青春里不能缺少大写的青春之志，大写的青春之志要在民族复兴的伟大梦想里尽情地绽放。

立志做大事。大事，就是大事业、大情怀、大担当、"大确幸"。做大事就是要求我们不要以个人的荣华富贵为人生的理想，而要以国家民族的命运为己任。新冠肺炎疫情来临，很多"90后""00后"选择了挺身而出，他们挡在了我们的身前。

【案例点击】新时代的中国青年可堪大任！

青春由磨砺而出彩，人生因奋斗而升华。

在刚刚过去的几个月里，面对突如其来的新冠肺炎疫情，人们看到，中国的"90后"、"00后"绝不是"娇滴滴"的一代。"广大青年用行动证明，新时代的中国青年是好样的，是堪当大任的！"习近平总书记点赞不畏艰险、冲锋在前、舍生忘死奋战在疫情一线的广大青年人，是对响应党的号召、踊跃投身战"疫"一线青年的嘉奖，更是对新时代中国青年奋进的鼓劲。

青年是整个社会力量中最积极、最有生气的力量，国家的希望在青年，民族的未来在青年。青年一代有理想、有本领、有担当，国家就有前途，民族就有希望。

礼赞新时代的中国青年，此次战"疫"绝对是值得浓墨重彩书写的一笔。在4.2万多名驰援湖北的医护人员中，有1.2万多名是"90后"，其中相当一部分还是"95后"甚至"00后"。那句广为流传的"哪有什么白衣天使，不过是一群孩子换了一身衣服，学着前辈的样子，治病救人，和死神抢人罢了"，正是青年一代挺身而出、担当奉献的生动写照。从白衣执甲、逆行援鄂的医护人员，到不惧风雨、守护平安的普通民警；从不辞辛苦、日夜奉献的志愿者，到援建雷神山火神山、彰显中国速度的建筑工人……他们的勇敢与坚强、担当与尽责，展现出大无畏的斗争精神和为国分担的好品质。

战"疫"中书写的精彩篇章，只是新时代中国青年为人民战斗、为祖国献身、为幸福生活奋斗的缩影。在全面建成小康社会的过程中，在圆梦中华民族伟大复兴的历史上，新时代中国青年从来就不是旁观者。从奋战在扶贫第一线的党员干部，到扎根大山的乡村教师；从守卫世界和平的维和官兵，到用生命灭火英勇牺牲的消防战士；从以十一连胜夺取世界杯冠军的女排姑娘，到助力中国"奔月"梦想照进现实的年轻"嫦娥人"……他们满怀对祖国和人民的赤子之心，以国家任务为己任，把人民利益放心上，在祖国需要的各行各业积极行动、热忱付出，把最美好的青春献给了祖国和人民，谱写了一曲又一曲壮丽的青春之歌。①

2020年3月15日，习近平总书记给北京大学援鄂医疗队全体"90后"党员的回信中指出："在新冠肺炎疫情防控斗争中，你们青年人同在一线英勇奋战的广大疫情防控人员一道，不畏艰险、冲锋在前、舍生忘死，彰显了青春的蓬勃力量，交出了合格答卷。广大青年用行动证明，新时代的中国青年是好样的，是堪当大任的！"一代人有一代人的长征，一代人有一代人的担当。今天，新时代青年面临着难得的建功立业的人生际遇，也面临着"天将降大任于斯人"的时代使命：为实现"两个一百年"奋斗目标、实现中华民族伟大复兴的中国梦而奋斗。在圆梦复兴的新征程上，必然会有艰巨繁重的任务，必然会有艰难险阻，甚至充满惊涛骇浪。鼓起勇气，脚踏实地，胸怀远大，坚定守护爱国为民的理想坐标，从挫折中不断奋起，于坎坷中砥砺奋斗，在艰险中奋勇向前，新时代中国青年必将绽放出最绚丽的青春之花。

立志须躬行。道虽迩，不行不至。我们的国家正在走向繁荣富强，我们的民族正在走向伟大复兴，我们的人民正在走向更加幸福美好的生活。

---

① 新时代的中国青年可堪大任！[EB/OL].（2020-05-04）[2021-03-30]. http://opinion.people.com.cn/n1/2020/0504/c223228-31696609.html.

青年"所多的是生力,遇见深林,可以辟成平地的,遇见旷野,可以栽种树木的,遇见沙漠,可以开掘井泉的"。展望未来,我国青年一代肩负历史重任,必将大有可为,也必将大有作为。大学生们要以勇于担当的精神,做走在新时代前列的奋进者、开拓者、奉献者,把人生奋斗汇入新时代的洪流,在为人民服务中茁壮成长、在艰苦奋斗中砥砺意志品质、在实践中增长工作本领,以执着的理想信念、优良的品德、丰富的知识、过硬的本领,担负起历史赋予的重任,在实现中华民族伟大复兴中国梦的生动实践中放飞青春梦想。

专题小结

理想信念激励着人们为着一定的社会理想和生活目标而不断努力追求。确立科学崇高的理想信念,就是要树立马克思主义信仰,做中国特色社会主义共同理想和共产主义远大理想的忠诚实践者。新时代的大学生应当扎根中国大地,自觉把个人的理想追求融入为实现中华民族伟大复兴中国梦的奋斗中,"努力在为人民服务中茁壮成长","让青春在党和人民最需要的地方绽放绚丽之花"。

延伸阅读

1. 马克思,恩格斯. 共产党宣言 [M] //马克思恩格斯文集(第2卷). 北京:人民出版社,2009.

2. 习近平. 人民有信仰,民族有希望,国家有力量 [M] //习近平谈治国理政(第2卷). 北京:外文出版社,2017.

3. 习近平. 在纪念马克思诞辰200周年大会上的讲话 [N]. 人民日报,2018-05-05.

4. 韩毓海. 卡尔·马克思(纪念版)[M]. 北京:人民出版社,2018.

5. 特里·伊格尔顿. 马克思为什么是对的 [M]. 李杨, 等译. 北京: 新星出版社, 2012.

思考题

1. 如何确立马克思主义的科学信仰？

2. 既然共产主义理想的实现是历史的必然，为什么又要人们去努力追求？既然共产主义实现是一个漫长的过程，为什么又说"共产主义渺茫论"是错误的？

3. 结合自身实际，谈谈在实现中华民族伟大复兴进程中大学生肩负的责任。

（撰写人：闫艳）

专题六　中国精神的科学内涵和现实意义

教学设计思路

一、教学目标与要求

（一）知识目标

1. 理解中国精神的科学内涵。
2. 认识中国精神的历史底蕴与科学构成。

（二）能力目标

1. 激发大学生为实现中国梦努力拼搏、改革创新、贡献力量。
2. 鼓励大学生用实际行动展现弘扬中国精神的青春风采。

（三）情感和价值观目标

引导大学生认识弘扬中国精神的时代价值，为担当民族复兴大任的时代新人提供正确的精神指引和强大的精神动力。

二、针对的学生主要思想困惑

为什么说中国精神是不可或缺的精神力量？

三、针对的错误思潮与模糊认识

部分青年学生民族自豪感低落，民族自尊心、自信心动摇。

四、教学重点难点

1. 民族精神和时代精神的内涵及其辩证关系。
2. 爱国主义是民族精神的核心。
3. 改革创新是时代精神的核心。

五、教学时数

3 课时

教 学 正 文

授课导入

　　是什么让古老而神奇的中华民族，立于世界万邦之林，生生不息。又是什么让勤劳而智慧的中国人民，始终焕发勃勃生机和活力，让中华文明源远流长、历久弥新。"精神是一个民族赖以长久生存的灵魂，唯有精神上达到一定的高度，这个民族才能在历史的洪流中屹立不倒、奋勇向前。"① 支撑着中华民族一次又一次奋起的根本原因就在于强大的民族精神！在 2020 年抗击新冠肺炎疫情的斗争中，全国人民众志成城、团结协作、共克时艰，凝聚了强大精神力量。这股强大的精神力量源自何处？如何形成？包括哪些内容？又产生了怎样的影响？让我们带着这些问题，开始本专题的学习。

一、中国精神的历史底蕴是什么

　　（一）中华民族崇尚精神的优秀传统，首先表现在对物质生活与精神生活相互关系的独到理解上

　　中国古人不否认人们追求物质利益的正当性，但同时认为沉迷于物质

---

① 习近平. 习近平在纪念红军长征胜利 80 周年大会上的讲话 [EB/OL]. (2016-10-21) [2021-03-15]. http://cpc.people.com.cn/n1/2016/1021/c64094-28798445.html.

无法自拔是不当的,生而为人应具有高尚的道德与精神追求。从中国古代思想家的义利观论述中,我们就可以看出古人更看重道义仁爱而不是物化的利益,更倾向于美德之心而不是私利之欲。孔子提倡"见利思义",主张人在面对利益时,应审视求取利益的行为是否合乎道德理性,取得利益的方法是否正当,应该"义然后取"。古人对物质与精神关系的理解,对今天规范人们的求利行为,仍然具有积极的意义。

(二)中华民族崇尚精神的优秀传统,表现在中国古人对理想的不懈追求上

矢志不渝地坚守理想,是中国古人崇尚精神的典型体现。中国传统文化中有"天下兴亡,匹夫有责"的价值理念,倡导"先天下之忧而忧,后天下之乐而乐"的理想,以服务社会天下为己任。这充分体现了古人心怀天下,兼济苍生的理想追求,激励着一代又一代中华儿女把个人理想的实现融入国家、社会理想实现的过程中。

(三)中华民族崇尚精神的优秀传统,亦表现在对道德修养和道德教化的重视上

"明明德""亲民""止于至善"是《大学》的纲领,也是儒家道德修养的目标。古人推崇光明正大的品性,推己及人,最后达到最完善的道德境界。德成于中,礼形于外,"美德是精神上的宝藏,但是使他生出光彩的则是良好的礼仪"。中华民族素有"礼仪之邦"之称,这与中华优秀传统文化强调律己、敬人,重道德修养与道德教化不无关系。"勿以善小而不为,勿以恶小而为之""吾日三省吾身"等道德修养方法对于我们今天进行道德修养、锤炼个人品德仍具有很好借鉴作用。

(四)中华民族崇尚精神的优秀传统,还表现为对理想人格的推崇

古人对人生境界和气节节操格外尊崇。古人云:"君子固穷",君子即便身处逆境,也会固守内心的操守。陶渊明不为五斗米折腰,守着君子的气节,没有因为钱财而放弃自己的尊严和原则。贫贱不移,不失节操是衡量君子的重要标准,这对塑造当代中国人的精神世界仍有着深刻的影响。

（五）中国共产党是中华民族重精神优秀传统的忠实继承者和坚定弘扬者

中国共产党始终强调要处理好物质和精神的关系，重视发挥人的精神能动作用。中国革命、建设、改革各个历史时期，在中国共产党的领导下，催生了不同历史条件下的"中国精神"。革命战争年代诞生的长征精神、延安精神，社会主义建设时期的铁人精神、雷锋精神，改革开放以来的特区精神、工匠精神等相互辉映，生动诠释了中国精神的真谛，谱写了一曲曲中国精神的动人乐章。

【案例点击】载人航天精神

从1956年10月8日，中国第一个导弹研究机构——国防部第五研究院正式成立到现在，我国航天事业已经走过了63个年头。一代代航天人不忘初心、接续奋斗，谱写了我国航天事业发展的壮美篇章，也浇筑起了"载人航天精神"。

这种精神，代表着"特别能吃苦"。中国航天人始终以人民利益为最高利益，以苦为荣，以苦为乐。这种精神，代表着"特别能战斗"。一代又一代的航天人直面困难，从不言弃，"甘愿为载人航天事业奋斗终生"是他们的信条。他们是战神，也是英雄。这种精神，代表着"特别能攻关"。我们突破了"卫星上天""卫星回收""一箭多星""地球同步""载人航天"等难关，洒下了航天人登攀的汗水。这种精神，代表着"特别能奉献"。航天人将"一切为了祖国，一切为了成功"写在了浩瀚的宇宙里，也将自己的名字镌刻在无垠的太空中。

大国重器必须掌握在自己手里。当年，"两弹一星"挺起了中华民族的脊梁。今天，中国载人航天工程成为助力中国外交、彰显国际地位的一张名片。

新时代，新征程。党的十八大以来，"载人航天精神"激励着新一代的航天人继续迈着奋进的步伐。一系列普惠民生的航天重大工程为大家绘出航天高科技支撑美好生活的画卷："北斗"帮你导航、"风云"帮你知天象、万米高空的飞机里上网打电话也不再是梦想。北京地铁郭公庄站的中央空调系统使用了北京卫星制造企业的"神舟北极"高效集成冷冻站产品。空间信息与大数据、云计算、物联网等高新技术融合,"互联网卫星应用"战略性新兴产业孕育发展,有望成为新的经济增长点。未来,基于X射线属性特征、高能电子和伽马射线能量与空间分布等的科学探测将进一步深入,在空间科学探索中国有望取得新的重大突破。建设航天强国是中国强起来的重要支撑,也是实现中华民族伟大复兴中国梦的重要支撑。①

伟大事业孕育了伟大精神,伟大精神推动伟大事业。20世纪50年代,老一辈航天人坚定航天报国信念,披荆斩棘、开拓进取、勇往直前,在一穷二白的条件下开创了中国的航天事业,孕育出"两弹一星"精神。经过几代航天人的不懈努力,我国航天事业取得了非凡的业绩,从单星发射到多星发射、从发射卫星到发射载人飞船、从太空行走到交会对接,再到实现航天员中期在轨驻留,一项项关键技术的突破,一道道科学难题的破解,一个个辉煌成就的取得,航天事业的伟大实践铸就了"特别能吃苦、特别能战斗、特别能攻关、特别能奉献"的载人航天精神。② 载人航天精神在航天实践中,不断丰富着内涵,它生动诠释了中国精神,与历史上的红船精神、井冈山精神、延安精神、焦裕禄精神、雷锋精神、"两弹一星"精神、抗洪精神、抗震救灾精神一脉相承,都是中国共产党"精神谱系"的重要组成部分,是我们党、国家和人民的宝贵精神财富,永远值得全国人民认真学习和大力弘扬。

二、中国精神的基本内涵有哪些

(一) 以爱国主义为核心的民族精神

民族精神是一个民族在长期共同生活和社会实践中形成的,为本民族

---

① 薪火相传. 载人航天精神新征程 [EB/OL]. (2019-07-20) [2021-03-30]. http://theory.gmw.cn/2019-07/20/content_33013866.htm.

② 章文. 载人航天精神:托起飞天梦的精神之翼 [N]. 光明日报, 2018-12-28 (04).

大多数成员所认同的价值取向、思维方式、道德规范、精神气质的总和，是一个民族赖以生存和发展的精神支柱。中华民族在5000多年的发展中，形成了以爱国主义为核心的伟大民族精神。爱国主义是千百年来人们在社会实践中形成的对自己的祖国极其忠诚和热爱的深厚情感，它同为国奉献、对国家尽责紧紧地联系在一起，是一种崇高的品德，对国家、民族的生存和发展具有不可估量的作用。中国人民在长期奋斗中培育、继承、发展起来了伟大民族精神，为中国发展和人类文明进步提供了强大精神动力。伟大的民族精神体现在中华民族所具有的伟大创造精神、伟大奋斗精神、伟大团结精神、伟大梦想精神之中，而爱国主义则是民族精神的核心，是四个伟大精神的内核。

（1）伟大创造精神。在几千年历史长河中，无论是思想还是器物，无论是制度还是文化，无论是艺术还是科技，中国人民都创造出了灿烂的历史与辉煌的文明。今天，在中国共产党的领导下，中国人民的创造精神正前所未有地迸发出来。党的十八大以来，创新驱动发展战略推动创新型国家建设不断迈上新台阶，天宫、蛟龙、天眼、悟空、墨子、大飞机等重大科技成果相继问世。高铁、移动支付、共享单车、网购"新四大发明"改变着中国人民的生活方式，影响着世界。

（2）伟大奋斗精神。中华文化中蕴含着积极进取、刚健有为的奋斗精神，这是成就人和事物的根本。"中国人民自古就明白，世界上没有坐享其成的好事，要幸福就要奋斗。今天，中国人民拥有的一切，凝聚着中国人的聪明才智，浸透着中国人的辛勤汗水，蕴涵着中国人的巨大牺牲。"①大禹治水、精卫填海、愚公移山等神话传说，所蕴含的锲而不舍、不屈不挠的艰苦奋斗精神，早已深深融入了中华民族的血液中，成为中国人民不畏艰险、拼搏奋斗的精神底蕴。

（3）伟大团结精神。团结一心、同舟共济是中华民族一以贯之的文化

---

① 习近平．在第十三届全国人民代表大会第一次会议上的讲话［M］．北京：人民出版社，2018：2．

基因。自古以来，团结统一就被视为中华民族"天地之常经，古今之通义"。近代以来，在列强入侵、家国沦陷的危难关头，各族人民携手并肩、共赴国难，在血与火的抗争中共同谱写了保家卫国、抵御外敌的壮丽史诗。"今天，中国取得的令世人瞩目的发展成就，更是全国各族人民同心同德、同心同向努力的结果。"① 中华民族以强大的凝聚力、向心力经受住一次次严峻考验，向世人展示了永不褪色的伟大团结精神。

（4）伟大梦想精神。在几千年历史长河中，中国人民始终心怀梦想、不懈追求，形成了小康生活的理念，秉持天下为公的情怀，勇于追求梦想，砥砺前行。近代以来，实现中华民族伟大复兴成为中国人民最伟大的梦想。这个梦想，凝聚了几代中国人的夙愿，体现了中华民族和中国人民的整体利益，是每一个中华儿女的共同期盼，是引领中国亿万人民一往无前的精神旗帜。

【案例点击】 弘扬民族精神 抗击新冠肺炎疫情

新冠肺炎疫情，既是一次危机，也是一次大考。危机时刻，更能考验一个国家的意志；大考面前，更能砥砺一个民族的精神。面对来势汹汹的新冠肺炎疫情，习近平总书记时刻关注疫情形势，把疫情防控作为头等大事来抓，亲自指挥、亲自部署，提出坚定信心、同舟共济、科学防治、精准施策的总要求，党中央及时作出一系列重大决策部署，确保疫情防控有力有序推进。全国上下心往一处想、劲往一处使，同疫情进行英勇顽强的斗争，奏响了中华民族团结一心、共克时艰的英雄壮歌。在这场严峻斗争中，中国人民凝聚了众志成城、风雨无阻的磅礴力量。正是举国上下团结奋斗、英勇奋战，筑起了一道抗击疫情的钢铁长城。②

在这场没有硝烟的战争中，中国人民展示了怎样的坚强意志和伟大民族精神呢？面对新型冠状病毒感染的肺炎疫情引发的严峻形势，全国人民不畏艰难、奋力抗击，展现了伟大的创造精神、伟大奋斗精神、伟大团结

---

① 习近平. 在第十三届全国人民代表大会第一次会议上的讲话 [M]. 北京：人民出版社，2018：2.

② 同舟共济 众志成城——抗疫斗争伟大实践的思考之一 [N]. 人民日报，2020 - 04 - 26 (01).

精神、伟大梦想精神。广大科研工作者攻坚克难,上海、广东、浙江等地的科学家快速分离出新型冠状病毒的毒株,应急药品纷纷投入临床使用,可避免医务人员感染、提升生物样本采集规范性、保证标本质量的咽拭子采样机器人紧急研发出来,这些无不凸显了科研人员的创新意识和创造精神。面对严峻的疫情,医护人员中断休假投身战"疫",工厂提前复工投入医疗物资生产,工人们无畏加入雷神山、火神山、方舱医院的建设中,各行各业的人民担当作为、辛勤劳动、艰苦努力,展现了伟大的奋斗精神。此次疫情波及面广、传播迅速,又正值"春运"特殊时间节点,疫情防控十分严峻复杂。面对疫情与灾难,广大人民群众拧成一股绳共克时艰。一份份按下鲜红手印的请战书、被口罩勒出深深压痕的青春脸庞,日夜坚守岗位转送物资、测量体温的志愿者,为居民代买生活用品的快递小哥,志愿接送医护人员的"滴滴"师傅,他们汇聚成一股强大的合力,展现了"一方有难八方支援"的互助团结精神。在中华民族面临疫情考验的关键时刻,以习近平总书记为核心的党中央正确领导和统一指挥,科学的"中国方案"、高效的"中国速度"、强大的"中国力量"、硬核的"中国之治"让世人瞩目。2020年防控阻击疫情的特殊经验,必定让全体中华儿女更加坚定伟大的梦想精神,为实现中华民族伟大复兴的中国梦而接力奋斗。

(二)以改革创新为核心的时代精神

时代精神是一个国家和民族在新的历史条件下形成和发展的,是体现民族特质并顺应时代潮流的思想观念、价值取向、精神风貌和社会风尚的总和,是一种对社会发展具有积极影响和推动作用的集体意识。时代精神反映社会进步的发展方向,引领时代的进步潮流,是社会的主旋律和时代的最强音。

【案例点击】国家授予于敏等100名同志改革先锋称号

2018年12月18日,庆祝改革开放40周年大会在北京人民大会堂隆重举行。党中央、国务院决定,授予于敏等100名同志改革先锋称号,颁授改革先锋奖章。习近平总书记等党和国家领导人为获得改革先锋称号人员代表颁奖。

有这样一群人,他们在40年波澜壮阔的改革开放伟大进程中,勇立时代潮头、锐意改革创新、敢于实践探索,在时代大潮中书写了时代传奇。

农村改革的先行者小岗村"大包干"带头人、改革开放试验田"蛇口模式"的探索创立者袁庚、杂交水稻研究的开创者袁隆平、公共卫生事件应急体系建设的重要推动者钟南山……庆祝改革开放40周年大会上,100名改革开放的杰出贡献者被授予"改革先锋"称号,他们将敢为人先的探索和执着向前的拼搏凝结为宝贵的精神财富,合着时代的节拍不断前进,在中国改革开放史上书写了浓墨重彩的一笔。

他们是改革开放的先锋人物,也是人民群众的优秀代表。在他们身上,我们看到"筚路蓝缕,以启山林"的艰苦拼搏、"敢闯敢试、敢为人先"的勇气魄力,也能看到"志不求易,事不避难"的实干担当和"功成不必在我"的格局襟怀。

他们因"改革"而走红。他们身上有着激情岁月的时代印迹,蕴藏着改革开放的成功密码。透过这些闪光的名字,我们看到了一段段不平凡的改革故事,也感受到这些故事背后承载的40年历史变迁。读懂了他们,就读懂了中国改革开放的魅力所在,读懂了风雨征程的艰辛与辉煌、波澜壮阔的风采与魅力,以及砥砺前行的光荣与梦想。

回望历史,我们致敬先锋;风帆再起,我们对标先锋。一代人有一代人的历史使命,对改革开放历史的最好纪念,就是续写新的辉煌历史;对改革先锋的最大致敬,就是以他们为标杆创造出新的更大奇迹。

改革开放需要更多有胆、有识、有办法的改革先锋。站在改革开放再出发的新起点,我们要有舍我其谁、责任在我的姿态,接好改革开放的接力棒,不忘初心,继续前进,将改革开放进行到底。[①]

改革开放是中国人民和中华民族发展史上一次伟大革命,推动了中国

[①] 读懂他们,就读懂了40年的魅力[EB/OL].(2018-12-21)[2021-03-15]. http://www.xinhuanet.com/comments/2018-12/21/c_1123887141.htm.

特色社会主义事业的伟大飞跃,改革开放改变了国家与民族的历史命运,谱写了国家和民族发展的壮丽史诗。40 年的实践已经充分证明:改革开放是当代中国发展进步的活力之源。改革开放极大地解放和发展了社会生产力,极大地激发了人民群众的积极性、主动性、创造性,极大地推动了社会进步。① 在改革开放的历史进程中,涌现出袁隆平、钟南山、马云、南仁东等一大批为推动改革开放作出杰出贡献,发挥突出示范引领作用的先锋模范。尽管他们职业不同、经历不同、民族不同、年龄不同,但他们都勇立时代潮头、敢闯敢试、敢为人先,奋力把改革开放事业向前推进。我们应以改革先锋为榜样,锐意进取、改革创新,接过改革开放的接力棒,为决胜全面建成小康社会、夺取新时代中国特色社会主义伟大胜利、实现中华民族伟大复兴的中国梦、实现人民对美好生活的向往不懈奋斗。

改革创新精神是时代精神的核心,贯穿于改革开放的全部实践,体现在时代精神的各个方面。改革开放以来,在中国共产党的正确领导下,中国人民锐意进取、敢为人先,塑造了以改革创新为核心的时代精神。"小岗破冰,深圳试水,海南弄潮,浦东逐浪,雄安扬波……一个个鲜活的历史坐标,勾画出一幅生动的改革画卷。"② 改革开放中无数第一次的"摸石头",无数第一次的"吃螃蟹",无不展现着中国人民的创新与勇气。改革开放 40 多年来,中国人民克难前行,展现了无穷的创造伟力,国家发生了翻天覆地般的变化,国民经济从濒临崩溃边缘到成为位列世界第二的经济体,从百业待兴到加工制造业、货物贸易、外汇储备等位居"世界第一"。改革开放不但促进了社会生产力的发展,也"引起了经济生活、社会生活、工作方式和精神状态的一系列深刻变化"。③ 改革开放赋予人民勇气,充分激发了每一个人的活力和创造力,人们不再拘泥于那些不合时宜的观念、做法,而是解放思想、实事求是,大胆地试、勇敢地闯,干出了一片

---

① 虞云耀. 党在改革开放中焕发出强大生机活力(纪念改革开放四十周年)[N]. 人民日报,2018-10-15(07).
② 宣示——习近平发出新时代改革开放强音[EB/OL]. (2018-12-21)[2021-03-15]. http://www.xinhuanet.com/politics/xxjxs/2018-12/21/c_1123888273.htm.
③ 邓小平. 邓小平文选(第3卷)[M]. 北京:人民出版社,2001:142.

新天地。在改革开放过程中,一系列时代楷模和榜样都生动地展示了当代中国特有的精神风貌,小岗精神、特区精神、女排精神、抗洪精神、载人航天精神、奥运精神、劳模精神等,共同构成了改革创新的时代精神。

"唯改革者进,唯创新者强,唯改革创新者胜。"① 党的十八大以来,中国特色社会主义进入了新时代,开启了全面建设社会主义现代化国家的新征程,开启了改革开放的新阶段。党中央审时度势,团结带领全国人民、总结实践,形成了新时代中国特色社会主义思想,坚持统筹推进"五位一体"总体布局、协调推进"四个全面"战略布局,推出一系列新理念新思想新战略,提出了完善和发展中国特色社会主义制度、推进国家治理体系和治理能力现代化,着力增强改革系统性、整体性、协同性,着力抓好重大制度创新,着力提升人民群众获得感、幸福感、安全感等全面深化改革的目标。党和国家事业发生历史性变革、取得历史性成就,形成了改革开放向纵深推进的新局面。

青年是引领风气之先的力量,这已经成为一条普遍性的规律。马克思30岁、恩格斯28岁时发表了《共产党宣言》,爱因斯坦26岁时提出狭义相对论,王勃20多岁时写下《滕王阁序》。在中国共产党领导的革命、建设、改革进程中,更是代代英雄出青年。毛泽东28岁参加了中共一大,周恩来23岁加入中国共产党,邓小平18岁参加旅欧中国少年共产党。高科技新时代青年创新更是人才辈出,马云35岁创办阿里巴巴,马化腾27岁创办腾讯,丁磊26岁创办网易,张朝阳32岁创办搜狐。嫦娥团队的平均年龄为33岁,北斗团队的平均年龄为35岁。

【案例点击】 大学生创业助力乡村振兴

在第四届中国"互联网+"大学生创新创业大赛新闻发布会上,"小满良仓"项目作为优秀项目代表提交了一份亮丽的成绩单。从农村电商到乡村教育,再到应用最新技术的智能农业,大学生创业项目成为施展才华

---

① 习近平主席在亚太经合组织工商领导人峰会上的主旨演讲[EB/OL].(2018-11-17)[2021-03-15]. http://www.xinhuanet.com/politics/leaders/2018-11/17/c_1123728402.htm.

的试验场的同时,为乡村振兴发光发热。

"小满良仓"是2016年由西安电子科技大学创业团队打造的农产品电商品牌。它通过对西部特色农产品进行挖掘,并进行配套电商园区运营,带动农产品产业升级。目前针对贫困地区的猕猴桃、小米、紫金枣等滞销农产品开展扶贫促销活动200多场,帮助农户销售滞销农产品2000多万斤。据创始人张旺介绍,去年,他带领团队参加西安电子科技大学组织的"青年红色筑梦之旅"活动,成功签订农业合作社5个,帮助农户销售苹果与小米,并通过建设电商物流供应链体系,打通农产品上行通道,为农村创造就业岗位。"我们还开展了青年电商人才培养计划,每年为延安输送千名青年电商人才。"张旺介绍。

在帮农民减负增收、把项目"扎进土地"的同时,也有一些大学生将目光投向了更理想的乡村环境。比如温州大学的"文达清源美丽乡村公益行动"。这个已经开展了三年多的项目,聚焦于温州乐清白石街道农村生活污水治理以及农村生活垃圾回收分类。通过统筹布局各类垃圾中转、处理设施建设、农村生活污水处理技术推广等措施,引导乡村向环保清洁的方向改善。中国美术学院也发挥自身所长,开展了"美美讲堂"乡村留守儿童美学教育计划。近几年来,他们的国画、书法、创意手工等传统艺术体验课程走入偏远山区的留守儿童。

对于创业大学生而言,技术是最大优势。得益于高校便利的科研资源,他们在智能农业方向大有可为。"我们的技术不仅是停留在生物实验室的科技展物,更经受住了实际生产中的考验,获得了畜牧业主的认可。"来自新疆石河子大学的创业团队这样表示。他们的项目听来实在"接地气",是帮奶牛控制后代性别。据团队成员介绍,全国每年约有1400万头奶牛,新生牛犊约750万头,其中370万头公牛犊因无法产奶而被廉价淘汰,造成37亿元的直接经济损失。"我们的项目团队由院士牵头、教授带队,十年来,根据养殖业实际生产中的后代性别需求,已经在多种哺乳动物上使用 Bio RNAi 性控制剂进行后代性别控制实验,并对实验效果进行长期反复验证,获得相对稳定的后代性别比例数据。"团队成员介绍。

专题六　中国精神的科学内涵和现实意义

据教育部高等教育司司长吴岩介绍，我国大学生创新创业比例是 3%，发达国家是 1.6%，中国大学生创新创业的比例超过发达国家一倍左右。他们中的很多人，从组队参加"互联网+"大学生创新创业大赛开始，正在为更好的乡村而努力。[①]

创新创造是中华民族最深沉的民族禀赋，改革创新是时代要求。青年时期是创新创造的宝贵时期，当代大学生作为改革创新创造的主力军，要把握时代的脉搏，跟上发展的源流，迎接变革的挑战，才能有所作为。大学生要做改革开放的生力军，一是树立改革创新的自觉意识。首先，要增强改革创新的责任感。"天下事有难易乎？为之则难者亦易矣，不为则易者亦难矣。"这里的"为之"讲的就是责任与担当，有责任感，敢于担当才能勇于创新，勇于创新才能更好地承担责任，担当大任。当代青年大学生应保持时不我待的责任意识、舍我其谁的担当精神，投身改革创新的实践。其次，树立敢于突破陈规的意识。改革创新表现为一种突破陈规、大胆探索、勇于创新的思想观念。青年大学生是最富活力、最具创新性的群体，要有敢为人先的锐气，敢于突破陈规甚至常规，敢拼敢干，始终走在创新创造的前沿。再次，树立大胆探索未知领域的信心。敢于探索未知领域、敢于直面现实、敢于提出新见解、新问题才是一种创新性思维方式。大学生唯有敢于探索未知，创新创造，方能填充空白、补上短板，让个人成长拥有"加速度"，让国家发展走上"快车道"。二是增强改革创新的能力本领。首先，要夯实创新基础。创新需要站在前人的肩膀上前行，改革需要夯实基础支撑。青年大学生想要成为改革创新的生力军就必须具有系统的理论知识与扎实的专业基础知识。"青年人正处于学习的黄金时期，应该把学习作为首要任务，作为一种责任、一种精神追求、一种生活方式，树立梦想从学习开始、事业靠本领成就的观念，让勤奋学习成为青春

[①] "小满良仓"：这里的大学生创新创业有些乡土味儿 [N]. 科技日报，2018-04-12 (08).

远航的动力，让增长本领成为青春搏击的能量。"① 其次，培养创新思维。"生活从不眷顾因循守旧、满足现状者，从不等待不思进取、坐享其成者，而是将更多机遇留给善于和勇于创新的人们。"② 大学生要让创新思维成为一种习惯和本能，才能以求新求变的活力冲破墨守成规的暮气。再次，投身创新实践。实践出真知，习近平总书记强调"要坚持知行合一，注重在实践中学真知、悟真谛、加强磨练、增长本领"。③ 青年大学生只有积极投身创新实践，才能彰显肩负的历史使命，真正成为改革开放的生力军，为实现中华民族伟大复兴的中国梦作出积极贡献。

青年兴则国家兴，青年强则国家强，"青年是国家和民族的希望，创新是社会进步的灵魂，创业是推动经济社会发展、改善民生的重要途径。青年学生富有想象力和创造力，是创新创业的有生力量。"④ 新时代的青年生逢其时、责任重大。当代大学生要想有所作为，就必须以时代的历史使命为己任，把握时代的脉搏，跟上发展的源流，迎接变革的挑战。

（三）民族精神与时代精神的辩证统一

时代精神和民族精神都是代表历史发展、引领社会前进的强大的精神力量，民族精神决定了一个民族的精神厚度，时代精神决定了一个民族的精神高度。中国的民族精神和时代精神相辅相成，统一于改革开放和社会主义现代化建设的伟大实践中，凝聚在建设中国特色社会主义的共同理想中。只有大力倡导一切有利于改革开放和现代化建设的思想和精神，大力倡导一切有利于民族团结、社会进步和人民幸福的思想和精神，把源远流长的民族精神与时代要求相结合，才能为中国特色社会主义向前发展提供

---

① 习近平. 在同各界优秀青年代表座谈时的讲话 [EB/OL]. (2013-05-04) [2021-03-15]. http://www.xinhuanet.com/politics/2013-05/04/c_115639203.htm.
② 习近平. 在同各界优秀青年代表座谈时的讲话 [EB/OL]. (2013-05-04) [2021-03-15]. http://www.xinhuanet.com/politics/2013-05/04/c_115639203.htm.
③ 习近平. 在知识分子、劳动模范、青年代表座谈会上的讲话 [EB/OL]. (2016-04-26) [2021-03-15]. http://www.xinhuanet.com/politics/2016-04/30/c_1118776008.htm.
④ 习近平. 致2013年全球创业周中国站活动组委会的贺信 [N]. 人民日报, 2013-11-09 (01).

精神动力。

三、弘扬中国精神的时代价值是什么

习近平总书记指出："实现中国梦必须弘扬中国精神。这就是以爱国主义为核心的民族精神，以改革创新为核心的时代精神。"① 弘扬中国精神的时代价值主要体现在以下方面。

一是凝聚中国力量的精神纽带。弘扬中国精神，对于维系中华民族的生存与发展、维护国家统一和民族团结发挥着重要的凝聚作用。

二是激发创新创造的精神动力。创新是一个国家、一个民族发展的重要力量。推进新时代的伟大事业，必须有创新创造、向上向前的强大精神奋发力。弘扬中国精神，有利于激发全体人民始终保持昂扬向上的精神状态，为实现中国梦注入强大精神动力。

三是推进复兴伟业的精神定力。坚定中国特色社会主义的道路自信、理论自信、制度自信、文化自信，必须自觉弘扬中国精神，增强民族自尊心和自信心，坚定不移走自己的路，才能使全体人民在实现复兴伟业的征途中拥有坚如磐石的精神和信仰力量。

"天行健，君子以自强不息"，正是在百折不挠的奋斗中，伟大的中国精神得以彰显。"艰难困苦，玉汝于成"，越是在困难的时候，就越是要大力弘扬中国精神。在新冠肺炎疫情防控阻击战中，乐观坚韧的中国人民团结一致，在战"疫"中成长，在磨难中历练，"中国精神"再一次奏响"最强音"。真正的英雄，从不穿铠甲披披风，他们都是平凡人，在岁月静好时，他们默默奉献爱与温暖，在危机出现时，他们化身英雄挺身而出！面对疫情，共产党员冲锋陷阵，医护人员无畏向前，志愿者无私奉献，普通民众大力支持，他们都是一个个中国精神的缩影。在这场斗争中，"90后"和"00后"的表现格外抢眼，过去娇滴滴的一代，现在不怕苦、不

---

① 习近平. 在第十二届全国人民代表大会第一次会议上的讲话 [EB/OL]. (2013-03-17) [2021-03-15]. http://www.xinhuanet.com//2013lh/2013-03/17/c_115055434.htm.

怕牺牲，已经成为抗疫一线的主力军。家在湖北的长安大学2019级建工学院徐卓立同学，跟随父亲一同参与到雷神山医院的建设中。广东的大学生陈同学被确诊新冠肺炎后，手写捐献血浆承诺书，出院后他履行承诺，成为广东第一批捐献血浆的康复者。15岁的上海少年赵珺延，从印度尼西亚雅加达历尽周折带回15000只医用口罩捐赠给医院。上海立信会计金融学院大一学生余森乐，主动报名到口罩生产工厂做了一名临时质检装箱工，一个夜班12小时，完成5000只口罩的检查计数。新时代的青年人用实际行动弘扬了中国精神。习近平总书记给北京大学援鄂医疗队全体"90后"党员的回信中指出："在新冠肺炎疫情防控斗争中，你们青年人同在一线英勇奋战的广大疫情防控人员一道，不畏艰险、冲锋在前、舍生忘死，彰显了青春的蓬勃力量，交出了合格答卷。广大青年用行动证明，新时代的中国青年是好样的，是堪当大任的！"①

当代大学生要成长为担当民族复兴使命的时代新人，必须以中国精神为指引，努力做忠诚的爱国者和走在时代前列的奋进者，用实际行动展现中国精神的青春风采。

专题小结

实现中华民族伟大复兴的中国梦，必须弘扬中国精神，这就是以爱国主义为核心的民族精神和以改革创新为核心的时代精神。中国精神是兴国强国之魂，是凝聚中国力量的精神纽带、激发创新创造的精神动力，是推进复兴伟业的精神定力。当代大学生是民族的希望和祖国的未来，要努力弘扬以爱国主义为核心的民族精神和以改革创新为核心的时代精神，用实际行动为国家富强、民族振兴、人民幸福贡献自己的青春力量。

---

① 习近平回信勉励北京大学援鄂医疗队全体"90后"党员［EB/OL］．（2020-03-16）［2021-03-15］．http：//www.chinanews.com/gn/2020/03-16/9126819.shtml．

延伸阅读

1. 中共中央文献研究室. 习近平关于实现中华民族伟大复兴的中国梦论述摘编［M］. 北京：中央文献出版社，2013.
2. 王蒙. 中国精神读本［M］. 杭州：浙江文艺出版社，2019.

思考题

1. "人无精神不立，国无精神不强"，中国精神是中华民族赖以生存和发展的精神支撑。但中国精神并不是一个抽象的名词，中国精神存在于为国捐躯的英烈身上，也存在于为国家做贡献的普通人中。请同学们谈一谈你所知道的中国精神体现在哪里？
2. 结合自身专业，谈谈如何推动新时代创新？

（撰写人：石勇）

专题七　弘扬新时代的爱国主义

教学设计思路

一、教学目的与要求

（一）知识目标

1. 了解爱国主义的科学内涵和时代价值。
2. 理解爱国主义与爱社会主义一致性。

（二）能力目标

帮助学生胸怀爱国之情、锤炼爱国之志、实践爱国之行。

（三）情感和价值观目标

引导学生弘扬爱国主义精神，把自己的理想同国家的前途、把自己的人生同民族命运紧密联系在一起。

二、针对的学生主要思想困惑点

为什么爱国主义与爱党、爱社会主义具有一致性？

三、针对的主要错误思潮与模糊认识

割裂"四史"、否定马克思主义指导与党的领导的历史虚无主义。

四、教学重点难点

1. 爱国主义和爱党、爱社会主义的一致性。
2. 爱国与爱中华民族历史文化的关系。
3. 爱国主义与对外开放的关系。

五、教学时数

3 课时

教学正文

授课导入

2019 年 1 月，习近平总书记在南开大学考察时，高度评价了张伯苓的"爱国三问"（"你是中国人吗？""你爱中国吗？""你愿意中国好吗？"），指出"爱国三问"是历史之问、时代之问、未来之问。爱国是人世间最深层、最持久的情感，是我们的立德之源、立人之本，作为中国人，必须爱自己的祖国，愿意为国家的繁荣富强贡献力量。爱国要爱什么，怎么爱，今天我们来学习爱国主义的相关内容。

一、爱国主义的基本内涵是什么

（一）爱国主义的概念

爱国主义体现了人民对自己祖国的深厚情感，揭示了个人对祖国的依存关系，是人们对自己家园以及民族和文化的归属感、认同感、尊严感与荣誉感的统一，是调节个人与祖国之间关系的道德要求、政治原则和法律规范，也是中华民族精神的核心。2019 年 11 月，中共中央、国务院印发《新时代爱国主义教育实施纲要》（以下简称《纲要》）。《纲要》指出爱国主义是中华民族的民族心、民族魂，是中华民族最重要的精神财富，是中国人民和中华民族维护民族独立和民族尊严的强大精神动力；爱国主义教育要增强"四个意识"，坚定"四个自信"，做到"两个维护"，着眼培养担当民族复兴大任的时代新人，始终高扬爱国主义旗帜，着力培养爱国之情、砥砺强国之志、实践报国之行，使爱国主义成为全体中国人民的坚定信念、精神力量和自觉行动。

（二）爱国主义的基本内涵

作为一个中国人，爱自己的祖国，要爱哪些方面呢？即爱国主义最基本的内涵是什么？

第一，爱祖国的大好河山。路遥在诗中写道：祖国是什么？她是山，是海，是森林，是草地，是村庄，是城市，是莽莽无垠的沙漠，是绵延起伏的丘陵……世界上有许多美好的地方。但是，那里有黄山么？有黄河么？有长江么？有长城么……既然这些都没有，那么，祖国就是一个不可替代的地方。"长江、黄河是不可替代的地方，我们的乡土也是不可替代的地方。爱国就要爱祖国的大好河山，爱自己的乡土。一些海外游子离开家乡时，常会郑重地带上一捧家乡的泥土，包好放在身边。这种对河山乡土的自豪与依恋，其实就是一种朴素的爱国情怀。

祖国的大好河山，并不仅仅是让我们陶醉的自然风光。祖国河山也是我们国家的领土。领土完整涉及国家的重大核心利益，具有重要的政治意涵。领土是构成现代国家四要素（领土、人民、有效政府、主权）的重要一环，是国家间进行区别以及国家情况发生变化（国家的消亡或者新国家的出现）的显著标志。不同的国家采用同一种政治制度或者在民族构成上类似的情况十分普遍，但国家领土的地理位置、地形地貌、边界等特征具有唯一性。不同的国家难以共享同一领土，一个国家的领土是否完整往往关系国家的存亡，领土的分裂、消失与合并意味着国家在完整性方面发生变化。领土也为公民的认同提供了一种特定的场景，民众通过与领土互动进而形成对特定场景的归属感，产生"乡土依恋"，进而生成政治认同，因为"领土认同意味着支持国家某种一体化框架。国家需要一体化框架对其领土进行整合,并实现对领土权利的行使"。① 正是因为祖国的大好河山有如此重要的意义和作用,我们爱自己的国家,就要爱祖国的大好河山,维护国家的主权、领土的完整。

第二,爱自己的骨肉同胞。我们的祖国之所以可爱,不仅因为她拥有大好河山,更因为她拥有在这片土地上世代生息的勤劳、勇敢、善良、智慧的人民,没有人民的祖国是不存在的,而离开人民来谈爱国则是毫无意义的。人民群众是历史的创造者,对人民群众感情的深浅程度,是检验一个人对祖国忠诚程度的试金石。同学们都看过《红海行动》《战狼》等电影。看电影时,我们禁不住为国家、为我们的军队不惜一切代价保护同胞而感到热血沸腾。实际上这些电影在现实生活中是有原型的。近几年,我国有过几次大型的撤侨行动,2011年利比亚撤侨、2015年也门撤侨、尼泊尔大地震撤侨,为《战狼》《红海行动》的拍摄提供了鲜活的素材。

【案例点击】利比亚撤侨 中国在利比亚公民一个都不能少

"2011年的利比亚撤侨行动,是新中国成立之后最大规模的撤侨行动之一。"军事科学院研究员高宝新说,这次撤侨行动的最大亮点是我国第一次动用军事力量参与撤侨。

2011年1月,利比亚内战爆发,局势很快失控。暴徒们疯狂地袭击中国工地,驻利比亚中国企业停产。当时,约有3万中国人在利比亚,主要分布在利比亚东部、西部、南部和首都地区,大多为从事铁路、通信和油田等行业的工程劳务人员。此外还有一些中餐馆经营者和留学生等人员。

我国政府决定启动国家一级响应,把在利中国公民一个不少地撤回来!

在撤侨行动最紧张时,经中央军委批准,空军派出4架伊尔-76飞机,于2011年2月27日飞赴利比亚执行接运中国在利比亚人员的任务。这是空军首次派运输机赴海外执行撤离我人员回国任务。

---

① 周光辉,李虎. 领土认同:国家认同的基础——建构一种更完备额国家认同理论[J]. 中国社会科学,2016(7):55.

这4架伊尔-76运输机连续飞行12架次，单机总航程29 397公里，将1655人接运至苏丹首都喀土穆，将287人安全接运至北京。与此同时，我海军第七批护航编队徐州舰于2011年3月2日抵达利比亚附近海域执行撤侨任务。

利比亚大撤侨被认为是我国军事、经济、外交实力的一次全面展现。在这次行动中，共动用91架次中国民航包机、35架次外航包机、12架次军机，租用外国邮轮11艘、国有商船5艘、军舰1艘，历时12天，成功撤离我国驻利比亚人员35 860人，还帮助12个国家撤出了2100名外籍公民。

此后，我军又多次执行撤侨任务。2015年3月29日，我海军舰艇编队赴也门执行撤离中国公民的任务，共接出中国公民621人以及15个国家的外国公民279人。①

国家每次撤侨，需要动用飞机、轮船、邮轮、军舰，花费巨大。撤侨需要消耗大量的人力、物力、财力，为什么国家还义无反顾地撤侨呢？这是因为，这些在海外的侨民是我们的骨肉同胞，国家会保护海内外的每一位公民，让他们感受到作为一个中国人应有的尊严。2020年年初，新型冠状病毒肺炎疫情发生后，党中央、国务院高度重视，习近平总书记指示，"全力做好防控工作"，"把人民群众生命安全和身体健康放在第一位"。在中央的统一指挥下，我们以举国之力防控疫情，19个省份对口支援湖北，10天建成火神山医院和雷神山医院，对病患应收尽收、应治尽治。2020年5月，在国内疫情防控形势向好、多地确诊病例陆续清零的背景下，武汉又开启第二次大会战，在全市开展核酸筛查，排除无症状感染者在健康人群中"潜伏"。自5月14日0时至6月1日24时，武汉市集中核酸检测9 899 828人，没有发现确诊病例，检出无症状感染者300名，检测率为0.303‰。无症状感染者密切接触者1174名的核酸检测结果均为阴性。武

---

① 我军第一次动用军事力量撤侨：2011年利比亚大撤侨［N］. 解放军报，2017-08-19（03）.

汉市对无症状感染者和密切接触者均进行了医学隔离观察。集中检测的费用由政府承担,通过集中采购降低成本,整个支出在9亿元左右。党和国家尽最大努力保护人们群众的生命健康安全,充分体现了党和国家对骨肉同胞、对人民的热爱。

第三,爱祖国的灿烂文化。中华文化是我们民族的"根"和"魂"。如果不注重自己国家灿烂文化的传承和发扬,就等于割断了自己的精神命脉,"一个国家、一个民族的强盛,总是以文化兴盛为支撑的,中华民族伟大复兴需要以中华文化发展繁荣为条件。"① 著名历史学家钱穆认为:"若一民族对其已往历史无所了知,此必为无文化之民族。此民族中之分子,对其民族,必无甚深之爱,必不能为其民族真奋斗而牺牲,此民族终将无争存于并世之力量。"② 这就是说,对于一个国家和民族而言,如果没有坚实深厚的集体历史文化记忆作为支撑,不但难以建立起广泛的现实认同,而且将失去未来发展的持续动力。文化认同是凝聚国家认同的前提和基础,作为中国人要有对国家最基本的历史认同与文化认同。中医药是中华传统文化中的精髓,在历史上抗击瘟疫中多次发挥过重要作用。在新冠肺炎疫情防治中,中医药正如它数千年来面对瘟疫时的表现一样,不曾缺席,为抗击新冠肺炎病毒疫情发挥了重要作用。

【案例点击】 中医特色方舱医院

随着最后一批患者走出方舱,运行了26天的武汉江夏方舱医院10日下午贴上封条,宣布休舱。自2月14日开放以来,该院总计收治病人564人,治愈出院392人。其中,10日当天治愈出院95人,转出23人进入湖北省妇幼光谷院区等医院进行治疗。

江夏方舱是武汉首个以中医院运转模式来进行临床治疗、管理的方舱医院。除了施用中药汤剂,医护人员还教患者习练太极拳、八段锦疏通经络,调理气血,并采取了温灸、耳穴压豆、经络拍打等中医综合治疗手

---

① 习近平为中国梦凝聚的精神文化力量[EB/OL].(2016-01-15)[2021-03-15]. http://www.xinhuanet.com/politics/2016-01/15/c_128633181.htm.
② 钱穆.国史大纲·引论[M].北京:商务印书馆,2010:2.

段，对于减轻患者咳嗽、头痛等症状，提高患者睡眠质量，恢复胃肠功能，改善体质状态具有较好疗效。

入驻江夏方舱医院的中医团队，由天津、江苏、河南、湖南、陕西五省市三甲医院的209名专家组成，涵盖中医、呼吸重症医学、影像、检验、护理等专业。

当天，中央指导组专家组成员、中国工程院院士、天津中医药大学校长张伯礼在武汉江夏方舱医院看望慰问即将康复出院的患者。张伯礼院士说，当天是方舱医院的最后一天，武汉方舱医院都起到了非常好的作用，绝大部分患者都已经康复了，部分患者转到定点医院，应该说方舱医院完成了历史使命。①

隔离与中医药配合阻断了疫情扩散的蔓延，在此次新冠肺炎疫情防控过程中，中医药走在了疫情防控的最前线，发挥了重要的作用。在江夏方舱医院，就采取了100%的中药治疗，形成中医药治疗新冠肺炎的"中国方案"。2020年3月4日，国家卫生健康委网站发布《关于印发新型冠状病毒肺炎诊疗方案（试行第七版）的通知》，提出有关医疗机构要在医疗救治工作中积极发挥中医药作用，加强中西医结合，完善中西医联合会诊制度，促进医疗救治取得良好效果。天津中医药大学张伯礼院士在接受采访时就呼吁，中医是中华民族的文化瑰宝，大家要热爱祖国的文化。

第四，爱自己的国家。著名教育学家陶行知先生说，国家是大家的，爱国是每个人的本分。爱自己的国家，拥护国家的基本制度，遵守国家的宪法法律，维护国家安全和统一，捍卫国家的利益，为国家繁荣发展贡献自己的力量，是爱国主义的基本要求。

【案例点击】叙利亚常驻联合国代表贾法里的无奈

2018年4月13日凌晨，美国、英国、法国以叙利亚政府用"化学武器攻击"反对派武装控制区为由，发动对大马士革的空袭。美、英、法对

---

① 武汉首个中医特色方舱医院正式"休舱"[EB/OL]. (2020-03-10) [2021-03-15]. http://www.chinanews.com/sh/2020/03-10/9120640.shtml.

叙空袭后，一张叙利亚常驻联合国代表巴沙尔·贾法里疲惫又无奈地坐在联合国总部大楼休息区的照片在网络流传，而这一天也是贾法里的生日。事实上，此前，贾法里曾在安理会上慷慨陈词、拼尽全力，提出了谴责美、英、法违反国际法打击叙利亚国的议案，试图阻止美、英、法对叙利亚发动侵略战争。但很遗憾，这个议案被8个反对、4个弃权高票否决，最终未能阻止英、美、法三国对叙动武。

贾法里"悲凉""无奈"体现的是一个弱国外交的象征。这不禁让我们想起了100多年前的中国。巴黎和会上，中国作为"一战"战胜国，却遭遇了战败国的屈辱。在英、法、美、日等国的操纵下，我国向大会提交的"归还租界"等提议被无视，德国在山东的权益被转让给了日本。顾维钧代表中国参加巴黎和会，和贾法里一样，顾维钧在会上讲的入情入理、振聋发聩，列强却丝毫没有把中国代表的话放在眼里。愤怒之下，顾维钧拒绝在协约上签字，但仍未能挽回国家权益被转让他国的屈辱。"落后就要挨打、弱国无外交"，这就是100多年来为什么有无数的革命先烈舍身报国，我们要拼命发展自己的原因。只有爱自己国家，祖国强盛，人民才能安康幸福。

二、新时代爱国主义的基本要求

新时代的爱国主义，既承接了中华民族的爱国主义优良传统，又体现了鲜明的时代特征，内涵更加丰富。新时代的爱国主义基本要求包括四个方面。

（一）爱国主义与爱社会主义是统一的

2019年4月30日，习近平总书记在纪念五四运动100周年大会上指出："当代中国，爱国主义的本质就是坚持爱国和爱党、爱社会主义高度统一。"[①] 爱国主义与爱社会主义是统一的，是中国历史发展的必然结果。

---

① 习近平. 在纪念五四运动100周年大会上的讲话 [EB/OL]. (2019-04-30) [2021-03-15]. http://www.qstheory.cn/yaowen/2019-04/30/c_1124437937.htm.

社会主义制度的建立，为中国的繁荣发展提供了可靠的保障。而中国共产党是高举爱国主义旗帜并躬身实践的光辉典范，是中国特色社会主义事业的坚强领导核心。"在中国这样的大国，要把几亿人口的思想和力量统一起来建设社会主义，没有一个由具有高度觉悟性、纪律性和自我牺牲精神的党员组成的能够真正代表和团结人民群众的党，没有这样一个党的统一领导，是不可能设想的，那就只会四分五裂，一事无成。"[①] 坚定拥护中国共产党的领导，是中华民族走向复兴、中国特色社会主义事业走向成功的必然要求，也是新时代爱国主义的必然要求。习近平总书记指出，爱国主义是具体的、现实的。因此，在当代中国，弘扬爱国主义精神不能是抽象的，弘扬爱国主义就必须长期坚持中国共产党的领导和中国社会主义制度，就必须长期坚持中国共产党领导中国人民开辟的中国特色社会主义道路，增强中国特色社会主义的道路自信、理论自信、制度自信、文化自信，坚定不移沿着中国特色社会主义道路守护好、建设好我们伟大的国家。此次疫情阻击，凸显了中国特色社会主义的制度优势，在党的集中统一领导下，全国一盘棋，高效进行社会动员，采取坚决果断的应急措施，真正实现了统一协调、统一调度、一方有难、八方支援，展示了集中力量办大事的显著优势，再一次证明国家命运与社会主义命运是密不可分的，爱国主义与爱党、爱社会主义是统一的。

（二）维护祖国统一和民族团结

在新的时代条件下，弘扬爱国主义精神，必须把维护祖国统一和民族团结作为重要着力点和落脚点。维护和推进祖国统一，是中华民族走向伟大复兴的题中之义。这就要求我们坚决维护国家主权和领土完整。为此，要坚持爱国者为主体的"港人治港""澳人治澳"，发展壮大爱国爱港爱澳力量，增强香港、澳门同胞的国家意识和爱国精神，让香港、澳门同胞同

---

① 邓小平文选（第2卷）[M]. 北京：人民出版社，2001：342.

祖国人民共担民族复兴的历史责任、共享祖国繁荣富强的伟大荣光;[①] 要从中华民族整体利益的高度把握两岸关系大局，增进对两岸命运共同体的认知，不断拓宽两岸关系和平发展的道路；要自觉维护全国各族人民大团结的政治局面，筑牢国家统一、民族团结、社会稳定的铜墙铁壁。

(三) 尊重和传承中华民族历史和文化

对祖国悠久历史、深厚文化的理解和接受，是爱国主义情感培育和发展的重要条件。中华优秀传统文化是中华民族的精神命脉，蕴含着中华民族世世代代形成和积累的精神营养和实践智慧，是中华民族延绵不断的文化基因，也是让我们在世界文化激荡中站稳脚跟的根基。我们必须尊重和传承中华民族历史和文化，以时代精神激活中华优秀传统文化的生命力，推进中华优秀传统文化创造性转化和创新性发展，在传承与创新中树立和坚持正确的历史观、民族观、国家观、文化观，增强做中国人的骨气和底气。

(四) 坚持立足民族又面向世界

坚持新时代的爱国主义，要求我们正确处理好立足民族与面向世界的辩证统一关系，把弘扬爱国主义精神与扩大对外开放结合起来。弘扬新时代的爱国主义，必须坚持立足民族，维护国家发展主体性。弘扬新时代的爱国主义，必须面向世界，构建人类命运共同体。

三、做忠诚的爱国者

前面我们学习了爱国主义的内涵、新时代爱国主义的基本要求等内容，通过学习我们了解到爱国是一种义务和美德，但爱国主义不仅仅是一种道德情感和政治概念，爱国主义更蕴含在我们的言语中，体现在我们的行动中。下面来探讨应如何践行爱国主义，做忠诚的爱国者。

---

① 习近平. 决胜全面建成小康社会夺取新时代中国特色社会主义伟大胜利——在中国共产党第十九次全国代表大会上的报告 [N]. 人民日报，2017 - 10 - 28.

（一）维护和推进祖国统一

每个国家都要考虑国家的领土主权完整，以国家的整体利益为先，这是各国公认的原则。对我国而言，由于港澳台问题的存在，维护和推进国家统一就更为重要和迫切。

首先，维护和推进祖国统一要见之于理。理是指在维护国家统一方面的大政方针。维护和推进祖国统一必须要了解"一国两制"相关政策和法律规定。"一国两制"是我国推进统一的一项基本国策，被写入《中华人民共和国宪法》《中华人民共和国香港特别行政区基本法》《中华人民共和国反分裂国家法》等法律和制度规定。"一国两制"中"一国"是前提和基础，爱国是港澳台与内地的最大公约数。在"一国"问题上没有商量和回旋的余地。习近平总书记在庆祝香港回归祖国20周年大会上的讲话也指出："一国"是根，根深才能叶茂；"一国"是本，本固才能枝荣。可见，无论"台独""港独"是作为社会思潮、分离理论或政治运动，都违反了我国的法律和制度规定，无论如何是不被允许发生的。

其次，维护和推进祖国统一要见之于小。维护和推进祖国统一是大政方针，在维护国家统一的实践中却体现在细微之处。例如，国家明确规定台湾不能以具国家意涵的名称参与国际活动，因为这样容易造成两岸是两个国家的误解。如果我们在一些场合遇到港澳台被冠以不当的称谓等问题时，我们就应表明态度，用实际行动来维护国家的统一与尊严。

【案例点击】 迪奥校园宣讲会使用问题地图 连夜发道歉声明

2019年10月16日，有网友爆料迪奥（Dior）校园宣讲会上展示的中国门店地图缺少中国台湾地区。"他们称呼'中国大陆'为中国，'中国大陆+香港+台湾'为'Great China'？"该网友提出质疑。

网上流传的一段视频显示，一位学生向该名负责宣讲的工作人员提出疑问："请问这张地图上为什么没有出现中国台湾？"该名工作人员先是回应："可能是因为图片太小，台湾太小，没有显示在上面，但其实是有的。"

这名学生立刻反驳："台湾岛的比例应该不会小于海南岛。"

视频显示，在追问下，迪奥该名工作人员解释道，他们称"中国大陆"为"中国"，称"中国大陆、台湾和香港"为"Great China"，这是由于市场管辖范围的不同，这番解释还是引起了现场一些不满的声音。

10月17日凌晨，迪奥官博发布声明强调，这是员工的个人失当行为，不代表公司的立场，迪奥始终尊重并维护一个中国的原则，公司已着手调查，并承诺予以严肃处理。[①]

近些年，包括万豪、GAP、无印良品、雅诗兰黛等著名品牌都曾被曝光使用残缺中国地图。称谓、旗帜等看起来事情很小，但与国家统一联系起来就是涉及国家利益的大事，我们维护国家统一一定要注意小事、注重细节。

最后，维护和推进祖国统一要见之于常。见之于常就是维护国家统一要体现在我们的日常生活中。现在，大陆与港澳台之间的交往活动非常频繁，同学们也有机会参与一些海峡两岸暨香港、澳门青年之间的交流活动或到港澳台地区交流访问，也有同学将来可能会到港澳台、海外去读硕士、博士。在与海外同胞交流交往的过程中，双方在身份、国家认同上免不了会有不一样的看法。这个时候应该怎么做呢？有的同学可能会认为太过于义正言辞会影响同学情谊。固然我们一方面要顾忌同学友谊、同胞情谊，但也要表明我们的立场与态度。因为，在境外、在海外我们每个个人的言行其实都代表着国家、反映着国家的利益。

（二）促进民族团结

民族团结是社会和谐稳定、国家长治久安的重要保证。近年来，"藏独""疆独"等势力制造了多起暴力事件，如"新疆'七五'事件""拉萨3·14事件""昆明火车站暴力恐怖案"等，严重威胁国家安全。这几股分裂势力也会试图相互抱团取暖或两两勾连。如陈水扁执政时，几次试图邀请达赖访台。2017年"极独"势力"台联党"曾计划邀请"疆独"

[①] 中国地图出问题？迪奥官方连夜声明[EB/OL].（2019-10-17）[2021-03-15]. https://china.huanqiu.com/article/9CaKrnKnioC.

头子访台。大学生要学习党和国家的民族理论与民族政策，认清民族分裂势力的真面目，在日常生活中，同学们应尊重其他民族同学的文化传统、风俗习惯，要像爱护自己的眼睛一样爱护民族团结，像珍视自己的生命一样珍视民族团结，像石榴籽那样紧紧抱在一起，自觉做民族团结进步事业的建设者、维护者、促进者。

（三）增强国家安全意识

国家安全是指一个国家不受内部和外部的威胁、破坏而保持稳定有序的状态。国家安全是我们生存和发展之本，如果没有国家安全，其他的一切都失去了意义，增强国家安全意识与每个人息息相关。

首先，了解国家安全形势，树立总体国家安全观。2014年，习近平主席提出总体国家安全观，提出要走中国特色国家安全道路，建构有中国特色的国家安全体系，该体系包括政治安全、国土安全、军事安全、经济安全、文化安全、社会安全、科技安全、信息安全、生态安全、资源安全、核安全等11个领域。2020年2月，生物安全又被纳入国家安全体系。我们要学习整体国家安全观，认清国际战略格局的变化情况、立足国家发展需要，增强忧患意识，提高警觉，防范风险。近期一些西方国家无视我们为抗击新冠肺炎疫情所做出的巨大努力，不但对中国进行意识形态攻击，更借机唱衰中国发展前景，严重威胁了我国国家意识形态安全。我们应有警惕意识，并自觉维护意识形态安全。

其次，增强国防意识。强大的国防是国家生存与发展的安全保障。"国无防不立，民无军不安"，过去我们在有国无防的情况下，国家沦为半殖民地，有着血淋淋的历史教训。长期的和平环境下，一部分国民的国防观念逐渐淡化，有的把国防仅仅看作军队的事，认为只有军人才需要有国防意识；有的把国防简化为战备，把国防意识等同于战备观念。有的年轻人觉得当兵苦，不愿意参军，一些地方甚至出现征兵难的现象。"天下虽安，忘战必危"，越是在和平时期，在外部威胁较小的情况下，越要克服麻痹思想，对可能发生的复杂情况保持高度警觉。

【案例点击】 习近平总书记给南开大学 8 名新入伍大学生的回信①

阿斯哈尔·努尔太等同学：

你们好！我看了来信，得知你们怀揣着从军报国的理想，暂别校园、投身军营，你们的这种志向和激情，让我感到很欣慰。

自古以来，我国文人志士多有投笔从戎的家国情怀。抗战时期，许多南开学子就主动奔赴沙场，用鲜血和生命诠释了爱国、奉献的精神内涵。如今，你们响应祖国召唤参军入伍，把爱国之心化为报国之行，为广大有志青年树立了新的榜样。

希望你们珍惜身穿戎装的机会，把热血挥洒在实现强军梦的伟大实践之中，在军队这个大舞台上施展才华，在军营这个大熔炉里淬炼成钢，书写绚烂、无悔的青春篇章。

2017 年南开大学 8 名大学生应征入伍，这 8 位同学中，有新疆反恐烈士的儿女，有抗美援朝老兵的后人，有城市青年，也有农家子弟。8 位同学在奔赴军营前夕给习近平总书记写信，表达献身国防和军队建设，为实现强军目标、建设世界一流军队作贡献的坚定决心。2017 年 9 月，习近平总书记回信勉励南开大学 8 名新入伍大学生，肯定了他们携笔从戎、报效国家的行为。党的十八大以来，习近平总书记多次对加强改进兵役和征兵工作作出重要指示，全国各高校组织了形式多样的征兵宣传活动，形成了"征兵启动仪式""政策咨询周""征兵宣传月"等品牌活动，激励越来越多适龄有志青年参军入伍。国防部征兵办提供的信息显示，2018 年大学生应征报名和参军人数实现"双增长"，兵员素质结构进一步优化。② 国防意识是一个爱国公民的基本觉悟，近年来报名参军入伍的大学生积极踊跃，规模不断扩大，展现了同学们关心国防、了解国防、投身国防、自觉履行国防义务的国防意识。

最后，履行维护国家安全的义务。大学生应自觉遵守国家安全法律，

---

① 习近平总书记给南开大学 8 名新入伍大学生的回信［EB/OL］.（2017-09-25）［2021-03-12］. http://www.xinhuanet.com/politics/2017-09/25/c_1121721826.htm.

② 宫玉聪. 大学生参军数量屡创新高［N］. 解放军报，2018-11-25（01）.

履行维护国家安全的法律义务。《国家安全法》《反间谍法》等明确规定了公民应遵守国家安全法律，保守国家秘密，履行维护国家安全的义务，其中就包括要防范间谍，及时报告危害国家安全的行为。

同学们看过《风声》《潜伏》《风筝》等谍战片，谈到国家安全，同学们第一反应会想到神出鬼没、潜伏极深的间谍。他们窃取国家政治、经济、军工、科技方面的机密，对国家安全造成严重的危害。但现在是和平年代，同学们可能觉得间谍离我们很远。谍战无声，隐蔽战线的斗争大都是悄无声息的。但我们可以通过相关部门披露的案件，看看事实是否如同学们所认为的，间谍离我们很远呢？我们来看一下2018年9月《新闻联播》和《焦点访谈》均报道过的案例。

【案例点击】 优秀大陆生赴台交流 小姐姐主动示好成"恋人"①

2011年，18岁的小哲正在一所重点大学机械专业读二年级，因为学习成绩优异，他得到了去台湾义守大学学习交流的机会。

在一次聚会上，被一位自称许佳滢的台湾女子搭讪，之后常常相约，小哲感觉到这位大几岁的小姐姐对自己的情意不一般。一个月后两人相约旅行，许佳滢不厌其烦地打听关于小哲的各种情况，比如亲戚中有没有公务员，能不能接触到政府的一些文件，并且告诉小哲这些文件还可以卖钱。

而小哲所学专业，可以接触到不少国防科工的机密，但他完全没有意识。当晚二人发生了关系。之后小哲回大陆后，许佳滢以恋人的身份向小哲提出要求，让小哲回去以后，及时把他取得的成果发过来和她分享，彼此做对方的"眼睛"。

小哲就读研究生后，得以参与国家重点实验室的一些项目，逐渐感觉到许佳滢的要求不正常，但分手的结果是许佳滢四处诋毁小哲是个骗子。

据陕西省国家安全厅干警介绍，小哲总共向许佳滢提供了涉及我国防

---

① "2018-雷霆"专项行动破获百余起台湾间谍案[EB/OL]．(2018-09-17)[2021-03-15]．http://www.xinhuanet.com/legal/2018-09/17/c_1123438425.htm.

科工的近百份情报，也收到了许佳滢的一些报酬，总共折合人民币45000元。

经查明，许佳滢的真实姓名是许莉婷，1977年1月出生，比小哲大了整整16岁，是台湾军情局的间谍人员。

从国家安全部门披露的间谍案中我们得知，大陆学生历来是台湾间谍重点瞄准的对象。台湾间谍情报机关瞄准大陆赴台青年学生群体，利用两岸扩大交流交往的有利条件，组织安插大批间谍情报人员在岛内高校，以各种掩护名义哄骗利诱大陆赴台学生。如2009~2013年，台湾多名间谍人员在台湾大学、义守大学、宜兰大学、铭传大学等20余所高校活动，通过问卷调查、提供兼职等方式接触大陆学生，之后有偿索取大陆政治、经济、军事相关政策和涉密信息。[①] 台湾情报人员通过金钱收买、感情腐蚀、色情引诱、网络勾连等方式，向祖国大陆渗透，策反发展人员，布建间谍情报网络，严重损害两岸和平发展大局和国家安全利益。"2018－雷霆"专项行动，及时切断台湾间谍情报机关针对祖国大陆布建的间谍情报网络，有力打击了台湾间谍情报机关嚣张气焰，有效维护了国家安全利益。

同学们要克服麻痹思想，提高识别能力，到境外学习、旅游前，应了解、掌握国家安全知识，提高安全防范意识，在与境外人员接触时严守国家秘密。对于"天上掉馅饼"的好事要三思而后行。同学们若遇到境外间谍情报机关及敌对势力的策反、拉拢、威胁、利诱等活动，可及时通过12339热线向国家安全部门反映。

专题小结

爱国主义是中华民族的民族心、民族魂，是中华民族最重要的精神财富，是中国人民和中华民族维护民族独立和民族尊严的强大精神动力。爱

[①] "2018－雷霆"专项行动破获百余起台湾间谍案［EB/OL］．(2018－09－17)［2021－03－15］．http://www.xinhuanet.com/legal/2018－09/17/c_1123438425.htm.

祖国的大好河山、爱自己的骨肉同胞、爱祖国的灿烂文化、爱自己的国家是爱国主义的基本内涵。坚持爱国主义与爱社会主义的统一，维护祖国统一和民族团结，尊重和传承中华民族历史和文化，坚持立足民族又面向世界是新时代爱国主义的基本要求。新时代的大学生应以习近平新时代中国特色社会主义思想为指导，增强"四个意识"，坚定"四个自信"，做到"两个维护"，培养自己的爱国之情、砥砺强国之志、实践报国之行，使爱国主义成为同学们的坚定信念、精神力量和自觉行动。

延伸阅读

1. 《新时代爱国主义教育实施纲要》。
2. 习近平总书记在庆祝中国共产党成立100周年大会上的讲话［N］. 人民日报，2021-07-02（2）.
3. 弘扬爱国奋斗精神六讲［M］. 北京：人民出版社，2018.

思考题

1. 如何理解爱国爱党爱社会主义的一致性？
2. 在新时代如何做忠诚的爱国者？

（撰写人：石勇）

专题八　坚定社会主义核心价值观自信

教学设计思路

一、教学目的与要求

（一）知识目标

1. 掌握社会主义核心价值观的基本内容及其与社会主义核心价值体系的关系。

2. 理解社会主义核心价值观的重要意义；理解坚定价值观自信的三个理由。

（二）能力目标

深刻理解社会主义核心价值观是当代中国发展进步的精神指引，深刻领会社会主义核心价值观的历史底蕴、现实基础和道义力量，提高学生自觉抵御各种错误观念的能力。

（三）情感和价值观目标

增强学生对社会主义核心价值观的认同，引导学生树立正确的价值取向，坚定学生的价值观自信。

二、针对的学生主要思想困惑

1. 为什么我们需要共同的价值观？

2. 如何理解社会主义核心价值观？

3. 我们的核心价值观与西方核心价值观有何不同？为什么？

三、针对的主要错误思潮与模糊认识

部分学生受普世价值思潮影响，将西方传统的政治、经济、文化和社会等领域的自由、平等、博爱、人道、法治、民主、三权制衡、多党制和自由的市场模式等观念奉为圭臬，视其为全人类应当共同信奉和遵守的最高价值规范和准则，一定程度上消解了大学生对社会主义核心价值观的认同。

四、教学重点难点

（一）教学重点

1. 社会主义核心价值观的基本内容。

2. 社会主义价值观和社会主义核心价值体系的关系。

3. 培育和践行社会主义核心价值观的重大意义。

4. 坚定核心价值观自信的三个理由。

（二）教学难点

1. 培育和践行社会主义核心价值观的重大意义。

2. 坚定核心价值观自信的三个理由。

五、教学时数

3 课时

◆ 教 学 正 文 ◆

授课导入

习近平总书记高度重视价值观问题，他指出："核心价值观，承载着

专题八 坚定社会主义核心价值观自信

一个民族、一个国家的精神追求,体现着一个社会评判是非曲直的价值标准。如果一个民族、一个国家没有共同的核心价值观,莫衷一是,行无依归,那这个民族、这个国家就无法前进。"①

只有建立共同的价值目标,一个国家和民族才会有赖以维系的精神纽带,才会有强大的凝聚力、向心力。因此,我们必须培育和践行社会主义核心价值观。

这一专题包括两个问题:全体人民共同的价值追求和坚定核心价值观自信。

一、如何理解社会主义核心价值观是全体人民共同的价值追求

(一) 核心价值观与社会主义核心价值观

1. 核心价值观的含义

核心价值观是一定社会形态社会性质的集中体现,在一个社会的思想观念体系中处于主导地位,体现着社会制度、社会运行的基本原则和社会发展的基本方向。

中华人民共和国成立以来特别是改革开放以来,中国共产党带领全国人民在经济、政治、文化和社会等方面建立了一套比较成熟的基本制度和体制,与这些基本制度和体制相适应,必然要求有一个主导全社会思想道德观念和行为方式的核心价值观。

党的十八大首次提出了"三个倡导",也就是社会主义核心价值观的二十四个字。在此之前,党的十六届六中全会首先提出的是社会主义核心价值体系;党的十九大则明确了社会主义核心价值观与社会主义核心价值体系的关系。

---

① 习近平. 青年要自觉践行社会主义核心价值观——在北京大学师生座谈会上的讲话 [EB/OL]. (2014 – 05 – 05) [2021 – 03 – 15]. http://www.xinhuanet.com/politics/2014 – 05/05/c_1110528066_3.htm.

2. 社会主义核心价值观与社会主义核心价值体系的关系

社会主义核心价值体系主要包括马克思主义指导思想、中国特色社会主义共同理想、以爱国主义为核心的民族精神和以改革创新为核心的时代精神、社会主义荣辱观。

社会主义核心价值观和社会主义核心价值体系，两者是紧密联系、互为依存、相辅相成的。社会主义核心价值观是社会主义核心价值体系的精神内核，它体现了社会主义核心价值体系的根本性质和基本特征，反映了社会主义核心价值体系的丰富内涵和实践要求，是社会主义核心价值体系的高度凝练和集中表达。同时，社会主义核心价值观与社会主义核心价值体系具有内在的一致性，都体现了社会主义意识形态的本质要求，体现了社会主义制度在思想和精神层面的质的规定性，是建设中国特色社会主义现代化强国、实现中华民族伟大复兴中国梦的价值引领。

社会主义核心价值观把涉及国家、社会、公民的价值要求融为一体，体现了社会主义本质要求，继承了中华优秀传统文化，吸收了世界文明有益成果，体现了时代精神，是对我们要建设什么样的国家、建设什么样的社会、培育什么样的公民等重大问题的深刻解答。

社会主义核心价值观的基本内容是由 24 个字、12 条规范组成的，涵盖了三个层次的道德要求。

3. 社会主义核心价值观的基本内容

（1）富强、民主、文明、和谐是国家层面的价值。

富强、民主、文明、和谐揭示了当代中国在经济发展、政治文明、文化繁荣、社会进步等方面的价值目标。

富强——民族复兴的物质基础，指富足而强盛。富强包含着两大主体的价值诉求：一是人民的富裕，二是国家的强盛。"富强"首先在于富民，即人民富裕。民富国强，没有民富就没有国强。中华民族自古以来就有"凡治国之道，必先富民"之说。马克思主义也认为，无论是社会生产力的发展，还是国家财富的创造，其根本目的都在于丰富人民的物质生活和

专题八　坚定社会主义核心价值观自信

精神生活，进而促进人的自由全面发展。其次，"富强"还在于强国，即国家强盛。富强除了体现为富民之外，也体现为国家拥有巨大的经济财富和强大的综合国力，能对他国和国家秩序产生强大的影响力。在社会主义国家，由于国家利益和个人利益是根本一致的，所以人民富裕和国家富强是有机统一的。一方面，国家的富强是为民造福的重要前提；另一方面，实现富强的最终目的是增进人民的自由和幸福。

富强作为国家层面的首要价值目标，体现了中国特色社会主义的本质。"什么是社会主义？"这是建设中国特色社会主义必须回答的首要问题。首先，"贫穷不是社会主义"，"社会主义必须摆脱贫穷"。社会主义的优越性之一就是利用更先进的生产力，创造出更多的物质财富。其次，"两极分化也不是社会主义"。社会主义社会的富裕，不是资本主义社会的少部分人的富裕，而是全体人民的共同富裕。

民主——人民美好生活的政治保障，我们追求的民主是人民民主，其实质和核心是人民当家作主，它是社会主义的生命。

民主是人类社会的美好诉求。作为政治理想和价值理念，民主具有普遍性特点。但在人类历史发展中，民主往往表现为一种政治实践和政治制度，它又是历史的、具体的、相对的。

世界上没有放之四海而皆准的民主发展道路和民主模式，一个国家选择什么样的政治发展道路和民主模式，是由这个国家的历史文化传统、经济社会发展水平决定的。例如，英国是在君主制基础上通过改良方式发展为君主立宪制；美国是在移民文化基础上通过革命形式建立了以联邦制为基础的总统共和制。

西方的民主政治制度，并不像他们标榜的那样是完美无缺的，如美国著名政治学家托马斯·戴伊揭露了西方民主选举活动的巨额花费，诺贝尔经济学奖获得者克鲁格曼揭露了计票本身的腐败。可以说，西方民主是金钱民主、腐败民主，是资产阶级的民主，是富人的民主。

【案例点击】 西方民主的弊端

新闻活动的高额花费加上有钱捐助者的政治影响力，才能在政治选举中成为领袖入主精英行列。每次选举中全部候选人、无党派政治组织的全部活动花费高达 30 亿美元！……国会选举活动的花费不断创下新高。2002 年、2004 年和 2008 年每次总统选举的开支都打破了花费纪录。每次竞选运动的开支都好像是上次竞选开支的双倍。①

真正惊人的问题是……计票本身的腐败。最让人担忧的是触屏式电子投票机。……加利福尼亚州大学研究者的一项调查证实了选举权活动者最大的恐惧：来自迪堡、Sequoia 等主要供货商的投票机确实很容易遭到非法访问，使选举结果被更改。这便引人质疑：在 2002 年、2004 年甚至也许是 2006 年的选举中，是否确实发生过电子造假。在我看来，这个问题已无须回答。②

因此，我们必须从我国国情和历史现实出发，坚定不移地推行社会主义民主。社会主义民主继承了人类政治文明的积极价值，蕴含着人类民主政治的核心要义和未来发展趋势。社会主义民主意味着人民做主，即人民是国家的主人；社会主义民主要求发展和维护人民的根本利益；中国特色社会主义民主有利于发挥集中力量办大事、提高效率办成事的政治优势。社会主义民主是一个不断发展进步的过程，必将在未来显示出无与伦比的优越性。

文明——社会进步的重要标志，也是社会主义现代化国家的重要特征。它是面向现代化、面向世界、面向未来的，民族的、科学的、大众的社会主义文化的概括，是实现中华民族伟大复兴的重要支撑。正如习近平总书记指出的："实现中国梦，是物质文明和精神文明均衡发展、相互促进的结果。没有文明的继承和发展，没有文化的弘扬和繁荣，就没有中国梦的实现。"③

---

① 托马斯·戴伊，哈蒙·齐格勒，路易斯·舒伯特. 民主的反讽：美国精英政治是如何运作的 [M]. 北京：新华出版社，2016：193.

② 保罗·克鲁格曼. 美国怎么了？一个自由主义者的良知 [M]. 北京：中信出版社，2008：150.

③ 习近平. 在联合国教科文组织总部的演讲（2014 年 3 月 27 日）[N]. 人民日报，2014 - 03 - 28.

和谐——社会主义现代化国家在社会建设领域的价值诉求,是经济社会稳定、持续健康发展的重要保证。

和谐是中华传统文化的精髓。中华传统文化以整体主义思维方式来看待人与人、人与社会、人与自然的关系,从不将人视为孤立的存在,而是重视个人对他人、对家族和国家的价值。因而,主张修身、齐家、治国、平天下,将修身作为个人安身立命的逻辑起点,要求人们不断反思自己,提高道德修养,从而实现个人的身心和谐。例如儒家的"吾日三省吾身""克己复礼"等都是对个体的道德要求;在处理人际关系上,主张"和为贵",注重先人后己,而不是凌驾于他人之上;在处理与其他国家和民族的关系上,倡导四海一家,协和万邦;在天人关系上,中国传统文化将天视为一个具有生机的、有德性的客观存在,主张仁民爱物、道法自然。

习近平总书记提出的"人与自然是生命共同体""构建人类命运共同体"思想,是对和谐理念的创造性转化和创新性发展,将为新时代中国特色社会主义建设事业提供指引,将为构建一个和平稳定的世界贡献中国智慧。

(2) 自由、平等、公正、法治是社会层面的价值。

自由、平等、公正、法治回答了我们建设什么样的社会的问题,反映了人们对美好社会的期望和憧憬。

自由——人类社会的美好向往,指人的意志自由、存在和发展的自由,是马克思主义追求的社会价值目标。

自由与权利相关,意味着国家赋予公民各种各样的权利,包括财产和人身自由、言论和出版自由、集会自由等。

平等——社会的交往准则,指公民在法律面前一律平等,它要求尊重和保障人权,人人依法享有平等参与、平等发展的权利,其价值取向是不断实现实质平等。

平等包括政治平等、经济平等、文化平等,还包括人格平等,它要求我们尊重每个人的人格尊严,把对方当成和自己一样的人来看待。抗疫期间,我们要尊重抗疫一线的医护人员,尊重那些感染新冠肺炎的患者、密切接触者，要尊重他们的人格尊严，不能歧视或伤害他们的情感，要对处于危难中的人们保持悲悯与同情，对世界保持一颗仁爱之心。当然，对于恶意传播病毒、不遵守防控规定、恶意破坏防控成果的，我们也绝不姑息，依法惩治。

公正——社会的首要诉求，指社会公平正义，它以人的解放、人的自由平等权利的获得为前提。社会公正的核心是分配公正，即按照某一标准公平地分配政治、经济、文化等诸方面的权利和责任，使个人得其所应得。

法治——社会的良序保障，是治国理政的基本方式。依法治国是社会主义民主政治的基本要求。它通过法治建设来维护和保障公民的根本利益，是实现自由平等、公平正义的制度保证。

法治的核心是法治精神，它强调任何组织或者个人都应该坚持法律至上，遵守法律、敬畏法律。

（3）爱国、敬业、诚信、友善是公民层面的道德要求。

习近平总书记说："核心价值观，其实就是一种德，既是个人的德，也是一种大德，就是国家的德、社会的德。国无德不兴，人无德不立。"[1]

爱国——公民的神圣义务，是对祖国、对同胞的深厚情感，是一个公民起码的道德，也是调节个人与祖国关系的行为准则。

【案例点击】张慧琳："战"放芳华，守护生命之"舱"[2]

"我是祖国母亲的女儿，若招之，必能战！"中南大学湘雅二医院护理部副主任张慧琳在出征感言中郑重而坚定地写下了这句话。在武汉抗疫的43天，她不忘南丁格尔誓言，牢记初心使命，决战武昌方舱医院，用自己的实际行动诠释了"白衣战士"召之即来，来之能战，战之必胜的大无畏精神。护理团队在她的带领下，建立"湘雅1M2C3S护理管理体系"，提高了护理质量，确保患者生命安全，为打赢新冠肺炎疫情防控阻击战贡献力量。

---

[1] 习近平. 青年要自觉践行社会主义核心价值观——在北京大学师生座谈会上的讲话 [M]. 北京：人民出版社，2014：20.

[2] 张慧琳："战"放芳华，守护生命之"舱" [EB/OL]．（2020-04-27）[2021-05-25]．https://www.cn-healthcare.com/articlewm/20200427/content-1107983.html.

专题八 坚定社会主义核心价值观自信

2月4日上午8点,在罗爱静书记和周智广院长的百般叮咛万般嘱托下,她与战友们一起踏上了紧急驰援武汉的征途。13点55分,医疗队抵达武汉洪山体育馆。张慧琳立即开展筹建工作,做好随时投入战斗的准备。当晚,她召集所有护士召开第一次会议,布置工作。首批入舱时,张慧琳表示:"我比你们有经验,我先进舱了解情况。"她作为医疗队第一位入舱护士开展护理查房,了解患者心理和生理需求。为尽快规范工作制度和流程,更高效、优质地服务患者,她屡次与其他团队沟通方舱护理工作细则。因为她身先士卒,大家都说"我发现新冠肺炎没想象中那么厉害,面对它,我终于不再道听途说";因为她敢为人先,大家都争先恐后地要求进舱护理病人,都不想做"纸上的兵"。作为党员,她勇敢无畏,斗志昂扬,发挥了正面导向和榜样示范作用。

是什么,让他们义无反顾地奔赴抗疫前线?是对祖国、对人民的爱,给了他们强大的精神动力,是爱国主义精神让他们用生命去守护他人的生命,守护着每个家庭和国家的安全。我们每一位大学生,都应该以他们为榜样,危难时刻挺身而出,自觉报效祖国。

敬业——基本的职业操守,是对公民职业行为准则的价值评价,要求公民要具有积极向上的劳动态度和艰苦奋斗的精神,忠于职守、精益求精、服务社会。

【案例点击】 2020年的春节注定是一个不平凡的日子,连日来新型冠状病毒感染的肺炎疫情牵动的不仅仅是全武汉、全湖北更是全国人民的心。众志成城,共克时艰,共同对抗疫情。自湖北武汉发现新型冠状病毒感染的肺炎以来,各地支援医疗队伍相继到达,成为阻击疫情的坚强一环,也是对武汉的一种慰藉。而看到武汉一线医务人员工作间隙争分夺秒的休息或者干脆就席地而睡,千言万语也无法表述内心的情感和饱含的泪水,只好在这里说一句,"你们辛苦了!"[1]

---

[1] 武汉前线:累到席地而睡的医护人员,让人格外心疼!你们辛苦了![EB/OL]. (2020-01-29)[2021-03-15]. https://www.sohu.com/a/369442419_297320.

微博有网友2月5日PO了一张来自湖北省天门市一家医院的护士脸庞。图片中，女护士脱下穿了12小时的防护服，满脸都是压痕与汗水，但还是对着镜头羞涩灿笑。网友泪目狂赞，"最美丽的一张笑脸"。①

2月11日下午，武汉火神山医院护士吴亚玲的母亲突发主动脉夹层破裂，在云南昆明过世。吴亚玲得知这个消息后泪如雨下。她面向家的方向三鞠躬，悼念去世的母亲。吴亚玲站在窗边沉思了许久，稍微平复心情后，又走上了抗击疫情一线继续投入工作。②

这些医护人员，以实际行动生动地诠释了"敬业"价值观。正是他们的"忠于职守、无私奉献"，才换来了人民大众的平安与健康，才能使中华民族平安度过这次重大灾难。

诚信——为人之道、立身之本，诚信即诚实守信。我们要继承传统的诚信美德，忠于自己的内心，内诚于己，不自欺；同时，我们还要在社会主义市场经济活动中，遵守法律法规，外信于人，不欺人。

友善——待人（自然）的准则，指人与人之间互相帮助，善待他人和自然万物，以形成友好和谐的人际关系、天人关系。友善不仅仅限于人类内部，因为人类是有道德能力的物种，人类的道德关怀范围是随着历史的进步不断扩大的。在人类发展史上，奴隶、黑人、妇女都逐渐获得了道德地位，那么，我们应该继续扩大人类道德关怀的范围，从道德上关怀其他非人类生命。因此，友善价值观，就意味着我们要对非人类生命友善。网上流传的一张照片：一只小猴子，紧紧抱住即将被活取猴脑的妈妈，眼里流露出不舍与哀伤。这表明，动物也是有情感的，人类不应该任意伤害非人类生命。然而，人类为了自身利益，为了享受，不断向自然索取，不断破坏非人类生命的生存环境，导致了严峻的环境问题。恩格斯早就警告过人类："我们不要过分陶醉于我们人类对自然界的胜利。对于每一次这样

---

① 最美脸庞！一线女护士"满脸勒痕汗水满面"镜头前羞涩灿笑［EB/OL］．（2020-02-06）［2021-03-15］．https：//baijiahao.baidu.com/s?id=1657773445605139410&wfr=spider&for=pc．

② 泪目！母亲过世，火神山护士向家乡的方向三鞠躬……［EB/OL］．（2020-02-12）［2021-03-15］．https：//www.sohu.com/a/372552130_355692．

的胜利,自然界都对我们进行了报复。"① 实际上,人不是自然的主宰,而是与自然万物一样都是自然生态系统的一员。人类要敬畏自然、尊重自然、仁爱万物,与自然和谐共生。

(二) 当代中国发展进步的精神指引

2018年3月,十三届全国人大一次会议通过宪法修正案,将国家倡导社会主义核心价值观正式写入宪法。这是因为,培育和践行社会主义核心价值观,具有重要意义。

培育和践行社会主义核心价值观,是有效整合我国社会意识、凝聚社会价值共识、解决和化解社会矛盾、聚合磅礴之力的重大举措,是保证我国经济社会沿着正确的方向发展、实现中华民族伟大复兴的价值支撑,意义重大而深远。

具体而言,培育和践行社会主义核心价值观的意义主要有三点:坚持和发展中国特色社会主义的价值遵循;提高国家文化软实力的迫切要求;增进社会团结和谐的最大公约数。

1. 坚持和发展中国特色社会主义的价值遵循

中国特色社会主义是全面发展、全面进步的社会主义。在全社会大力弘扬社会主义核心价值观,保证中国特色社会主义事业始终沿着正确方向前进,是中国特色社会主义的铸魂工程。

2. 提高国家文化软实力的迫切要求

习近平总书记指出:"核心价值观是文化软实力的灵魂、文化软实力建设的重点。这是决定文化性质和方向的最深层次要素。"② 文化软实力的竞争,本质上是核心价值观之争。美国一方面通过"三片"(好莱坞大片、芯片和薯片)推销西方价值观,企图诱导人们"以西为美""唯西是从",淡化乃至放弃对本民族精神文化的认同。另一方面,却在加强着自身的核

---

① 恩格斯. 自然辩证法 [M]. 北京:人民出版社,2018:265.
② 习近平. 习近平谈治国理政(第1卷) [M]. 北京:外文出版社,2018:163.

心价值观教育。

【案例点击】 在美国，爱国、自由、民主、权利、环境保护等价值观教育无处不在……美国人的思想品德教育做得非常高明，非常润物细无声。

比如，空军博物馆免费，很多学生组团来看，里面放着四架退役的"空军一号"，还有美国航天飞机模型和新式隐形战斗机，看着就让人热血沸腾，爱国情怀油然而生……有关飞机的解说词写得看似很客观，仔细一想，全都是暗含强烈的价值导向。

再比如，不管哪一家历史博物馆或纪念馆，总是要说当地人历史上如何争取自身权利的故事。说的都很细，说到具体人、具体事、怎么做的、受到什么挫折、最终如何胜利的，非常详尽，配上当事人的声音或视频，让人身临其境感同身受。然后，总会有醒目的警句名言——像林肯纪念堂四面墙上镌刻的——给人深刻印象。

又比如，近来美国工科大学工程教育受到重视，一些学校组建了专门的工程教育系……实际上是给工科学生的思想品德加素质教育的内容，但是和工程师的工作紧密结合，颇有成效地传输主流价值观。[①]

作为当今世界超级大国的美国都如此重视核心价值观教育，社会主义中国更应该加强核心价值观教育，从而有效整合我国社会意识、凝聚社会价值共识。

此外，提高国家文化软实力，要努力提高国际话语权。我们要增强对外话语的创造力、感召力、公信力，讲好中国故事，传播好中国声音，阐释好中国特色。

3. 增进社会团结和谐的最大公约数

当前，我国面临严峻的国内外形势。从国际形势来看，西方敌对势力加紧对我国实行"西化""分化"战略，力图通过文化渗透达到和平演变

---

① 刘永谋：美西闻思随记续：西部精神、福耀（美国）及其他 [EB/OL]. (2019-09-23) [2021-03-15]. https://mp.weixin.qq.com/s/Yrq9h7uXZ4ATaWAv3YxIGg.

中国的目的；从国内形势来看，我国正处于社会转型期，一些社会成员基本的是非、善恶、美丑不分，道德观念模糊。因此，我们必须培育和践行社会主义核心价值观。

正如习近平总书记所言："我国是一个有着13亿多人口、56个民族的大国，确立反映全国各族人民共同认同的价值观'最大公约数'，使全体人民同心同德、团结奋进，关乎国家前途命运，关乎人民幸福安康。"[①]

二、为什么要坚定价值观自信

习近平总书记指出："一个民族、一个国家，必须知道自己是谁，是从哪里来的，要到哪里去，想明白了、想对了，就要坚定不移朝着目标前进。"[②] 这种坚定不移朝着目标前进的精神状态，就是一个民族、一个国家高度自觉自信的状态。坚定的核心价值观自信，是中国特色社会主义道路自信、理论自信、制度自信和文化自信的价值内核。

社会主义核心价值观丰厚的历史底蕴、坚实的现实基础、强大的道义力量为我们坚定核心价值观自信提供了充分的理由。

（一）社会主义核心价值观的历史底蕴

社会主义核心价值观不是无源之水、无本之木，它深深地根植于中华优秀传统文化，这是社会主义核心价值观历史底蕴的集中体现。

1. 中华优秀传统文化是涵养社会主义核心价值观的重要源泉

中华优秀传统文化中有许多理念，分别与三个层面的核心价值观密切相关，主要表现如下。

中华优秀传统文化重视德治，在西周时期就提出了"敬德保民"观念，主张"以文化人"即将道德教化作为德治的手段。

[①] 习近平. 青年要自觉践行社会主义核心价值观——在北京大学师生座谈会上的讲话[M]. 北京：人民出版社，2014：2.

[②] 习近平. 青年要自觉践行社会主义核心价值观——在北京大学师生座谈会上的讲话[M]. 北京：人民出版社，2014：7.

在个人层面，中华优秀传统文化重视个人美德。孔子主张"仁者爱人"，将孝悌视为为仁的根本。孔子重视诚信，说"人而无信，不知其可也"。

中华优秀传统文化以君子人格作为理想。《周易》中说："天行健，君子以自强不息；地势坤，君子以厚德载物"，强调君子要奋发图强，品德高尚。孔子主张君子"义然后取"，强调君子获得财富首先要符合道义。

中华优秀传统文化主张修身齐家治国平天下，要求个人以报效国家为己任，要"先天下之忧而忧，后天下之乐而乐""天下兴亡，匹夫有责"。

在国家与社会层面，《尚书》中提出了"民惟邦本，本固邦宁"的民本思想，《礼记》中描绘了一个"天下为公"的美好社会，孟子主张人与人之间要互相关怀，"老吾老以及人之老，幼吾幼以及人之幼"，建构一个"出入相友，守望相助，疾病相扶持"的和谐社会。

在人与自然的关系上，无论是儒家还是道家，都倡导天人合一。儒家主张"仁民爱物"，要爱人，也要爱自然万物；道家主张道法自然，即按照自然法则来生存。

总之，我们要认真汲取中华优秀传统文化的思想精华和道德精髓，要"深入挖掘和阐发中华优秀传统文化讲仁爱、重民本、守诚信、崇正义、尚和合、求大同的时代价值，使中华优秀传统文化成为涵养社会主义核心价值观的重要源泉"。[①]

2. 立足中华优秀传统文化培育和弘扬社会主义核心价值观

培育和弘扬社会主义核心价值观，必须从中华优秀传统文化中汲取丰富营养，坚持古为今用、推陈出新，有鉴别地加以对待，有扬弃地予以继承；推动中华优秀传统文化创造性转化和创新性发展，把继承优秀传统文化又弘扬时代精神、立足本国又面向世界的当代中国文化创新成果传播出去。

---

① 习近平. 习近平谈治国理政（第1卷）[M]. 北京：外文出版社，2018：164.

（二）社会主义核心价值观的现实基础

习近平指出："一个民族、一个国家的核心价值观必须同这个民族、这个国家的历史文化相契合，同这个民族、这个国家的人民正在进行的奋斗相结合，同这个民族、这个国家需要解决的时代问题相适应。"① 社会主义核心价值观，具有坚实的现实基础。

1. 中国特色社会主义建设是社会主义核心价值观的实践根据

新中国成立七十多年来，特别是改革开放以来的事实充分表明，要发展中国、稳定中国，要全面建成小康社会、加快推进社会主义现代化，要实现中华民族伟大复兴，必须坚定不移坚持和发展中国特色社会主义，这就必然要求有自己鲜亮的精神旗帜，有明确有力的价值引领。

2. 中国特色社会主义建设生动展示着社会主义核心价值观的生机活力

改革开放以来，我们坚持走中国特色社会主义道路，人民生活水平、综合国力、国际竞争力和国际影响力都迈上了新台阶。然而，世界上许多国家沿袭西方模式，"被动学习""邯郸学步"，非但没有呈现所谓的"民主盛景""发展盛景"，甚至党争纷起、社会动荡、民不聊生，至今都难以稳定。

【案例点击】乌克兰1991年独立后，仿照西方进行了无数次总统选举。1990年乌克兰人均国内生产总值为1569美元，中国317美元②，大约是中国的5倍！在中国特色社会主义道路指引下，中国2019年人均国内生产总值已经达到10121美元，而乌克兰只有2818美元，大约是乌克兰的3.6倍！③

乌克兰的发展历程充分说明了一个道理：我们不能走和西方国家一样的道路，而必须从我国国情和现实出发，走中国特色社会主义道路。中国

---

① 习近平. 习近平谈治国理政（第1卷）[M]. 北京：外文出版社，2018：171.
② 世界各国人均GDP数据[EB/OL]. [2021-03-15]. https://www.kylc.com/stats/global/yearly_overview/g_gdp_per_capita.html.
③ http://www.8pu.com/gdp/per_capita_gdp_2019.html.

特色社会主义建设的成功经验,是对社会主义核心价值观正确性、可信性的检验。同时,中国特色社会主义建设的新推进,将进一步使社会主义核心价值观彰显出强大的生命力、吸引力和感召力。

(三) 社会主义核心价值观的道义力量

真理的力量加上道义的力量,才能行之久远。社会主义核心价值观以其先进性、人民性和真实性而居于人类社会的价值制高点,具有强大的道义力量。

社会主义核心价值观的先进性,体现在它是社会主义制度所坚持和追求的核心价值理念。社会主义制度建立在生产资料公有制的基础之上,消灭了剥削制度,劳动人民成为国家的真正主人,是人类社会迄今为止最先进的社会制度,是科学社会主义在中国的成功实践和创新性发展。社会主义核心价值观反映着我国社会主义基本制度的本质要求,渗透于经济、政治、文化、社会、生态建设的各个方面,是我国社会主义制度的内在精神之魂,代表着当今时代人类社会的价值制高点。

社会主义核心价值观的人民性,体现在它代表着最广大人民的根本利益,反映着最广大人民的价值诉求,引导着最广大人民为实现美好社会理想而奋斗。《共产党宣言》指出:"过去的一切运动都是少数人的,或者为少数人谋利益的运动。无产阶级的运动是绝大多数人的,为绝大多数人谋利益的独立的运动。"[①] 中国共产党为中国人民谋幸福,为中华民族谋复兴;同时,也为人类进步事业而奋斗。中国共产党人倡导的社会主义核心价值观,具有鲜明的人民性,具有强大的道义感召力。

社会主义核心价值观的道义力量还源于它的真实性。民主、自由、博爱是资产阶级时刻挂在嘴边的价值主张。但正如列宁所指出的那样:"资产阶级民主同中世纪制度比较起来,在历史上是一大进步,但它始终是而且在资本主义制度下不能不是狭隘的、残缺不全的、虚伪的、骗人的民

[①] 共产党宣言 [M] //马克思恩格斯文集(第 2 卷). 北京:人民出版社,2009:42.

主，对富人是天堂，对被剥削者、对穷人是陷阱和骗局。"① 人民当家作主的社会主义制度，则为社会主义核心价值观的真正实现奠定了根本的制度前提和制度保障，使得自由、民主、公正等价值观成为真切、具体、广泛的现实。

对于资本主义的核心价值观，我们应该坚持马克思主义立场，辩证地看待：第一，有进步性，值得我们虚心学习借鉴；第二，有局限性，狭隘、残缺、虚伪；第三，与社会主义民主自由有本质区别，拒绝落入普世价值的陷阱；第四，警惕西方对我们的价值观输出、价值观围剿。

专题小结

社会主义核心价值观是社会主义核心价值体系的精神内核，凝练为富强、民主、文明、和谐、自由、平等、公正、法治、爱国、敬业、诚信、友善二十四个字。社会主义核心价值观是当代中国发展进步的精神指引，具有深厚的历史底蕴、坚实的现实基础和强大的道义力量。大学生要坚定社会主义核心价值观自信，充分认识社会主义核心价值观的优越性及其重大意义，学会运用马克思主义观点客观辩证地分析资本主义价值观，既要批判地吸收其合理因素，又要认清其维护资产阶级根本利益和政治统治的阶级本质，划清社会主义核心价值观与资本主义核心价值观的界限。

延伸阅读

1. 习近平. 培育和弘扬社会主义核心价值观［M］//习近平谈治国理政（第1卷）. 北京：外文出版社，2018.

2. 中共中央办公厅. 关于培育和践行社会主义核心价值观的意见

---

① 中共中央马克思恩格斯列宁斯大林著作编译局. 列宁选集（第3卷）［M］. 北京：人民出版社，1995：601.

[M]．北京：人民出版社，2014．

3．韩震．社会主义核心价值观与中国文化国际传播［M］．北京：中国人民大学出版社，2017．

思考题

1．请结合新冠肺炎疫情，分析培育和践行社会主义核心价值观的重大意义。

2．坚定社会主义核心价值观自信的理由是什么？

（撰写人：李秀艳）

专题九　做社会主义核心价值观的积极践行者

教学设计思路

一、教学目的与要求

1. 知识目标：引导大学生了解积极培育和践行社会主义核心价值观的意义，科学把握培育践行社会主义核心价值观的基本要求。

2. 能力目标：增强大学生自觉抵御错误价值观侵蚀的能力，提高大学生社会主义核心价值观的践行能力。

3. 情感和价值观目标：增进大学生对社会主义核心价值观的情感认同，强化大学生对社会主义核心价值观的行动自觉，做社会主义核心价值观的积极践行者和传播者。

二、针对的学生主要思想困惑

1. 为什么要培育践行社会主义核心价值观？
2. 大学生应当如何培育践行社会主义核心价值观？

三、针对的错误思潮与模糊认识

在价值多元的时代，不需要践行核心价值观。

四、教学难点重点

1. 扣好人生的扣子的重要意义。
2. 勤学、修德、明辨、笃实的具体要求。

五、教学时数

3 课时

教学正文

授课导入

面对这个无限宏大的客观世界，人是唯一能够追问和反思自身存在意义和价值的动物，价值观的高下优劣影响了人的伟大与卑微。我们从小就被告知，要树立正确的价值观。它如空气，无所不在、无时不有；它似灵魂，凝神聚气、强基固本；它是标准，判断是非、明辨善恶。在如今的青年一代中，既有披坚执锐、勇于担当的赤子之心，也有浮于功利、麻木不仁的空空灵魂；既有支教毕业生扎根基层的奉献精神，也有大学生"精致利己"的价值错乱。人生需要正确的价值导航，才不至于偏离梦想的航线。社会主义核心价值观是大学生进德修业、成长成才的价值指针。对青年学生而言，为什么要培育践行社会主义核心价值观？应当如何培育践行社会主义核心价值观呢？

一、大学生为什么要培育践行社会主义核心价值观

有人说，人生如穿衣，想要美观好看，扣子得扣好。相信我们都有过这样的体验，小时候，在我们刚刚学习穿衣之时，大人会告诉孩子："衣服要想穿戴整齐，最上面的扣子一定要扣好，如果这粒扣子扣错了，那么下面所有的扣子都会扣错"。到了青年时期，同样面临这样的问题，需要

扣好价值观这个人生的第一粒纽扣。作家柳青曾经说过:"人生的道路虽然漫长,但紧要处常常只有几步,特别是当人年轻的时候。"衣服扣子扣错了可以解开重来,而人生则是一条不能折返的单行道,选择了错误的价值观,人生道路注定越走越偏。只有在关键处、紧要时把这粒"扣子"扣准、扣紧、扣牢,才能让人生之路行稳致远。

【案例点击】1969 年 1 月,习近平从北京到陕西梁家河村插队当知青,那年习近平只有 15 岁。一个不谙世事的少年,在梁家河跟村民们一样,起早摸黑,干起了最苦最累最脏的活,一干就是 7 年。"7 年知青岁月,是习近平人生道路上最重要的阶段,这个阶段对他整个成长、成熟、成功,起到了至关重要的作用。习近平之所以能扣好人生的第一粒扣子,走好人生的第一步,一是与他这 7 年努力拼搏、自强不息、刻苦锻炼有关。"[1] 他勤学深思、刻苦锻炼、锤炼党性,扣好理想信念的扣子;扎根农村、勇于担当,干在实处,扣好求真务实的扣子;他一心为民、矢志不渝,扣好为民造福的扣子。

扣好人生第一粒扣子的习近平,22 岁离开黄土地时,已经全然没有了刚到梁家河时的迷茫和彷徨,坚定的人生目标,让他充满自信。从梁家河走出来的习近平深知人生的第一粒扣子对青年人的意义。从 2013 年开始,每年的五四青年节,习近平总书记总会走到青年学生中间去,勉励学生。

2014 年 5 月 4 日,习近平在北京大学师生座谈会上语重心长地说:"青年的价值取向决定了未来整个社会的价值取向,而青年又处在价值观形成和确立的时期,抓好这一时期的价值观养成十分重要。这就像穿衣服扣扣子一样,如果第一粒扣子扣错了,剩余的扣子都会扣错。人生的扣子从一开始就要扣好。"[2] 扣好人生的第一粒扣子,是习近平总书记对新时代青年提出的殷切希望和要求。

---

[1] 韩庆祥. 党员干部锤炼党性的生动范本——读《习近平的七年知青岁月》[N]. 中国纪检监察报, 2017-09-08.

[2] 习近平. 习近平谈治国理政(第 1 卷)[M]. 北京:外文出版社, 2018:172.

【课堂提问】 为什么说价值观是人生的第一粒扣子？

【教师讲解】 价值观是精神支柱，是行动导向，具有基础性、决定性的作用。铸牢基础，才能高楼万丈；定好标准，才能行有依归。人生旅途的每一次目标、每一个理想、每一份事业都是从青年这一粒扣子开始。它是一块基石，也是命运的阀门。掌握了社会主义核心价值观，我们再看世界万象、人生历程，是非、善恶、美丑、真假就会清晰明了，也能行动正确。

1. 培育践行社会主义核心价值观有助于促进大学生成长成才和全面发展

大学生正值十八九岁，处在迅速走向成熟，但并未真正成熟的关键时期。我们的抽象逻辑思维快速发展，但是容易带有主观偏见性；情绪情感日益丰富，但是波动性较大；自我意识增强，但是发展还不成熟；知识体系搭建尚未完成，价值观塑造尚未成型，需要加以正确地引导。这就好比小麦的灌浆期，如果阳光和水分跟不上，就会耽误一个季度的成长和收获；也好像是小树苗的修剪期，如果不修枝剪叶，确保成长方向，以后难以长成参天大树。大学生正处在人生的黄金时代，个人的理想从这里确立，未来的发展也从此处奠基。如果没有正确的价值观引领，丧失了这个生命的灯塔、人生的航标，就难以穿透人生的层层迷雾。

当今世界和当代中国都处于大变革之中。这种变革反映到人们的思想观念中，自然会产生多种多样的思想理论和价值理念。面对世界范围内各种思想文化交流交融交锋的新形势，面对整个社会思想价值观呈现多元多样、复杂多变的新特点，虽有利于大学生开阔眼界、增长见闻，但同时也充满了各种思想陷阱。在这个信息爆炸的时代，大学生迫切需要以社会主义核心价值观为指导，时时刻刻扭紧思想的"过滤器"，把好价值的"总开关"，不断提高观念判断力，增强思想"免疫力"。

【案例点击】 刘佳：长大后我就成了你

刘佳，是军队支援湖北医疗队的一名"90后"护士。走路快、动作快、说话快，是她给人的第一印象。"无奋斗，不青春"，是写在她防护服上的战疫宣言。12年前汶川地震，刘佳所在的中学损毁严重，交通受阻、

专题九　做社会主义核心价值观的积极践行者

通信中断,在无助中度过了一生最难忘的一天一夜之后,盼到了解放军的救援。12年后,面对突如其来的疫情,她两次提交请战书,要求到武汉抗疫一线去,帮助他人,回馈社会。①

【案例评析】青年是我们一生中最美好、最有希望的时期,也是迅速成长的时期,需要有一种正确的价值观引领。刘佳确立了正确的价值观,并且坚定地践行它,用感恩和奉献为梦想涂上了崭新的色彩,从一个被救者到如今的施救者,生动地诠释了价值观的力量。可以说,社会主义核心价值观像一面旗帜,告诉我们应该肯定什么和赞扬什么,什么是必须反对和否定的,引导我们做出正确的价值判断和价值选择。因此,在青年这个价值观形成的关键时期,我们要让社会主义核心价值观在心里生根发芽,并且坚定地去践行,才有可能成长成才和全面发展。

2. 培育践行社会主义核心价值观有助于广泛凝聚实现中国梦的青春力量

青年,既是追梦人,又是圆梦人,是实现中华民族伟大复兴的生力军。青年与时代形影相随,始终是标志时代的最灵敏的晴雨表。青年一代的道德水准、精神风貌、价值取向决定了一个时代核心价值的质量和分量。从"为中华之崛起而读书"的青春誓言,到"把有限的生命投入到无限的为人民服务中去"的无私奉献;从"团结起来、振兴中华"的时代强音,到"不怕吃苦、不怕牺牲"的最美逆行,这些熠熠生辉的价值坐标,无不说明青年与时代主题同心同向,青年一代有理想、有本领、有担当,国家就有前途,民族就有希望。

树要长大,根必须深深地扎在泥土里。人生于斯长于斯的地方,是你的国,是你的家。社会主义核心价值观为当代青年指明了努力的方向,可以使青年这滴水融入社会的江河湖海,把自己的价值追求融入国家和民族的梦想中,同人民一道拼搏、同祖国一起前进。我们面临的新时代,既是近代以来中华民族发展的最好时代,也是实现中华民族伟大复兴的最关键时代。在新时代,广大青年既有建功立业的大舞台,也有责无旁贷的大使

---

① 护士刘佳:长大后我就成了你[N]. 国防军事早报,2020-05-12.

命。问苍茫大地谁主沉浮，还看今朝我当代青年。

3. 培育践行社会主义核心价值观有助于固本兴魂、确保党和国家事业后继有人

在当代中国建设和发展进程中，悠久深厚的中华优秀传统文化、党和人民在长期奋斗中开创的革命传统文化、改革开放过程中吸收的世界文明有益成果交汇融合，结晶形成了社会主义核心价值观。青年一代培育践行社会主义核心价值观，有助于增强文化自信和自觉，在内核上、精髓上和本质上传承中华优秀传统文化、传承社会主义先进文化，就是在培育壮大我们的国魂、民族魂，促进我们党和国家事业薪火相传、兴旺发达。

在新冠肺炎疫情防控阻击战中，有一群年轻的"战士"不惧风雨、逆行出征，以一往无前的奋斗之姿，勇于奉献的精神风貌，舍生忘死的实际行动，彰显了新时代中国青年的责任、担当和价值。他们是毫不犹豫，挺身而出参加接种新冠疫苗实验招募的大一新生朱傲冰；主动报名社区志愿者，为空巢老人和居民买菜买药的余汉明；与死神抢时间，始终奋战在火神山医院ICU病房的护士孙青；永远地失去了生命的彭银华、夏思思……在急诊室里、ICU病房、火神山、雷神山医院的建设工地、长途运输的供给线上、社区管理的工作者中、筹措物资的志愿者里，处处都能看到青年忙碌的身影，也许我们不知道他们的名字，但是他们有一个共同的身份——中国青年。习近平总书记在回信勉励北京大学援鄂医疗队全体"90后"党员时表示："在新冠肺炎疫情防控斗争中，你们青年人同在一线英勇奋战的广大疫情防控人员一道，不畏艰险、冲锋在前、舍生忘死，彰显了青春的蓬勃力量，交出了合格答卷。广大青年用行动证明，新时代的中国青年是好样的，是堪当大任的！"①

---

① 习近平：给北京大学援鄂医疗队全体"90后"党员的回信［EB/OL］.（2021-03-16）［2021-05-25］. http：//www.xinhuanet.com/politics/leaders/2020-03/16/c_1125719125.htm.

专题九　做社会主义核心价值观的积极践行者

【插入视频】青春的力量，时代的脊梁①

【教师讲解】历史的接力棒，终将会交到我们青年一代的手上。青年怎样，中国就怎样。责任和奉献，是青春之两翼。责任，让我们不再彷徨；奉献，让我们内心充实。正是这些无数的青年人，勇于担当、甘于奉献，将社会主义核心价值观铭于心，立于言，践于行，让个人选择和价值实现与家国情怀交织、激荡，才汇成了我们这个时代的"最美和声"。

当然，罗马不是一天建成的，扣好人生的扣子也不是一件容易的事。我们要坚持由易到难，由近及远，从现在做起，从自己做起，努力把社会主义核心价值观的要求变成自己的行为准则，形成自觉奉行的信念理念，并身体力行地将其推广到全社会去，为实现国家富强、民族振兴、人民幸福的中国梦，凝聚强大的青春能量。

二、如何培育践行社会主义核心价值观

在理解社会主义核心价值观时，要注意两个关键词：一是积极培育，二是自觉践行。社会主义核心价值观的生命力在于践行，没有践行，即使价值观构建的再细致完备，也不过是看上去很美好的空中楼阁。要让一种价值观真正发挥作用，落地生根，开花结果，必须融入社会生活，让人们在实践中感知它，领悟它。社会主义核心价值观不是抽象的概念，也不是贴在墙上的标语，而是蕴含在生活的细节里，体现在我们日常生活和日常行为里，是我们对好坏善恶美丑的价值判断和价值选择。那么，大学生应当如何培育践行社会主义核心价值观呢？

1. 勤学，夯实培育践行社会主义核心价值观的知识根基

知识是树立社会主义核心价值观的重要基础。没有知识为依托的信仰是盲目的迷信，而没有知识为基础的价值观也并不牢固。它像是人生重要的防火墙，让人可以有独立的思考和判断，免于被外界谣言和不良信息所

---

① 青春的力量 时代的脊梁——记抗疫一线的"90后""00后"年轻人［EB/OL］．（2020 - 03 - 16）［2021 - 03 - 12］．http：//www.xinhuanet.com/politics/2020 - 03/16/c_1125721747.htm．

左右。大学生正处于学习科学知识的黄金时期，要下得苦功夫，求得真学问。

我们应当如何学，学什么呢？爱因斯坦曾说，在天才与勤奋之间，我毫不犹豫地选择勤奋，她几乎是世界上一切成就的催产婆；韩愈曾说，业精于勤荒于嬉，行成于思毁于随。面对日新月异的知识更新速度和海量的信息资讯，如果不及时充电，很快就会跟不上这个流变的时代。我们要把学习当作一种精神追求、一种生活方式，因为勤学，不仅充实头脑、丰富心灵，更坚定我们的意志、强化精神脊梁。我们要坚持不懈地勤学格物，把所学知识内化于心，形成自己的见解。社会主义核心价值观是优秀文化成果的结晶，对科学理论和文化知识的学习了解越多越深，就越是能够把握社会主义核心价值观的精髓，从而增强对社会主义核心价值观的理性认知、坚定价值观自信。在学习的过程中，我们要密切联系改革开放和社会主义现代化建设的实际，联系自身实际和生活实际，积极主动地学，全面地学，向人民群众学，向英雄模范学，向身边的榜样学，既读有字之书，也读无字之书。深化对社会主义核心价值观的认知认同，要努力掌握马克思主义理论，形成正确的世界观和科学的方法论，把马克思主义作为自己的鲜亮底色，让通过勤学获得的知识成为青春远航的动力。

2. 修德，打牢培育践行社会主义核心价值观的品格基础

"德者，本也。"一个人的德行、品性就好比木之根、水之源，只有不断修身立德，才能长成参天大树，实现海纳百川。道德之于个人、之于社会，都具有基础性意义，做人做事第一位的就是崇德修身，德为才之先。

【课堂提问】道德与核心价值观有什么关系呢？

【教师讲解】价值观本身就是一种道德，核心价值观就是一个社会最基本最核心的道德要求。例如，仁义礼智信是古人的价值观，也是他们遵循的根本道德标准。我们今天倡导的社会主义核心价值观，则是如今衡量是非善恶的基本的道德标准。习近平总书记说："核心价值观，其实就是一种德，既是个人的德，也是一种大德，就是国家的德、社会的德。国无

专题九 做社会主义核心价值观的积极践行者

德不兴，人无德不立。"①

青年一代立什么样的德，既是个人选择问题，又决定了整个国家和民族坚守怎样的价值、成就怎样的事业。从五四运动中"挽狂澜于既倒，扶大厦之将倾"的爱国青年，到社会主义建设时期"到祖国最需要的地方去"的垦荒青年，再到改革开放新时期"一切为了祖国，一切为了成功"的航天科研团队"。无不验证了一个人只有明大德、守公德、严私德，其才方能用得其所。新时代的大学生要立意高远，要立报效祖国、服务人民之志，又要立足平实，从身边事做起，砥砺道德品质。

【案例点击】 学生干部的"官气"要不得②

最近，一些高校学生干部抖"官威"的现象引发热议。一句"主席是你们直接@的？"，让人隔着屏幕也能感受到凌人的"官气"。写错学生干部名字要"开大会检查"、社团要求给学生干部发"节日祝福"等爆料，也让人闻之心忧。

在一些高校，学生组织"官僚化"、学生干部沾染"官气"的问题不容忽视。一些人年纪轻轻就讲"级别"、重"排场"，搞"抱大腿""混圈子""玩花活"等不正之风。这种现象如果任其蔓延，后果不堪设想。

是什么让一些学生干部沦为"官迷"、浑身"官气"？

从表面看，学生会、社团的"席位"与保研、评优、求职等利益或明或暗地"捆绑"起来，出于功利目的，一些人不惜采取各种手段谋"上位"。

往深层看，一些高校的学生组织"官风"很盛，实质上是官本位思想、官僚习气在侵袭校园、误导青年，滋生出以权谋私、结党营私的"象牙塔"版本。这正警示我们，正风反腐也是一场价值观的较量。树立正确价值导向，营造风清气正的校园风气，引导青年学生扣好"第一粒扣子"，事关国家未来，丝毫不能疏忽和懈怠。

---

① 习近平. 习近平谈治国理政（第1卷）[M]. 北京：外文出版社，2018：168.
② 辛识平. 学生干部的"官气"要不得 [EB/OL]. (2018-10-03) [2021-05-25]. http://www.xinhuanet.com/politics/2018-10/03/c_1123517881.htm.

青年之所以为青年，在于他们最富有朝气、最富有梦想。"青年要立志做大事，不要立志做大官。"学生干部摈弃"官气"，脚踏实地为同学们服务，在实践中锻炼自己、增长才干，才能涵养朝气、弘扬正气，做一个大写的人。

【案例评析】近年来，一些高校学生干部"抖官威""摆官气"的社会事件引发公众热议。这些"官风""官气"实质上是官本位思想在侵袭校园、误导青年。修德，既要立意高远，更要立足平实。要立志报效祖国、服务人民，也要学会感恩、宽容和自省。那些热衷于"耍官威"的学生干部，显然还需要深刻理解"修德"的含义、明白学生干部的服务本质。大学生要摒弃"官风""官气"，脚踏实地为同学们服务，在实践中锻炼自己，砥砺道德品质，才能成为一个大写的人。

3. 明辨，坚定培育践行社会主义核心价值观的成长方向

人们常说，当今时代是网络时代，移动互联网已经从衣食住行各个方面植入当代人的生活基因之中；也是自媒体时代，人人都有麦克风，每一个人既是信息的发布者，又是信息的接受者。抖音、快手、微信、微博等软件迅速发展，鱼龙混杂泥沙俱下的信息和即时性的舆论环境，使有些人徘徊于过载的言论里迷失自我，有些人沉溺于庞杂的信息中无所适从。一段时期，拜金主义、利己主义、享乐主义等思想在一些人头脑中颇有市场，对青年的思想和行为产生了不可忽视的影响。在一些领域和一些人当中，价值判断没有了界限、丧失了底线，甚至以假乱真、以丑为美、以耻为荣。

【案例点击】我们需要什么样的"网红"[①]

中国有多少"网红"？《2016中国网红经济白皮书》一项调查统计显示，"网红"人数目前已超过100万。另有调查称，一些"网红"年入百万不是问题，超过54%的受调查的"95后"称，渴望当主播、当"网

---

① 石川. 我们需要什么样的"网红" [EB/OL]. (2016 - 09 - 02) [2021 - 05 - 25]. http://opinion.people.com.cn/n1/2016/0902/c1003 - 28687376.html.

红"，可见，在年轻一代中，想要成为"网红"已成为群体现象。不知从何时起，"网红""闯入"大众生活，各类"网红"铺天盖地，"网红"现象成为公共话题。问题是，今天，我们究竟需要什么样的"网红"？是不是制造点名气就是"网红"？是不是成为"网红"就可以将名气变现？是不是只要红了便不讲底线？不难想象，有些"网红"就像是口红，以为弄点动静，然后再搽脂抹粉就能招摇于世。越是众声喧哗，我们越需要冷静；越是"网红"你方唱罢我登场，我们越需要重新定义"网红"。明乎此，不是所有的"网红"都能成为偶像，更不是当上了"网红"就可以任性无节操。……青年的价值取向，决定了未来整个社会的价值取向。伟大的时代需要正确的价值取向，需要真正的"网红"，也需要那些能够带给我们精神鼓舞的人成为"网红"。

【案例评析】里约奥运会上的表情包傅园慧，用自信开朗打动了观众，诠释了享受比赛、超越自我的体育精神；完成高难度"史诗级"紧急迫降的川航机长刘传健，拼力挽救了119名乘客的生命，成为"最美机长"；新冠疫情中，武汉顺丰快递小哥汪勇，把个人安危置之度外，接送医务人员、送防护与食物等补给物资，被称为"最美快递员"……这是一群凭借自身实力成就事业、弘扬社会正气、引发网友集体点赞的人，是新时代真正需要的"网红"。因此，在直面社会上纷繁杂乱的信息时，大学生一定要增强自己的价值判断力和道德责任感，善于明辨是非，善于决断选择，旗帜鲜明地弘扬真善美、贬斥假恶丑，始终笃信向上和向善的力量，自觉做良好道德风尚的建设者、社会文明进步的推动者。

4. 笃实，强化培育践行社会主义核心价值观的行动自觉

什么是笃实？不驰于空想、不骛于虚声，一步一个脚印，踏踏实实，实事求是。笃实是价值实现的关键环节。正所谓道不可坐论，德不能空谈。大学生只有在勤学厚德的基础上，植根实践的沃土，于实处用力，从知行合一上下功夫，核心价值观才能内化为人们的精神追求，外化为人们的自觉行动。

习近平总书记曾这样回忆他的七年知青岁月："7年上山下乡的艰苦生

活对我的锻炼很大。最大的收获是让我懂得了什么叫实际，什么叫实事求是，什么叫群众。这是让我获益终生的东西。"① 通过调研研究了解实际情况后，习近平就拿出切实可行的办法，并脚踏实地去做，去苦干实干。习近平在梁家河的7年，靠自己的苦干实干做出了一番成绩。他带领干部、群众打坝、挖井、办缝纫社、代销点、铁业社、磨坊、办沼气。只要是村民需要的，只要是他能想到的，他都去办。古人云："圣人是肯做工夫的庸人，庸人是不肯做工夫的圣人。"成功的背后，永远是艰辛努力。青年有着大好机遇，关键是要迈稳步子、夯实根基、久久为功。心浮气躁，朝三暮四，学一门丢一门，干一行弃一行，无论为学还是创业，都是最忌讳的。实实在在地做好当下，实实在在地坚持梦想，实实在在地贡献社会，这是习近平总书记对青年人的叮嘱。青年要把艰苦环境作为磨炼自己的机遇，把小事当作大事干，一步一个脚印往前走，勤奋耕耘，终将迈向理想人生。

培育践行社会主义核心价值观，既要目标高远，保持定力、不懈奋进，又要脚踏实地，严于律己，精益求精，将社会主义核心价值观内化于心，外化于行，勤学以增智，修身以立德，明辨以正心，笃实以为功。

【案例点击】习近平的青年志：中国梦属于青年一代②

党的十八大以来，习近平在多个场合、用多种形式表达了对青年的高度重视和热切关心。习近平多次出席青年活动，与青年谈心，给青年回信，为新形势下党的青年工作指明了方向。越来越多的中国青年正以勤学、修德、明辨、笃实的努力，诠释着"少年智则国智，少年进步则国进步"的内涵。

勤学：不但专攻博览，更要心怀世界

1970年，夜里12点，延安梁家河村的窑洞里，墨水瓶做的煤油灯下，

---

① 中央党校采访实录编辑室. 习近平的七年知青岁月 [M]. 北京：中共中央党校出版社，2017：1.

② 习近平的青年志：中国梦属于青年一代 [EB/OL]. (2016-01-04) [2021-03-15]. http://news.youth.cn/wztt/201601/t20160104_7486750.htm.

有一个看书的知青。别的知青带衣服带吃的,这个知青不一样,他带了满满一箱书。晚上和午休间隙,他都会在窑洞里看书,一看就忘了时间。

这个年轻的知青就是习近平。在这些书中,"大道之行也,天下为公"、"天行健,君子以自强不息"等思想和理念逐渐构筑着他的精神世界。在2015年7月24日中华全国青年联合会第十二届委员会全体会议上,习近平将自己对"勤学"的思考与青年们分享:"德才并重,情理兼修"、"前进要奋力,干事要努力"。无独有偶,2014年同北京大学师生座谈时,他嘱咐同学们"要勤于学习、敏于求知,注重把所学知识内化于心,形成自己的见解,既要专攻博览,又要关心国家、关心人民、关心世界,学会担当社会责任"。

修德:养大德者方可成大业

1982年,在正定县委大院有一间简陋的办公室,里面住着年轻的县委副书记习近平。他的床铺简单得不能再简单:两条长凳支起一块木板,铺上一条打满补丁的旧褥子。自己住得简单,却不能让孩子们住得简单。习近平在学校危房普查中发现200多所村小学共有3590平方米危险校舍,他心急如焚。实地调研,他发现北贾村小学校舍陈旧,就自己捐出200元钱帮助改善办学条件。奔走两年,正定终于筹措资金对1020间近15000平方米危房进行了维修。

"立志报效祖国,服务人民,这是大德,养大德者方可成大业。"在习近平的眼中,"修德"的本质还是服务祖国和人民。在2015年的新年贺词中,习近平曾给全国人民点赞,其实并非要求每个人有惊天动地、轰轰烈烈的壮举,只要在平凡岗位上尽心尽责,就能有一分热,发一分光,用点滴行动服务人民。如果每个人都能自觉把人生理想和家庭幸福融入"中国梦"之中,何愁"中国梦"没有康庄大道?

明辨:是非明,方向清,路子正

1973年入党后,习近平被村民推选为梁家河村的村支书。村民巩振福回忆:"他直,不管你是谁,不讲脸面,不留情。对就是对,错就是错,不怕得罪人。"村民石治山说,习近平为人正派。"村里有人劳动表现好,他就看重。不好的，就批评教育。拍马屁绝对行不通，他反感得厉害。"

"是非明，方向清，路子正"，不仅是习近平对青年时代的自己提出的要求，也是他对今天的青年们提出的要求。做到这些的前提是"树立正确的世界观、人生观、价值观"，习近平认为，这样才能稳重自持，从容自信。一脉相承，2015年1月12日，习近平同200余名中央党校第一期县委书记研修班学员畅谈交流"县委书记经"时谈到，"那个时候我年轻想办好事，差不多一个月大病一场。要先把自己的心态摆顺了，内在有激情，外在还是要从容不迫。"这激情就来自正确的方向，所以他也说过，人生的第一粒扣子就要扣好。

笃实：只要坚持，梦想总是可以实现的

《习近平同志在正定》曾这样写道：习近平在正定工作期间，不仅靠他过人的胆识、务实的作风和忘我的工作打动了干部群众，更以坦诚朴实、谦虚谨慎、实事求是、亲切和蔼的为人，给大家留下了深刻印象。

一个"实"字，是老百姓对习近平最真诚的评价。在2016年新年贺词中，习近平勉励大家，"只要坚持，梦想总是可以实现的。"2015年10月26日，习近平在联合国教科文组织第九届青年论坛开幕式上的贺词中提到，"中国支持青年发展自身、贡献社会、造福人民，在实现中国梦的历史进程中放飞青春梦想。"实实在在地坚持梦想，实实在在地为贡献社会，这叮嘱引领着新一代中国青年扎根基层，更吸引着年轻一代的海外游子越来越多地归国投身祖国建设。据统计，改革开放以来，已有74.48%的留学人员学成后选择回国发展。

【案例评析】青年者，人生之王，人生之春，人生之华也。青年时代是一个人一生中最美好、精力最充沛、最有希望的时期。习近平总书记青年时期的成长历程，为我们当代大学生的成长成才树立了典范，提供了宝贵的人生经验。大学生要从小处、细处、实处着手，将社会主义核心价值观转化为自己的人生准则，勤学以增智，修身以立德，明辨以正心，笃实以为功，为实现中华民族伟大复兴的中国梦而不断努力。

专题九 做社会主义核心价值观的积极践行者

专题小结

青年的价值取向决定着未来整个社会的价值取向，而青年又处在价值观形成和确立的关键时期，培育践行社会主义核心价值观十分重要。从一开始就要把人生的扣子扣好，勤学以增智，修身以立德，明辨以正心，笃实以为功。让我们以社会主义核心价值观为引领，以青年之志承时代期冀，为实现中华民族伟大复兴的中国梦凝聚强大的青春能量。

延伸阅读

1. 习近平. 青年要自觉践行社会主义核心价值观 [M]. 北京：人民出版社，2018.

2. 习近平. 在北京大学师生座谈会上的讲话 [M]. 北京：人民出版社，2018.

3. 关于培育和践行社会主义核心价值观的意见 [M]. 北京：人民出版社，2014.

思考题

1. 习近平总书记说"要把培育和弘扬社会主义核心价值观作为凝魂聚气、强基固本的基础工程"，谈谈你对此话的理解。

2. 结合自身实际，谈谈如何做社会主义核心价值观的积极践行者？

（撰写人：张丽娟）

专题十　道德的基本理论与实践

教学设计思路

一、教学目的与要求

（一）知识目标

学习道德的起源、本质、概念、功能、变化发展等基本理论，掌握崇德向善的道德实践方法，为深刻理解社会主义道德打下坚实的知识基础。

（二）能力目标

使学生运用马克思主义道德观的立场、观点和方法分析和解决现实问题，引导大学生进行向上向善、知行合一的道德实践。

（三）价值观目标

帮助学生认识马克思主义理论的科学性和道义性，深化学生理论自信，形成文化自信，特别是深层次的价值观自信。

二、针对的学生主要思想困惑

1. 道德从哪里来？
2. 道德有什么用？

三、针对的错误思潮与模糊认识

1. 道德无用论。
2. 道德万能论。

四、教学重点难点

1. 道德的起源。
2. 道德的本质。
3. 道德的功能。
4. 积极投身崇德向上的道德实践。

五、教学时数

3 课时

教学正文

授课导入

国无德不兴，人无德不立。2019 年 4 月 30 日，习近平总书记在纪念五四运动 100 周年大会上对新时代新青年提出殷切嘱托："止于至善，是中华民族始终不变的人格追求。我们要建设的社会主义现代化强国，不仅要在物质上强，更要在精神上强。精神上强，才是更持久、更深沉、更有力量的。青年要把正确的道德认知、自觉的道德养成、积极的道德实践紧密结合起来，不断修身立德，打牢道德根基，在人生道路上走得更正、走得更远"。[①]

人生的扣子从一开始就要扣好。带着总书记的嘱托，我们进入第十个

[①] 习近平. 在纪念五四运动 100 周年大会上的讲话 [N]. 光明日报，2019 - 05 - 01.

专题《道德的基本理论与实践》。本专题主要分为三个部分：第一部分从道德的概念、起源、本质系统论述"什么是道德"。第二部分"道德有什么用"则从道德的功能与作用讲述道德的力量。第三部分"如何进行崇德向善的道德实践"主要围绕向道德模范学习、参加志愿服务活动、引领社会风尚三方面讲述道德实践的方法。本专题意在帮助学生认识马克思主义理论的科学性和道义性，深化价值观自信，引导同学们进行向上向善、知行合一的道德实践。

一、什么是道德

（一）道德的概念

简单说来，道德是以善恶为评价方式，主要依靠社会舆论、传统习俗和内心信念来发挥作用的行为规范的总和。

关于这个概念，需注意以下几点。

（1）道德以善恶为评价方式。人们生活在道德世界中，总喜欢把事物区分为"善的"或"恶的"，并以此审视和规范自身，以及这世间形形色色的人和事，由此也就编织出稳定的人际关系、分明的伦理秩序和家国天下的价值追求。善恶评价反映的是价值观，而核心价值观是一个社会的道德基础。

（2）道德主要依靠社会舆论、传统习俗和内心信念发挥作用。需注意两点：一是社会道德产生作用的途径是相对柔性的社会舆论、传统习俗和内心信念，而不是像法律那样依赖国家暴力机关的保障。二是社会舆论、传统习俗最终都是作用于内心，依靠人的内心信念产生作用。人类用内心的道德准则克服诱惑与恐惧，为道德立法，终使人本身具有了价值意义。

（3）道德是相关行为规范的总和。道德是一种社会秩序，调节人们之间的关系，规范人们的行为，具有客观实在性。

（二）道德是如何起源的

自古以来，人们就在探讨道德起源这一重大理论问题，并提出了种种见解或理论。

"天意神启论"把道德起源归结于上天的命令或者神的旨意,试图以人之外的某种所谓客观意志来说明道德的起源。例如,西汉董仲舒提出"王道之三纲可求于天",将封建道德宗教化,认为违反封建道德就是违背天意。西方基督教《圣经》中的"摩西十诫"也是将人与人之间的关系纳入神的意志之下。天意神启论将道德的起源归于神秘所在,将人对世界的认识引入"不可知论",同时否认了道德的变化发展,认为道德就是神意形成之物。

"先天人性论"把道德的起源或者归结为与生俱来的善性,或者归结为先天存在的良心、理念或精神。如孟子所言:"仁义礼智,非外铄我也,我固有之也"。这种理论认为道德是先验的,是人类天性使然,否认了道德的实践性和过程性。

"情感欲望论"认为道德起源于人们的情感欲望,是人们为实现情感欲望而形成的行为要求。如卢梭认为道德源于人心中的社会情感和利他之心,源于对公共利益的追求。英国思想家亚当·斯密认为道德起源于人所固有的推己及人的同情心。

"动物本能论"则认为道德观念是动物本能的延续,进而把动物基于本能的活动与人类有目的、有意识的活动画上等号。达尔文进化论认为道德起源于群居动物的社会性本能。

以上这些观点,或者将道德看作外在强加给自己的强制要求,或将道德看作神秘所在,或将道德归为已经形成不会再变的规则,它们脱离了人的社会实践,脱离了社会历史的发展,都是不科学的,均无法正确揭示道德的起源。

马克思主义道德观认为,"物质生活的生产方式制约着整个社会生活、政治生活和精神生活的过程"[①]。道德与人类社会的物质生活紧密相连。由此,我们来分析一下道德起源的前提和条件。

---

① 马克思恩格斯文集(第2卷)[M]. 北京:人民出版社,2009:591.

第一，劳动是道德起源的首要前提。道德是人类社会的特有现象，人是毫无争议的道德主体。劳动在创造人的同时也形成了人与人的关系，原始的劳动分工与协作，使相互依赖、相互扶持自觉不自觉地成为当时最自然、最朴实的道德生活状态。随着劳动分工的进一步发展，人类社会的分工协作日益明显，以生产关系为核心的各种劳动关系逐步明确，包含自由、责任、公平等内容的道德准则逐步得到大众的认可，并渗透到人们生活的方方面面。因此，劳动创造了人和人类社会，劳动是道德起源的第一个历史前提。

第二，社会关系是道德赖以产生的客观条件。随着社会分工的不断发展，各种利益关系更为凸显，正是社会关系的形成和发展产生了调节各种关系特别是利益关系的需要，道德也就应运而生。社会关系的形成是道德产生的客观条件。

第三，人的自我意识是道德产生的主观条件。人只有在社会实践中，充分意识到自我作为社会成员与其他动物的根本区别，意识到自我在社会中的角色与地位，意识到自我与他人或集体不同的利益关系，并由此产生调节利益矛盾的迫切要求时，道德才得以产生。

道德起源的客观条件和主观条件都要通过劳动这一社会实践产生作用，归根结底道德是起源于劳动。

马克思主义道德起源论为我们正确认识和理解道德的本质奠定了基础。那么，道德的本质是什么呢？

（三）道德的本质是什么

道德属于上层建筑的范畴，是一种特殊的社会意识形态。正确理解道德的本质，应该把握经济基础对道德的决定作用，以及道德在一定条件下对经济基础的能动作用。理解了这个问题，也就理解了道德发展的历史。这里要注意以下三个问题。

（1）道德是反映社会经济关系的特殊意识形态。经济基础决定上层建筑。道德的产生、发展和变化，归根结底根源于社会经济关系。正如恩格斯所说："人们自觉地或不自觉地，归根到底总是从他们阶级地位所依据的实际关系中——从他们进行生产和交换的经济关系中,获得自己的伦理观念。"[1] 这个问题可以从以下四方面理解。

其一,道德的性质和基本原则、规范反映了与之相应的社会经济关系的性质和内容。有什么样的社会经济关系,相应地就有什么样的道德。迄今为止,人类社会先后经历了五种基本社会形态,与此相适应,出现了原始社会的道德、奴隶社会的道德、封建社会的道德、资本主义社会的道德和社会主义社会的道德。

其二,道德随着社会经济关系的变化而变化。在人类道德史上,一切道德上的兴衰起伏、进退消长,从根本上说是源于社会经济关系的变革。人类道德发展的历史过程与社会生产方式的发展进程大体一致,是道德发展的基本规律。虽然在一定时期可能有某种停滞或倒退现象,但道德发展的总趋势是向上的、前进的,是沿着曲折的道路向前发展的。

其三,道德作为一种社会意识,在阶级社会里总是反映着一定阶级的利益,因而不可避免地具有阶级性;同时,不同阶级之间的道德或多或少有一些共同之处,反映着道德的普遍性。正确把握道德的阶级性和普遍性及其辩证关系,是理解道德本质的一个重要方面。

其四,作为社会意识的道德一经产生,便有相对独立性。这种相对独立性既表现为道德的历史继承性,也表现为道德对社会发展具有能动的反作用。道德进步的主要表现是:道德在社会生活中所起的作用越来越重要,对于促进社会和谐与人的全面自由发展的作用越来越突出;道德调控的范围不断扩大,调控的手段或方式不断丰富,更加科学合理;道德的发展和进步也成为衡量社会文明程度的重要尺度。

社会主义和共产主义道德,是人类道德合乎规律发展的必然产物,是人类道德发展史上的一种崭新类型的道德,是对人类道德传统的批判与继承,并必然随着社会的进步和实践的发展而与时俱进。

(2) 道德是社会利益关系的特殊调节方式。这种特殊性主要表现在与

---

[1] 马克思恩格斯文集(第3卷)[M]. 北京:人民出版社,1995:133.

法律规范、政治规范的调节手段不同。道德以善恶评价人的行为，是依靠社会舆论、传统习俗、内心信念来维持的，因此是一种非制度化的、柔性的规范。它不是被颁布、制定或规定出来的，而是处于同一社会或同一生活环境中的人们在长期的共同生活过程中逐渐积累形成的要求、秩序和理想，它通过社会的道德风尚和个人的道德风范来调节利益关系。

（3）道德是一种实践精神。道德是一种以指导人的行为为目的、以形成人的正确的行为方式为内容的精神。道德立足现实而追求理想，并以理想来改造和提升现实。

总之，道德作为一种实践精神，是特殊的意识信念、行为准则、评价选择等方面的总和，是调节社会关系、发展个人品质、提高精神境界等活动的动力。

二、道德有什么用

同学们在成长过程中是否遇到过道德选择的困惑？例如路遇摔倒老人"扶不扶"？购物时被多找钱"还不还"？乘坐公共交通时座位"让不让"？……这些困惑看似细碎简单，其实并不好回答。因为这些问题的本质是："人为什么要讲道德"，或者说"道德有什么用"。为了解答这些问题，需要我们学习道德的功能和作用，科学认识道德的力量。

（一）道德的功能

道德的功能是指道德作为社会意识的特殊形式对于社会发展所具有的功效与能力。

道德的功能集中表现在两个方面：一方面是调解人们之间关系的行为规范；另一方面是帮助人们超越自我、自我完善的重要精神力量。

在道德的功能系统中，它的主要功能有三种：认识功能、规范功能和调节功能。

（1）道德的认识功能是指道德反映社会关系，特别是反映社会经济关系的功效与能力。道德是人的内心与外部世界连接的桥梁，人们通过道德规范和道德评价认识对应的社会关系和社会结构，认识社会发展规律和道德演化规律，找到自己行为的价值坐标。道德从来不是脱离实际生活的桃花源，它与我们的生活息息相关，拥有鲜活的内容。通过道德我们可以认识不同时代的社会情况，以及当时的社会价值观指向。

我国历来提倡"百善孝为先"，但不同时代人们对"孝"这一道德规范的理解是有差异的。下面以社会主义社会和封建时代对"郭巨埋儿奉母"故事迥异的道德评价为例，分析道德对社会的认识功能。

【案例点击】郭巨与母亲居住在客店，夫妻俩靠给人帮佣来租赁客舍供养母亲。不久妻子生一男孩。郭巨心想养儿妨害侍奉母亲，这是一；一般老人吃东西，都喜欢分给儿孙，会减少饭食，这是二。于是就在荒郊野地掘坑，要埋掉儿子，却挖到一个石盖，石头盖子下有黄金一瓦罐，里面有红字书写的信，上面写道："孝子郭巨，黄金一釜，以用赐汝。"于是郭巨名振天下。[①]

【案例评析】在古代，郭巨埋儿得金名震天下，被百姓口口相传。这反映的是当时作为生活、生产、社会治理等多种功能于一身的封建大家庭中家长处于顶端的金字塔式的身份等级结构。对应的是封建社会以家庭为单位的小农经济，唯长为尊才能维护封建社会的价值秩序和社会秩序。

在今天看来，为了供养母亲杀害亲生儿子的行为是违反人性、违反社会道德的行为，也是国家法律所不容的犯罪行为。这反映了当代人与人之间的关系已经由封建社会的人身依附关系转变为社会主义社会的平等、友爱关系。社会关系转变的根源在于社会主义经济关系取代了封建经济关系。

（2）道德的规范功能是指在正确善恶观的指引下，规范社会成员在社会公共领域、职业领域、家庭领域的行为，并规范个人品德的养成，引导并促进人们崇德向善。

（3）道德的调节功能是指道德通过评价等方式，指导和纠正人们的行为和实践活动，协调社会关系和人际关系的功效与能力。这是道德最突

---

① 马银琴. 搜神记译注 [M]. 北京：中华书局，2012：208-209.

出,也是最重要的现实功能。

道德调节功能的实现,主要是借助对人的行为作出道德评价,通过评价指导实践,规范人的行为,从而实现对社会关系的调节,最终使个人、社会与他人的关系逐步完善和谐。现实生活中,人与人之间由于利益关系不同,经常会发生矛盾,这时就需要道德发挥调节功能化解冲突。

在道德的功能系统中,除了上述三项最基本的功能外,还有导向功能、激励功能、教育功能等。这些功能是道德认识、规范、调节功能在某些方面的具体体现,是建立在上述三项最基本功能之上的。

(二)道德的作用

有的同学对功能和作用之间的关系分不清楚,简言之,功能是事物本身具备的能力,作用是能力实现后产生的效果。

道德的作用是指道德功能的发挥和实现所产生的社会影响及实际效果。

在道德作用的问题上,同学们要反对两种极端的看法,就是前面提到的"道德万能论"和"道德无用论"。

"道德万能论"片面夸大道德的作用,认为道德决定一切、高于一切、支配一切,只要道德水平高,一切社会问题都可以迎刃而解。这种观点的根本错误在于,颠倒了社会存在和社会意识、经济基础同上层建筑之间的决定与被决定的关系,否定了物质资料的生产方式在社会发展中的决定作用。我们要坚持马克思主义道德观,明确道德是反映社会经济关系的特殊意识形态。道德的产生、发展和变化,归根结底根源于社会经济关系。道德不能脱离社会潮流和历史发展而存在。

"道德无用论"根本否认道德的作用,或者通过强调非道德因素的作用来否定道德的积极作用,或者通过强调道德的消极因素来否定道德的积极作用。这种观点的根本错误在于,忽视了道德作为上层建筑的重要组成部分,一方面由经济基础所决定,另一方面对经济基础和生产力发展有一定的反作用。人类社会缺少道德必将分崩离析,人类的精神生活也将退回到充满谎言、杀戮和背叛的"丛林状态"。正如康德所言,牛顿力学主宰了星空,而

专题十 道德的基本理论与实践

道德是人类社会的法则。人之所以为人就在于人有道德上的自由能力，能为自己的行为负责，从而使人本身的价值意义成为人行为的目的而非手段。道德就是人们的价值坐标，因而人和人类社会一刻也离不开道德。

道德作用到底表现在哪些方面呢？下面先来看一个案例。

【案例点击】张静静是一位普通的山东援鄂护士，随着湖北抗疫工作完成光荣返乡，隔离期满后即将回家与家人团聚时，却突发心脏骤停再也没能醒来。她年轻的生命永远定格在了32岁。"愿以吾辈之青春，守护盛事之中华"是她的座右铭，她用自己年轻的生命践行着一位医者对国家和人民的深沉之爱。在战疫一线的日记中，她这样记录着自己最大的心愿："我们最渴望的，就是患者的平安，我们最希望的，莫过于患者痊愈出院。今日立春，希望'从此雪消风自软，梅花合让柳条新'，希望从今天开始我们听到的都是好消息！"

就在张静静去世的这天，武汉实现了从1月18日到4月6日80天以来首次因新冠肺炎新增死亡病例为零。我们应该永远记住这个零是怎么来的，记住包括张静静在内众多医生们所付出的牺牲和代价。

张静静的家庭是个典型的奉献者之家。张静静倒在回家前的一步之遥，留下了日夜期盼妈妈回家的5岁的幼女，留下了在非洲援建因疫情无法回国的丈夫。为众人抱薪者，必为众人所铭记。在这个家庭即将破碎之时，我们的国家和人民给了这个小家无穷的力量。张静静抢救期间，山东省委书记刘家义就已坐镇医院要求协调一切资源展开救治。张静静离世后，刘家义慰问了她的家属并协调安排善后事宜。更让人感动的是，在疫情笼罩的层层归国障碍下，国家为张静静的丈夫打开绿色通道，为他包机回国。张静静去世了，全国人民都深感悲痛和惋惜。张静静如果在天有灵，看到祖国的大手温暖地呵护着她这个小家，应该也能安息了吧？有国如此，万民同愿，中国将无惧任何挑战！[1]

---

[1] 中央电视台《新闻联播》2020年4月9日报道《张静静：愿以吾辈青春 守护盛世中华》，http：//news.cctv.com/2020/04/08/ARTISfJqec4znbOmTChgRwuG200408.shtml.

【案例评析】对比浩瀚苍穹，人不过沧海一粟；相较天长地久，人生不过白驹过隙。当人们不再因个人的利益而斤斤计较，总是想着为他人为社会做贡献时，个人的力量通过群体而放大，通过传承而长久。如此，现实中许多平凡的人就有了许多不平凡的境界。

正是因为有无数的"张静静"舍小家为大家甘愿当社会奉献者，我国疫情才很快得到控制，社会秩序保持稳定，人民生活安宁祥和。在以人民生命安全为首要的前提下，将疫情对经济的影响减到最小。这都是道德的力量。

通过这个案例我们可以清晰地看到，道德对个人的作用体现在为人们不断提升精神境界、促进自我完善和全面发展提供持续的内在动力。

我们可以把道德的社会作用总结为以下几个方面：道德为经济基础的形成、巩固和发展服务，是一种重要的精神力量；道德对其他社会意识形态的存在有着重要的影响；道德通过调整人们之间的关系维护社会秩序和稳定；道德是提高人的精神境界、促进人的自我完善、推动人的全面发展的内在动力；在阶级社会中，道德是调节阶级矛盾和对立阶级之间开展阶级斗争的重要工具。

三、如何进行崇德向善的道德实践

道德具有知行合一的实践性。我们学习了马克思主义道德观，并不代表我们就拥有了向上向善的道德品质。只有通过长期、反复道德实践，才能够将其内化于心外化于行。我们一起看看开展崇德向善道德实践的有效途径有哪些？

1. 向道德模范学习

道德模范主要是指思想和行为能够激励人们不断向善且为人们所崇敬、模仿的先进人物。道德模范既包括在一定社会道德实践中涌现的符合特定道德理想类型的人物，又包括人们日常生活中能够近距离感受的具有积极道德影响的人物。学习道德模范的高尚品格和先进事迹，有利于提升全体社会成员的道德素质和社会整体道德水平。大学生要向道德模范学习，崇德向善、见贤思齐，弘扬真善美，传播正能量。

【案例点击】天津师范大学退休干部王辅成30年来，始终坚持义务宣讲"三观"——1500多场义务宣讲，40余万观众思想共鸣，他用实际行动践行着一名老教师、老党员的信仰。

他的宣讲旁征博引、说理透彻，宛如春风沁人心脾。天津大学2009级本科生高一歌在《写给王辅成老师》的一封信中说："听过许多人的演讲，可是没有一次像这样几次欲哭，您的真心、赤子之心，您对人生的感悟和对年轻人的殷殷期盼，如醍醐灌顶，给我强烈的心灵冲击和共鸣。"

不仅是讲课，王辅成还用自己的行为作出表率。他外出宣讲不管多远的路程从不让车接送。主办方硬给他的讲课费他全部捐给了贫困学生。而他一家人却住在只有38平方米的房间里。

王辅成说："我在60岁以前已经写下遗嘱，我得了重症不要抢救，死后要捐献我全部有用的脏器。假如真的有一天因为宣讲'三观'而倒在了讲台上，我把它看成我人生的最大光荣"。[①]

【案例评析】退休之后，他开始了一个人的长征。承诺是宣言书，践行是宣传队，守护是播种机，26年奔走，他收获了数十万青年的成长。这就是我们身边的道德模范王辅成，他的事迹彰显着道德模范的力量！作为新时代的青年，我们应该时时处处以王辅成老师为榜样，做社会良知的守望者、积极传播者和践行者。如果我们的年轻人都能够向正能量聚力，我们的民族一定大有希望。

2. 参与志愿服务活动

志愿服务是指志愿贡献个人的时间及精力，在不求任何物质报酬的情况下，为改善社会、促进社会进步而提供的服务。

【案例点击】武汉疫情防控工作刚开始，"90后""选调生"马竞爽便请求"下沉"到社区，做一名志愿者。他说："每天工作15个小时以上，

---

① 天津师范大学退休干部王辅成：义务宣讲二十四年［N］. 光明日报，2018-03-30（04）.

调转运病人、排查社区情况、为居民买药送菜，24 小时手机开机接听求助电话。"从腊月二十九开始，每天早上 8 点多出门，凌晨 1 点左右回到住处，这就是马竞爽在防疫一线工作的常态。

在武汉，不论深夜或清晨，每个社区门口都有像马竞爽这样的志愿者在坚守和服务。他们来自不同职业，却有着共同的愿望：一起守护武汉。据初步统计，疫情发生以来，武汉全市在社区（村）服务的志愿者已超过 5 万人。这支无私奉献的队伍为抗击疫情作出了重要贡献。①

【案例评析】送人玫瑰，手留余香。对于投身一线的志愿者来说，感动与被感动几乎每时每刻都在上演。志愿服务反映着一个社会的爱心、公心，让志愿者更好发光发热，就要为他们提供充足保障，推动形成尊重志愿者、尊崇志愿精神的社会氛围。做好志愿者的防控保障，呵护好每一颗带着温度的赤子之心，就一定能激发出志愿服务更大的能量。

志愿服务的精神是奉献、友爱、互助、进步。其中，奉献精神是精髓。参与志愿服务活动，一方面，帮助了他人、服务了社会，推动了社会道德水平的提高；另一方面，也把为社会和他人的服务看作自己应尽的义务和光荣的职责，从服务社会和帮助他人中获得成就感和幸福感。志愿服务所体现出来的这种自愿地、不计报酬地服务他人和参与社会公益事业的奉献精神，有助于传递社会关爱、弘扬社会正气、形成向上向善诚信互助的良好社会风尚。

大学生积极投身志愿服务活动要注意三点：一是到最需要的地方去；二是帮助弱势群体；三是做力所能及的事。大学生应在深入社会、体察民情、关爱他人、奉献社会的道德实践中感受善的力量，以实际行动书写新时代的雷锋故事，为实现中国梦有一分热发一分光。

3. 引领社会风尚

大学生要弘扬真善美、贬斥假恶丑，做社会主义道德的示范者和引领者，促成知荣辱、讲正气、作奉献、促和谐的社会风尚。

---

① 他们有个共同的名字叫志愿者［N］．光明日报，2020－03－09（04）．

社会文明状况是社会风尚的重要体现。新时代的大学生作为实现民族伟大复兴重任的中坚力量，其道德状态和精神风貌在很大程度上影响着整个社会的道德状态和精神风貌。大学生要以高度的主人翁精神，积极参与各种精神文明创建活动，为家庭谋幸福、为他人送温暖、为社会作贡献，不断引领社会风尚，提升道德品质。

专题小结

修业必先修德。正如习近平总书记说的那样："道德之于个人、之于社会，都具有基础性意义，做人做事第一位的是崇德修身。一个人只有明大德、守公德、严私德，其才方能用得其所。"[①] 同学们要把正确的道德认知、自觉的道德养成、积极的道德实践紧密结合起来，勤谨修德，锤炼高尚品格，带头倡导良好社会风气，以自己的实际行动促进社会道德进步。

延伸阅读

1. 习近平. 在北京大学师生座谈会上的讲话［M］. 北京：人民出版社，2018.

2. 韦东. 马克思主义经典作家论道德［M］. 北京：中国人民大学出版社，2017.

3. 罗国杰. 社会主义道德体系研究［M］. 北京：中国人民大学出版社，2018.

思考题

疫情面前，没有人是旁观者。党员干部说，我们不向前冲谁向前冲，

---

① 习近平. 在北京大学师生座谈会上的讲话［N］. 光明日报，2018－05－03（02）.

这个重担我们不扛谁来扛；医务人员说，我责无旁贷要去奋战，才能保护更多的人；企业职工说，必须不惜代价，不讲条件，不惧困难……当全国人民众志成城、同心同向，与国家安危融为一体时，就构筑了战胜疫情坚不可摧的精神堡垒。请举例谈一谈，从道德层面观察中国战疫，能得到怎样的启示？

（撰写人：蔡伏虹）

专题十一　吸收借鉴优秀道德成果

教学设计思路

一、教学目的与要求

1. 知识目标：引导大学生了解中华传统美德的基本精神及对其进行创造性转化和创新性发展的方法，掌握中国革命道德的主要内容。

2. 能力目标：使大学生在吸收借鉴中华传统美德、中国革命道德的基础上，培养大学生对社会主义道德建设的思考能力和践行能力，激发大学生自觉遵守社会主义道德的自觉性。

3. 情感和价值观目标：增强大学生对中华传统美德、中国革命道德的认知认同，从而形成文化自信，特别是深层次的价值观自信。

二、针对的学生主要思想困惑

1. 如何传承中华传统美德？
2. 如何理解中国革命道德的当代价值？

三、针对的错误思潮与模糊认识

1. 文化复古论、虚无论。
2. 革命道德过时论。

四、教学难点重点

1. 中华传统美德的基本精神。
2. 中国革命道德的主要内容和当代价值。

五、教学时数

3 课时

教 学 正 文

授课导入

伟大的事业需要深厚的道德根基。如果说器物的发达，物质的繁盛改变的是一个国家外在的面貌，那么思想道德培育的是一个民族内在的风骨和灵魂。习近平总书记曾指出，当高楼大厦在我国大地上遍地林立时，中华民族精神的大厦也应该巍然耸立。我们要实现的中华民族的伟大复兴，不仅需要强大的物质力量，更需要强大的精神力量。中华文化就是我们最好的精神食粮，里面有孔孟老庄的世界，有唐诗宋词的悠远，有天下为公的微言大义，也有仁者爱人的君子之风……这些千百年来的文化盛宴，恰似朗月清风，滋养了一代又一代的心田。而中华传统美德和革命道德是其中璀璨的明珠，蕴藏着中华文化的精髓，积淀着中华民族最深沉的精神追求，那么我们应当如何继承和弘扬这些优秀的道德成果，从而凝聚实现中国梦的道德力量呢？带着这个问题，进入我们今天的学习。

一、如何传承中华传统美德

泱泱古国，悠悠华夏，在五千年的历史文化中，中华传统美德似江河之水，生命之流，奔腾不息。它发端于商周时期，经过两汉经学、魏晋玄学、隋唐佛学、宋明理学等各种不同学术文化思潮的洗礼、激荡、筛选、陶铸，而不断丰富发展，成为世界上最有特色的道德文化体系。在这个恢弘的道德殿堂中，有天下兴亡、匹夫有责的爱国情怀，崇德向善、以和为贵的社会品性，孝悌忠信、仁义礼智的为人情操，也有厚德载物、道济天下的崇高理想。在漫长的社会文明进程中，它春风化雨，润物无声，镌刻在我们民族基因中，形成中华民族普遍的价值标准和行为准则。习近平总书记说："今天，中华民族要继续前进，就必须根据时代条件，继承和弘扬我们的民族精神、我们民族的优秀文化，特别是包含其中的传统美德。"① 可以说，社会主义道德不是无源之水、无本之木，而是植根于民族文化的沃土，是传统美德的延续和升华。中华传统美德内容丰富、博大精深，是人类文明发展的重要精神财富，是社会主义道德建设的源头活水。那么，中华传统美德的基本精神是什么？我们又应该如何传承中华传统美德呢？

（一）中华传统美德的基本精神

1. 重视整体利益，强调责任奉献

古往今来，中华民族就非常重视国家利益、民族利益、社会利益等整体利益，并将其称为"义"，而把个人的私利称为"利"。义利之辩的核心和本质是公私之辩。我们历来主张公义具有至高的价值，"公义胜私欲"是中华传统美德的根本要求，它强调个体对整体的道德义务，提出为社会、为民族、为国家无私奉献的道德要求。在历史的星空中，处处能看到这种美德的光亮，虽九死其犹未悔的屈原，报国何曾惜此身的岳飞，留取丹心照汗青的文天祥……都体现出强烈的为国家、民族的献身精神，这种"公义胜私欲"的美德成为中华民族代代相传的精神血脉和价值基因。

【案例点击】 弘扬民族精神，凝聚抗疫力量②

湖北和武汉是这次疫情防控斗争的重中之重和决胜之地，习近平总书记在武汉考察新冠疫情防控工作时说，"在这次抗击疫情斗争中，武汉人

---

① 习近平谈治国理政（第1卷）[M].北京：外文出版社，2018：181.
② 李志勇.弘扬民族精神 凝聚抗疫力量[N].中国纪检监察报，2020-03-18（03）.

民展现出了不怕牺牲的精神、勇于担当的精神、顾全大局的精神，还有甘于奉献的精神。"从连续奋战三天三夜、英勇牺牲的医院院长，到担心传染别人、让医生离自己远点的善良患者；从拖着打了一块钢板、三颗钢钉的右腿冲在最前的社区书记，到坚持送货、每天完成上百个订单的快递小哥；从把自家酒店房间拿出来、免费让医务人员住的酒店老板，到通宵达旦、给医院赶做1800份早餐的厨师……他们以整体利益为行动导向，凝聚抗疫磅礴力量。

【案例评析】新冠肺炎疫情暴发以来，无数人心连心、共命运，无私无畏、无怨无悔，并肩战"疫"，彰显出无比深沉的家国情怀。无惧风险的白衣战士、日夜守望的社区干部、奋不顾身的人民警察、风雨无阻的外卖骑手、复工复产的企业职工、守望相助的志愿者……他们勇于担当、甘于奉献，汇聚成"一盘棋、一条心、一股劲"的巨大能量，为战胜疫情提供了强大的精神动力。重视整体利益，强调责任奉献，蕴藏着解决突出矛盾和重大难题的中国智慧。在历史的波涛汹涌中，中华民族历经苦难，依然能够屹立不倒、奋勇向前，不是凭借运气的侥幸赏赐，而是义以为上、大公无私的精神促成的必然结果。

2. 推崇"仁爱"原则，注重以和为贵

"仁"是中华传统美德的底色，也是孔孟儒学的精华。"仁"是人之所以为人的根本，具体含义是"爱人"，即一种博大的同情心，能对别人的痛苦和欢乐产生共鸣，感同身受、推己及人，"己所不欲，勿施于人"，"己欲立而立人，己欲达而达人"。"仁爱"是善行义举的精神源泉，有仁德的人会用爱心去对待人，既自爱又爱人，既自尊又尊人。

【案例点击】张伯礼：以仁战"疫"，不辱使命[①]

天津中医药大学校长、中国工程院院士、72岁的张伯礼从大年初三就坚守江城，战斗在最前沿，劳累过度致胆囊炎发作，胆囊摘除术后三天就继续投入抗"疫"工作。这并不是张伯礼第一次临危受命。17年前，在抗

---

① 谢沁立. 医者伯礼 仁心接力 [N]. 光明日报，2020-04-19 (01).

击"非典"前线，处处可见他奔波的身影，对他来说，披荆"逆行"仿佛是他天生的使命。不同的是，那一年，他未及花甲；这一次，他已逾古稀。他深入病区，给重症会诊，为轻症高龄患者把脉，把患者变为朋友；在科研上，为摸索实验条件，建立基础数据库，他连续8次抽取自己的静脉血。

【案例评析】 千百年来，仁爱思想薪火相传，构成了当代中国人的文化之源、精神之基。张伯礼的逆行和坚守，生动地诠释了医者仁心，这种爱既是互尊互爱，也是博大的、有人格情怀的无私大爱。当然，还有更多默默无闻的医务人员，用仁爱和善举为我们筑起了一道生命的防护墙。

从"仁爱"精神出发，古人强调社会和谐，讲求和睦友善，倡导团结互助，追求和平共处。中华民族历来重视"亲仁善邻、协和万邦"，形成平等相待、互相尊重的睦邻友好关系。推崇仁爱原则，崇尚和谐、爱好和平是中华民族的优良传统和高尚品德。新冠疫情无国界，任何人和任何国家都难以独善其身，只有和衷共济、守望相助才能共渡难关。无论是"千里同好，坚于金石""青山一道，同担风雨"的中国古语，"道不远人，人无异国"的韩国诗句，还是"我们是同海之浪，同树之叶，同园之花"的意大利哲学家名言，这些写在对外援助物资上的简短而真挚的寄语，表达了中国人民大爱无疆的仁者风范，中国政府协和万邦、兼济天下的大国担当。

3. 提倡人伦价值，重视道德义务

人类最基本的关系，就是人伦关系。无人伦思想，人类社会无异于动物世界。中华传统美德的一个重要特点，就是非常重视每个人在人伦关系中的地位及其价值，人们要根据人伦关系，履行道德义务。从孟子的"五伦"，"父子有亲、君臣有义、夫妇有别、长幼有序、朋友有信"，到董仲舒的"五常"，"仁、义、礼、智、信"，建构了古人最基本的道德坐标。习近平总书记曾指出："尊老爱幼、妻贤夫安，母慈子孝、兄友弟恭，耕读传家、勤俭持家，知书达礼、遵纪守法，家和万事兴等中华民族传统家庭美德，铭记在中国人的心灵中，融入中国人的血脉中，是支撑中华民族生生不息、薪火相传的重要精神力量。"①

4. 追求精神境界，向往理想人格

人有物质生命和精神生命，有了物质人能生存，有了精神才谈得上生活，动物生存，而人则生活。中华民族历来重视精神追求，认为人之所以异于动物，就在于人还追求崇高的精神境界，把道德理想的实现看作人生最高层次的需要。从先秦儒家"一箪食，一瓢饮，在陋巷，人不堪其忧，回不改其乐"的"孔颜乐处"，到"为天地立心，为生民立命，为往圣继绝学，为万世开太平"的"横渠四句"，勾画出中华民族的精神坐标。这些传统的道德思想，对人们增强道德信念，提高道德水平具有积极的导向和激励作用。

【案例点击】2019年3月，习近平总书记在意大利进行国事访问时，意大利众议长菲科问习近平，当选中国国家主席时是一种什么样的心情。习近平回答，这么大一个国家，责任非常重、工作非常艰巨。我将无我，不负人民。我愿意做到一个"无我"的状态，为中国的发展奉献自己。②

【案例评析】"我将无我，不负人民"，是一份庄重承诺，也是一种公开勉励，真切表达了一个东方大国领袖对人民的无限担当，对自我的严格要求，这是中国共产党人的最高境界。在此次疫情防控斗争中，以习近平总书记为核心的党中央强调要始终把人民群众生命安全和身体健康放在第一位，要坚决做到应收尽收、应治尽治。习近平总书记心系人民，深入一线；依靠人民，广泛动员，始终将人民群众的福祉、安全、健康作为疫情防控的出发点与落脚点，生动反映着以民为本、为民造福的人民情怀。

5. 强调道德修养，注重道德践履

在塑造理想人格的过程中，最重要的就是奋发向上、切磋践履、修身养性。"德者，得也"，外得于人，内得于己。没有持续的道德实践，"道

---

① 习近平. 在会见第一届全国文明家庭代表时的讲话［EB/OL］.（2016-12-15）［2021-03-15］. http://www.xinhuanet.com/politics/2016-12/15/c_1120127183.htm.

② 习近平：我将无我，不负人民［EB/OL］.（2019-03-24）［2021-05-25］. www.xinhuanet.com/2019-03/24/c_1124275623.htm.

德"就只能是外在的规范,并不能塑造人们的德性。善心为始,善行为终,才是道德的圆满。古人把"修身齐家治国平天下"紧密地联系在一起,修身是前提和基础。立德为先,修身为本,是人成长成才的基本逻辑。

(二)中华传统美德的创造性转化和创新性发展

中华传统美德,不仅有天下大道之志,也有个体安身立命,实现理想之路。然而,时光流转,裹身在如今这个快速发展的时代,有些人认为传统道德已经游离于时代之外,应该被扫进历史的尘埃中。在全面深化改革和推进社会主义现代化建设的今天,我们如何对待传统美德,处理传承和发展的关系呢?

在对待传统道德的问题上,有两种错误思潮值得我们高度警惕:复古论和虚无论。复古论把传统道德视为高大全的道德体系,不加分析地照搬照抄,全盘肯定。他们没有看到传统文化中的糟粕性、封建性和局限性的一面,主张用中国传统道德代替社会主义道德,用所谓新儒学取代马克思主义理论,这种论调不仅不利于我们弘扬中华优秀传统道德,而且会给我们今天的现代化建设带来严重危害。虚无论把中华文化的民族性、传统性贬得一无是处,把中国传统道德视为沉重的包袱、历史的惰力。他们主张要反传统,彻底摆脱中国文化的传统形态,从根本上改变和彻底重建中华文化。这种不分青红皂白全盘否定的思想,不仅在理论上是全然错误的,而且在实践上十分有害。这两种错误思潮,都割裂了道德历史与发展的关系,都不利于社会的发展和道德的进步。

不可否认,传统道德中有其糟粕的部分,与现代社会存在冲突,但也有其精华的部分,为我们提供了丰富的道德资源。我们要在去粗取精、去伪存真的基础上坚持古为今用、推陈出新,努力实现中华传统美德的创造性转化和创新性发展。一方面结合时代要求继承创新,加强对传统美德的挖掘和阐发,使其在新的历史条件下焕发出强劲的精神活力;另一方面用中华传统美德滋养社会主义道德建设,使其枝繁叶茂,结出凝聚真正中国魂、中国精神、中国梦的硕果。

二、中国革命道德过时了吗?

提起道德,我们大家都很熟悉,而谈到革命道德,可能有同学会觉得这个词离我们很遥远,我们大都是"00后",幸福地生活在和平时期,早已不是金戈铁马血染疆场执干戈以卫社稷的战争时代,那种轰轰烈烈气壮山河的革命精神我们感受不到。在如今刀枪入库、马放南山的和平年代,还有必要谈革命道德吗?革命道德对我们而言还有什么用?中国革命道德真的过时了吗?这需要我们首先了解什么是革命道德,革命道德是怎样形成和发展的。

(一) 中国革命道德的形成和发展

革命道德,顾名思义,是在革命时期形成的道德。中国革命道德是指中国共产党人、人民军队、一切先进分子和人民群众在中国革命、建设、改革中所形成的优秀道德,是马克思主义与中国革命、建设、改革的伟大实践相结合的产物,是中华民族极其宝贵的道德财富。

就其形成和发展历程而言,与中国共产党的奋斗历史相一致。在1840年的历史坐标上,中国人的精神气质在鸦片的烟雾缭绕和西方列强的践踏下几乎消耗殆尽。面对"千年未有之变局",无数仁人志士踏上了救亡图存之路。1921年,中国共产党的成立,使得对革命的追求有了坚强的领导力量。中国革命的探索过程是艰辛的,经过蓬勃发展的伟大工人运动和农民运动,经过土地革命战争、抗日战争、解放战争以及社会主义革命、建设、改革的长期发展,累积的民族气节、爱国精神与道德力量弥足珍贵,造就了中国革命精神和革命道德。

中国革命道德,既来自丰富的道德实践,也源自中国革命斗争的长期性、艰巨性与复杂性。它是我们克服一切困难的重要精神支柱,是战胜千难万险的重要力量源泉。中国革命道德是中华传统美德的延续和发展,传承和弘扬中国革命道德,是弘扬中华美德的应有之义,是加强社会主义道德建设的客观需要,也是激励大学生锤炼优良道德品质的必然要求。

（二）中国革命道德的主要内容

中国革命道德具有丰富而独特的内涵，既包括革命道德的原则、要求、态度、修养、风尚等方面，也包括革命理想、革命精神等方面，具有丰富的内容。

（1）为实现社会主义和共产主义理想而奋斗，是中国革命道德的灵魂。中国共产党人在新民主主义革命和社会主义革命时期，团结带领广大人民群众不畏艰难困苦，经过长期的斗争，不惜抛头颅洒热血，就是为了在中国实现社会主义和共产主义这样一个美好而远大的理想。有了这样一个高尚的道德灵魂作为支撑，任何困难都微不足道。

（2）全心全意为人民服务，体现了中国革命道德的价值追求。真心实意为广大的人民群众谋利益，想人民所想，急人民所急，是中国革命道德的基本要求。战争年代，邱少云、黄继光等为了新中国抛头颅洒热血，毫不利己、专门利人是为人民服务；社会主义建设时期，党的好干部焦裕禄、孔繁森等，为造福一方百姓，舍小家顾大家，拼命工作公而忘私，最后牺牲在工作岗位，是为人民服务；疫情之中，各行各业的一线工作者，坚守职责、无私奉献，也是为人民服务。不论是新民主主义革命时期，还是社会主义建设时期，为人民服务始终是贯穿中国革命道德的一根红线，是中国共产党在革命实践中的一个伟大创造，对中国的革命、建设、改革事业，产生了极其重大的推动作用。

（3）始终把革命利益放在首位，是革命者的行动准则。正是由于革命者始终把革命利益放在首位，才保证了革命队伍的团结统一和中国革命的最终胜利。毛泽东曾说："革命者必须以革命利益为第一生命，以个人利益服从革命利益。"[1] 无数的革命先烈，正是为了革命利益舍生忘死，才换来了新民主主义革命的胜利，建立了新中国。广大共产党人正是为了革命利益舍小家顾大家，才在中国建成了社会主义社会。

（4）树立社会新风，建立新型人际关系，体现了革命者在社会层面的

---

[1] 毛泽东选集（第2卷）[M]. 北京：人民出版社，1991：361.

追求。中国革命道德破除了等级观念和特权思想，破除了鄙视劳动和劳动人民的旧道德观念，树立了平等意识，保护了妇女、儿童和老人的合法权益，引导建立新型家庭关系和培育良好家风，对于提升人民群众的文明水准和道德风貌，树立社会新风尚，发挥了重要作用。

（5）修身自律，保持节操，体现了革命者对自身道德修养的重视。加强个人道德修养是能够影响革命成败的大事，关键在于自省自律、保持节操，努力使自己成为道德高尚的人、永葆共产党人的高风亮节。

（三）中国革命道德的当代价值

（1）有利于加强和巩固社会主义和共产主义的理想信念。列夫·托尔斯泰说："理想是指路的明灯，没有理想，就没有坚定的方向，就没有真正的生活。"① 罗曼·罗兰说："最可怕的敌人，就是没有坚强的信念。"② 理想是行动的先导，信念是成功的基石。理想信念，若建立在科学认识的基础上，就会坚不可摧，成为人们战胜一切艰难险阻的强大精神力量。实现社会主义和共产主义的理想信念是中国革命道德的灵魂，中国共产党领导"小米加步枪"的人民军队能够战胜430万"武装到牙齿"的国民党军队，强弱和胜败的易位证明了理想信念不仅事关个人，更关乎民族的历史命运。在全面深化改革的今天，改革本身也是一种具有中国特色的现代意义上的中国"革命"。弘扬中国革命道德，有利于广大人民群众树立坚定的社会主义和共产主义理想信念，廓清现实迷雾，笃志毅行，牢牢把握实现中国梦的前进方向，推动中华民族在伟大复兴之路上不断阔步前行。

（2）有利于培育和践行社会主义核心价值观。社会主义核心价值观包含国家、社会、个人三个层面的价值追求，事实上，很多价值本身就是直接来自中国革命道德。数十载革命征程，中国革命道德作为红色基因已经深入国人的血脉，成为一种自觉的价值追求。这就为当前培育和践行社会主义核心价值观创造了良好的先决条件。继承和弘扬革命道德，有利于我

---

① 高兴国，等. 世界名言警句精选［M］. 北京：中国展望出版社，1992：16.
② 高兴国，等. 世界名言警句精选［M］. 北京：中国展望出版社，1992：28.

们深刻理解社会主义核心价值观的科学内涵和历史底蕴，增强价值观认同，为社会主义事业提供强大精神支撑。

（3）有利于引导人们树立正确的道德观。中国革命道德内容丰富、历久弥新，其中蕴含的追求真理、艰苦奋斗、严于律己、爱国奉献等精神，无论是在血与火的战争年代，还是和平盛世，都是人们应该崇尚、追求和坚守的美德。在中国特色社会主义市场经济加速发展的今天，我们所大力提倡的中国精神，不管是以爱国主义为核心的民族精神，还是以改革创新为核心的时代精神，都离不开中国革命道德的滋养。

（4）有利于培育良好的社会道德风尚。我们生活在一个伟大的时代，经济快速发展，取得了举世瞩目的成就，社会道德风尚主流积极、健康、向上，但是在一些领域道德失范，拜金主义、享乐主义滋长，诚信缺失、贪污腐败等问题，严重损害了人民群众利益，腐蚀了人们的灵魂，污染了社会风气。要解决道德领域的突出问题，就要充分发挥革命道德的力量，荡涤这些泛起的思想沉渣，培育良好的社会道德风尚，提高全社会的思想道德水平。

【案例点击】 抗疫精神，弘扬中国革命道德的奋进力量①

抗疫战场，虽不见刀光剑影，却始终是生死的博弈场。与时间赛跑、与病毒抗争，在那些为挽救生命而奋战的日日夜夜里，战斗在一线的医务人员白衣执甲，以超常的体力、智力，为疫情防控工作作出了重要贡献。还有一声令下"召之能战"的解放军官兵，在基层一线不辞辛苦的社区工作者、基层干部、志愿者等接力弘扬革命精神中的优秀道德和优良传统，始终把人民群众利益放在首位，表现出对抗疫使命的明确认知与抗疫责任的自觉担当，以高度的政治自觉、思想自觉、行动自觉，共同筑牢一道护卫生命的钢铁长城。

【案例评析】 1951年，《人民日报》刊登了魏巍写的一篇影响了数代人的报告文学《谁是最可爱的人》，赞扬我们的战士，因为他们经受了战

---

① 王向明. 致敬，新时代最可爱的人 [N]. 光明日报，2020-04-15 (07).

场的血与火的考验,弘扬了革命精神,捍卫了国家民族的尊严。疫情期间,习近平总书记称赞医务人员是新时代最可爱的人。在送行的海报上,"谢谢你们,为我们拼过命"是对新时代最可爱的人的注解。不同的是战场,但不变的是"国家兴亡、匹夫有责"的责任传承,这种"苟利国家生死以"的爱国精神,接续的正是中华民族亘古绵延的精神密码。这些抗疫战士弘扬"舍生忘死、迎难而上、敢于胜利"的抗疫精神,将共产主义的崇高信念、求真务实的优良作风、艰苦奋斗的坚强意志、爱护群众的人本意识、无私奉献的高尚情操,构筑成他们奋进的力量。革命道德从未过时,它不仅昂扬在战火硝烟、铁马秋风中,也在如今的长街短巷、市井烟火里薪火相传、血脉永续,成为中华民族生生不息的道德力量。

总之,了解中国革命道德,就是在了解中国共产党的奋斗历史,继承和弘扬中国革命道德,就是在牢记历史。不忘过去,才能开创未来,善于继承才能更好创新。虽然我们没有经历过战火纷飞的时期,但是中国革命道德是马克思主义中国化的重要理论成果之一,是中华民族振兴的精神脊梁。我们只有深刻了解中国革命的艰苦实践,才能真正体会中国革命道德的本质内涵、当代价值。

三、如何借鉴人类文明优秀道德成果

不拒众流,方为江海;海纳百川,有容乃大。建设社会主义道德,不仅需要继承中华传统美德,发扬中国革命道德,而且需要借鉴人类文明优秀道德成果。

(一) 借鉴和吸收人类文明优秀道德成果的必要性和重要性

1. 吸收借鉴国外优秀道德成果是自觉顺应人类文明和道德发展规律的要求

人类文化和文明发展进步的过程表明,一种文化和文明与异质文化和文明的交流碰撞、冲突和融合,是保持其生命力,实现自我更新和协调发展的重要机制。当今世界已经进入全球化时代,各国已形成你中有我,我

中有你的命运共同体,任何一个国家的文明发展和道德进步都必然受到其他国家的影响。不同文化或道德只有在保持自身特色的同时,以开明开放的态度相互包容,相互融通,才能共同发展,共同繁荣,真正做到不仅"各美其美",而且"美人之美,美美与共"。中华文明发展的历史经验一再表明,只有交流互鉴,一种文明才能充满生机。盛唐时期是中国历史上对外交流的活跃期,习近平总书记曾指出:"唐代中国通使交好的国家多达70多个,那时候的首都长安里来自各国的使臣、商人、留学生云集成群。这个大交流促进了中华文化远播世界,也促进了各国文化和物产传入中国。"①

从道德形成和发展过程看,每一个民族或国家都有自己优良的道德传统,都对促进道德的发展作出过不同程度的贡献,其中不乏超越时代、国家、民族乃至阶级界限的真知灼见,为人类道德进步提供了丰富的资源。

2. 吸收借鉴国外优秀道德成果是大力建设中国特色社会主义道德的需要

人类文明丰富多彩,每一种文明都是独特的,凝聚着一个国家民族的非凡智慧和精神追求。人类只有肤色、语言之别,文明只有姹紫嫣红之别,但绝无高低优劣之分。各种人类文明在价值上是平等的,世界上不存在十全十美的文明,也不存在一无是处的文明。人类文明因多样才有交流互鉴的价值,因平等才有交流互鉴的前提,因包容才有交流互鉴的动力。习近平总书记说:"我们不仅要了解中国的历史文化,还要睁眼看世界,了解世界上不同民族的历史文化,去其糟粕,取其精华,从中获得启发,为我所用。"② 这为我们今天建设中国特色社会主义文化和道德,指明了方向,提出了明确的要求。

---

① 习近平在联合国教科文组织总部的演讲[EB/OL].(2014-03-28)[2021-03-15]. http://www.xinhuanet.com/politics/2014-03/28/c_119982831.htm.
② 习近平在中央党校建校80周年庆祝大会暨2013年春季学期开学典礼上的讲话[EB/OL].(2013-03-04)[2021-03-15]. http://theory.people.com.cn/n/2013/0304/c49169-20670182.html.

(二) 如何借鉴和吸收人类文明优秀道德成果

（1）要坚持马克思主义指导思想，坚定中国特色主义的道路和方向。要用马克思主义的立场、观点和方法，对外来文化或道德成果进行具体分析、科学辨别的同时，增强民族文化和民族道德自尊和自信，讲好中国故事，传播好中国声音，阐释好中国特色。

（2）要坚持以我为主，为我所用，批判继承其他国家的道德成果。古人云"橘生淮南则为橘，生于淮北则为枳"。对国外优秀道德成果，无论吸收、交流，还是借鉴，都一定从我国的基本国情出发，从我国道德发展的现实需要出发，批判继承其他道德成果。

专题小结

社会主义道德是实现中华民族伟大复兴中国梦的强大精神力量。中华传统美德是社会主义道德的根源与命脉；中国革命道德是对中华传统美德的继承和发展，有极其宝贵的价值。大学生应自觉传承并弘扬中华传统美德和中国革命道德，同时以开放的胸怀和视野吸收借鉴人类文明优秀道德成果，不断深化对社会主义道德的认识，做社会主义道德的示范者和引领者。

延伸阅读

1. 习近平. 在纪念孔子诞辰2565周年国际学术研讨会暨国际儒学联合会第五届会员大会上的讲话［N］. 人民日报，2014-09-25.

2. 李建华. 中国道德文化的传统理念与现代践行研究［M］. 北京：经济科学出版社，2016.

3. 罗国杰. 中国革命道德［M］. 北京：中国人民大学出版社，2013.

专题十一 吸收借鉴优秀道德成果

思考题

为什么说中国特色社会主义道德是对传统美德和革命道德的继承和发展?

（撰写人：张丽娟）

专题十二 社会主义道德的核心、原则及其规范

教学设计思路

一、教学目的与要求

1. 知识目标：深刻理解社会主义道德的核心、原则的科学内涵，熟悉社会主义道德规范的内容。

2. 能力目标：引导大学生用马克思主义道德观去认识和理解社会主义道德的核心和原则；结合日常社会生活现象领悟社会主义道德规范的内容和要求，并用于指导规范约束自己的日常行为，自觉讲道德尊道德守道德。

3. 情感和价值观目标：引导大学生树立起正确的道德价值观和规范意识，正确处理国家、集体和个人的关系，自觉明大德守公德严私德。

二、针对的学生主要思想困惑

1. 为什么社会主义道德的核心是为人民服务？
2. 如何理解社会主义道德的原则是集体主义？

三、针对的错误思潮与模糊认识

1. 为人民服务只适合于党员干部，不适合推广要求。

2. 现在大家比较看重个人利益，集体主义就是个宣传口号。

四、教学重点难点

1. 社会主义道德的核心、原则的科学内涵。
2. 社会公德、职业道德、家庭美德和个人品德的基本规范和要求。

五、教学时数

3 课时

教学正文

授课导入

在这一专题的学习中，要重点理解和掌握社会主义道德的核心和原则的科学内涵，并在此基础上熟悉社会主义道德在社会公德、职业道德、家庭美德和个人品德等方面的基本要求，从而树立正确的道德价值观和规范意识，正确认识和处理国家、集体和个人的关系。

这一专题围绕社会主义道德建设，主要涉及三个关键词：核心、原则及规范。

道德的历史发展、历史经验告诉我们，任何社会的统治阶级都会站在自己的立场提出社会道德的核心和原则，而这一核心和原则又会给具体的社会道德规范的内涵起一个定向的作用。

所以，加强社会主义道德建设，理所当然，我们需要理解掌握社会主义道德的核心和原则，并在此基础上，熟悉社会主义道德规范的具体要求，培养我们的道德品质，提升我们的道德素质。本专题的学习内容将围绕三个问题展开，分别是如何理解为人民服务是社会主义道德的核心？为什么集体主义是社会主义道德的原则？社会主义道德的基本规范要求有哪些？

一、如何理解为人民服务是社会主义道德的核心

道德的核心问题实际上是一个为什么人服务的问题，对这一问题的回答决定并体现着一个社会道德建设的根本性质和发展方向，规定并制约着道德领域的所有道德现象。社会主义道德的核心是为人民服务。为人民服务是中国共产党人把马克思主义基本原理与中国革命、建设、改革的具体实践相结合的伟大创造。它不仅是坚持历史唯物主义的必然要求，是中国共产党践行的根本宗旨，同时也是社会主义道德观的集中体现，是全体中国人民共同遵循的道德要求。

（一）什么是人民

为了更好地理解为人民服务这一社会主义道德的核心，我们需要对其中"人民"的概念有准确的把握，否则，容易出现对为人民服务的一些误读，先来看两个案例。

【案例点击】2018年1月，一批刚从军校毕业的学员登上了开往分配地的列车，几乎占满整个车厢，一些没有买到坐票的乘客怨声载道，嘟囔着为什么当兵的不给让座，还有乘客在旁附和道"你以为当兵的会像电视剧中演的那样给你让座？好人没有那么多！"五分钟后火车开始平稳行驶了，只听见人群中传出一句话："我们都站起来，给没有座位的人让个座。"学员们纷纷起立。这件事在网上被曝光以后，有网友们表示很生气，纷纷留言指责这些"巨婴"乘客！为什么买到坐票的军人，必须给没买到票的乘客让座呢？随后，国防部新闻发言人吴谦就此事表示：第一，全心全意为人民服务是人民军队的宗旨；第二，军人的合法权益必须得到维护。[1]

【案例点击】陈女士所居住的地方几年前地下水枯竭，后由社区协调送水解决日常用水问题。2017年12月31日，她计划当日在家举办生日宴席，并提前两天向社区提出用水申请，但12月30日中午，饮用水仍没有

---

[1] 军人被无端要求让座？国防部发言人两句话回应！[EB/OL].（2018-01-26）[2021-03-15]. https://news.sina.com.cn/o/2018-01-26/doc-ifyqyqni3411131.shtml.

专题十二 社会主义道德的核心、原则及其规范

送到。之后，陈女士和家人先到天王社区，后又到温江区政府，一直等到31日凌晨，被告知社区将安排人处理，让她们到永宁镇人民政府去等待。在永宁镇人民政府值班室内，天王社区党总支书记周旭接待了陈女士，就她所反映的用水问题答复说，"为人民服务不是为公民服务，你不是人民"，并为她讲解"公民"与"人民"的区别。①

【案例评析】

这两个案例都提到了为人民服务，但是这两个案例中对为人民服务的理解都存在问题，我们该如何去澄清呢？其实，这里就涉及对"人民"这个概念的理解出了问题。

在第一个案例中，没有座位的乘客在军人面前，觉得自己就是"人民"，军人就该为人民服务，而"我"就是"人民"，那就应该为我服务，给我让座。这也是日常生活中一部分人常有的心态，"我就是人民，为人民服务就是为我服务"。实际上，人民是一个集合概念，不是指单个的个体，我是人民当中的一员，但我不代表全部的人民。如果要把为人民服务替换成为我服务，这其实不是为人民服务，而是一种自私自利的想法。

第二个案例中的现象会出现在极少数的党员干部身上。他们把"为人民服务"误读成"我是为人民服务，不是为你服务"，就像那位周书记更是语出惊人"为人民服务绝对不是为公民服务，你只属于公民，不属于人民"。这位书记显然没有意识到，人民是个政治概念，是相对敌人而言的；公民则是个法律概念，以有无国籍为区别。一句"你只属于公民不属于人民"，实际上反映出的是一种简单粗暴不办实事的懒政，背后潜存的是对人民群众拒斥的风险，透支的是党和政府的公信力，伤害的是党群干群鱼水情，违背的是中国共产党"为人民服务"的根本宗旨。

人民是一个历史的、政治的范畴。毛泽东同志在《关于正确处理人民内部矛盾的问题》中指出："人民这个概念在不同的国家和各个国家的不

---

① 群众反映饮水问题被怼"不是人民"当事官员被免 [EB/OL]. (2018-01-20) [2021-03-15]. http://news.sina.com.cn/o/2018-01-20/doc-ifyqtycx0664209.shtml.

同的历史时期有着不同的内容……在现阶段,在建设社会主义的时期,一切赞成、拥护和参加社会主义建设事业的阶级、阶层和社会集团,都属于人民的范围;一切反抗社会主义革命和敌视、破坏社会主义建设的社会势力和社会集团,都是人民的敌人。"①

在我国社会主义现代化建设的新时期,全体社会主义劳动者、拥护社会主义的爱国者、拥护祖国统一的爱国者,都属于人民的范围。

(二) 为什么社会主义道德的核心是为人民服务

1. 为人民服务是社会主义经济基础和人际关系的客观要求

在社会主义初级阶段,我国实行公有制为主体和按劳分配为主体的基本经济制度,这是为人民服务的根本制度保证。这一基本经济制度决定了,在社会主义社会,各行各业的劳动者和建设者只是社会分工不同,没有高低贵贱之分。每个劳动者都在为社会、为他人同时也是为自己而工作。每个人都是服务对象,又都为他人服务。在此基础上逐步形成的团结互助、平等友爱、共同进步的人际关系,是为人民服务的基础。不难看出,社会主义的经济基础和人际关系客观上要求社会主义道德建设必须以为人民服务为核心。

2. 为人民服务是社会主义市场经济健康发展的要求

【课堂提问】有人认为,现在是市场经济时代,逐利是市场经济的天性,大家都忙着挣钱,这个时候讲为人民服务还有实际意义吗?市场经济强调个人利益,与为人民服务的精神能并存吗?

【教师讲解】产生上述疑惑的原因,主要是没有正确认识为人民服务与社会主义市场经济的关系。在我国,社会主义为市场经济规定了方向,这就决定了社会主义的市场经济本质上是要求为人民服务。这里的为人民服务不仅是指商品生产本身所包含的利他性,即社会主义市场经济需要通过服务甚至是优质服务,才能实现市场主体的利益,也就是马克思所说

---

① 毛泽东文集(第7卷)[M].北京:人民出版社,1999:205.

专题十二 社会主义道德的核心、原则及其规范

的,"要生产商品,他不仅要生产使用价值,而且要为别人生产使用价值,即生产社会的使用价值。"① 这里的为人民服务更在于强调每个市场主体要有为人民服务的思想,自觉积极地为人民服务、为社会服务,把自身的特殊利益同国家和人民的共同利益结合起来。所以,在社会主义市场经济条件下,为人民服务非但没有过时,反而是市场经济能够得以长远发展的一个决定性的条件。

3. 为人民服务是先进性要求和广泛性要求的统一

【课堂提问】可能有的同学会想,"为人民服务"好是好,不过这不应该是对党员干部的要求吗?我既不是党员也不是干部,我可以不需要为人民服务吧?

【教师讲解】不是的,道德作为人们行为的规范,它本身必然包含着从低到高的多层次的要求。当为人民服务成为社会主义道德建设的核心时,为人民服务的思想就逐渐贯穿于公民道德建设全过程,贯穿于各种具体道德规范之中,覆盖道德领域的全范围,从而也就成了全体公民的基本道德遵循。

为人民服务,既伟大又平凡,既高尚又普通,它并非高不可攀、远不可及,而是可以通过不同层次、不同形式表现出来。在今天,毫不利己、专门利人、无私奉献是为人民服务,顾全大局、先公后私、爱岗敬业、办事公道是为人民服务,同志间、师生间、同学间互相关心、互相爱护、互相帮助是为人民服务,热心公益、助人为乐、见义勇为、扶贫帮困、扶残助残也是为人民服务,遵纪守法、诚实劳动并获取正当的个人利益同样也是为人民服务。那种认为为人民服务只适于党员干部而不能推广到全体人民的看法是一种误解。

新冠肺炎疫情发生后,全国广大的科研人员、医务工作者、人民解放军、公安民警、疾控工作人员、社区工作者、新闻工作者、志愿者等各行各业各类群体,无私无畏敬业奉献坚守岗位职责,既有共产党员的勇于担

---

① 马克思恩格斯选集(第2卷)[M]. 北京:人民出版社,2012:101.

当，冲锋在前，也有广大普通百姓的积极参与。疫情期间，全民响应国家号召，不出门、不聚集，宅家共抗疫情，这些也都属于为人民服务、为社会作贡献。

所以说，只要一个人对社会、对他人尽了心、尽了力、尽了职，他的言行就具有道德价值。

为人民服务是社会主义道德区别和优越于其他社会形态道德的显著标志。大学生践行为人民服务，就是要弘扬为人民服务的精神，尊重人、理解人、关心人，为人民、为社会多做好事、多作贡献。

二、为什么集体主义是社会主义道德的原则

从道德建设本身来讲，道德是处理人际关系的行为规范。"为什么人服务"是要在个人与国家、社会、集体的关系中来体现的。在处理个人与国家、社会、集体关系的过程中，必然遇到一个以什么为主的问题，特别是当个人与国家、社会、集体发生矛盾的时候，是个人服从国家、社会、集体，还是国家、社会、集体服从个人？这里就有一个遵循什么原则的问题。

社会主义道德遵循集体主义原则。在我国，社会主义的经济制度和政治制度决定了个人利益与国家利益、社会整体利益的一致性，并由此产生了共同的社会理想和价值目标追求，反映在道德上，就形成了集体主义的道德原则。

但是，自我国建立社会主义市场经济体制以来，伴随着利益主体的多元化，有关集体主义的质疑和分歧也开始出现。有人认为集体主义没有个人，是对个人的压制、对个性的扼杀；有人认为我国现今实行的是市场经济体制，集体主义已经过时，应由个人主义取而代之；还有人认为集体主义好是好，但难以践行，还是想想自己比较简单。

以上认识都是对集体主义的误解。要澄清误解，就需要我们正确理解集体主义的科学内涵。其中，准确把握"集体"的概念和其所代表的利益范围又是前提。

（一）集体主义中的"集体"是什么

集体主义中的"集体"是什么？关于这个问题，我国著名伦理学家罗国杰认为："集体主义中的'集体'有两个层次的内容。它既可表现为作为国家、民族、社会等一般意义上的'集体'，也可表现为当前市场经济条件下，各种不同的、局部的集体。这里的集体，既有一般意义上的集体，又有个别意义上的集体……在当前的市场经济条件下，尽管各种具体的、特殊的、个别的集体，有着不同层次不同性质的差异，但在社会主义社会中，在马克思主义指导下，在社会主义的政治、经济、文化和道德的诱导下，它们都必然受到社会主义集体的制约和引导。所以，在道德原则上，同样适用社会主义的道德原则。那种以市场经济为原因而否定集体主义原则的理论是不能成立的。"①

"从我国社会主义社会现实的总的情况来看，我国社会中大多数的'集体'基本上都是能够体现它的成员利益的集体。"② 但那些打着"集体"的旗号，谋取一时一地的局部的小集团利益的行为，如地方保护主义、小团体主义等不是真正的集体主义，实际上这是一种放大了的个人主义、利己主义，并不适用社会主义的集体主义原则。

【案例点击】 大理征用重庆口罩事件

2月初，云南省大理白族自治州大理市卫健局发出《应急处置征用通知书》，紧急征用从云南省瑞丽市发往重庆市的9件口罩。据相关报道，这批物资是重庆市政府指定企业采购用于重庆市疫情防控的紧急物资。重庆方面曾向大理市卫健局发函索要，但大理方面称口罩已分发使用。③

消息曝光后引起了不少网友的热议，同学们如何看待这一事件呢？

【案例评析】 大理征用口罩之时，全国疫情防控正处于关键时期，口罩是性命攸关的重要防控物资。大理给出的理由是物资紧缺，考虑到本地

---

① 罗国杰. 关于集体主义原则的几个问题 [J]. 思想理论教育导刊, 2012 (6): 39.
② 罗国杰. 关于集体主义原则的几个问题 [J]. 思想理论教育导刊, 2012 (6): 39.
③ 新华网：大理你"欠理"了 [EB/OL]. (2020-02-06) [2021-03-30]. https://news.sina.com.cn/c/2020-02-06/doc-iimxxste9259637.shtml.

的需求。这种急迫心理是可以理解的，但是我们知道这一次疫情是全国性的，大理截留的口罩是重庆市和黄石市的，而当时的相关数据显示，黄石市和重庆市的疫情远比大理严重。

在这场疫情防控战中，集体是国家和人民，集体利益就是最大程度地确保全国人民的生命安全和身体健康。要取得全国抗疫的胜利，保护国家和最广大人民的生命安全和身体健康，全国各地各部门必须要有大局意识和全局观念。如果各地各自为战，各行其是，是不可能发挥全国一盘棋的制度优势，也不可能汇聚抗击疫情的强大合力，也就不可能最大程度地确保国家和人民的整体利益。大理征用重庆市和黄石市口罩这样的行为，反映出来的就是一种地方保护主义，实际上是放大了的个人主义。

（二）集体主义原则的科学内涵

集体主义的科学内涵，包含相互联系、相辅相成的三个方面。

（1）集体主义强调国家利益、社会整体利益和个人利益的辩证统一。一滴水只有放进大海里才永远不会干涸，一个人只有当他把自己和集体事业融合在一起的时候才能最有力量。在社会中，人既作为个体而存在，又作为集体中的一员而存在，集体和个人是不能分割的。正如习近平总书记在《摆脱贫困》一书中的相关论述："一方面，个人离不开集体，集体把每个劳动者的智慧和力量凝聚在一起，形成巨大的创造力。另一方面，集体是由若干个人组成的，不调动个人的积极性，也就不会有集体的创造力。集体与个人，即'统'与'分'，是相互作用、相互依赖、互为前提的辩证统一关系。只有使二者有机地结合起来，才能使生产力保持旺盛的发展势头，偏废任何一方，都会造成大损失。"①

也正如邓小平同志所强调的，"在社会主义制度之下，归根结底，个人利益和集体利益是统一的，局部利益和整体利益是统一的，暂时利益和长远利益是统一的。"②

---

① 习近平. 摆脱贫困 [M]. 福州：福建人民出版社，1992：144.
② 邓小平. 邓小平文选（第2卷）[M]. 北京：人民出版社，1994：175.

专题十二　社会主义道德的核心、原则及其规范

所以，在社会主义社会中，国家利益、社会整体利益和个人利益是不能分割的。国家利益、社会整体利益体现着个人根本的、长远的利益，是所有社会成员共同利益的统一。同时，每个人的正当利益，又都是国家利益、社会整体利益不可分割的组成部分。在现实生活中，国家利益、社会整体利益和个人利益是相辅相成的，不是靠抑制一方来发展另一方，而是要力求做到共同发展、相互增益、相得益彰。

（2）集体主义强调国家利益、社会整体利益高于个人利益。在现实生活中，个人利益和国家利益、社会整体利益难免会发生矛盾。集体主义强调，在个人利益与国家利益、社会整体利益发生矛盾冲突，尤其是发生激烈冲突的时候，必须坚持国家利益、社会整体利益高于个人利益的原则，即个人应当以大局为重，使个人利益服从国家利益、社会整体利益，在必要时作出牺牲。这里需要特别强调的是，只有在不牺牲个人利益就不能保全国家利益和社会整体利益的情况下，集体主义才要求个人为国家利益、社会整体利益作出牺牲。集体主义之所以强调国家利益、社会整体利益高于个人利益，归根到底，既是为了维护集体的共同利益，最终也是为了维护个人的根本利益和长远利益。

【案例点击】"父亲的在天之灵一定会理解我"——一位基层疾控中心主任的无悔选择

唐驰，南宁市疾控中心主任。2020年1月23日下午，奋战在新冠疫情防控一线的唐驰收到父亲病危的消息，他忙完工作才赶到医院，只见到父亲最后一面。一边是父亲离世带来的巨大悲痛，一边是越来越严重的疫情。在责任面前，唐驰没有陷入两难抉择，第二天又照常投入到紧张的工作中。他的事迹经媒体报道后，有记者跟他提到他的父亲，当时忙碌中的唐驰眼眶泛红，低头陷入沉默，但很快抬起头，平静地说："当前只有舍小家才能保大家。"①

---

① "父亲的在天之灵一定会理解我"——一位基层疾控中心主任的无悔选择［EB/OL］.（2020－02－01）［2021－03－15］. http://www.xinhuanet.com/politics/2020－02/01/c_1125519775.htm.

【案例评析】 在突如其来的新冠肺炎疫情面前，还有许许多多像唐驰一样的人，他们或来不及跟家人道别，留给亲人们一个个牵挂的背影；他们或没有时间跟家人寒暄，留下一封封充满大爱情怀的家书；他们或顾不上自己的劳累疲惫，收拾行装奔赴一线……为了战胜疫情，各个工作岗位、各种职业身份的人们，不畏艰难克服一切困难，冲锋在前倾力奉献，这种舍小家保大家、舍小我顾大局的精神正是集体主义的生动写照。

（3）集体主义重视和保障个人的正当利益。集体主义的一个重要方面，就是要促进和保障个人正当利益的实现，使个人的才能、价值得到充分的发挥和实现。那种把集体主义看作对个人的压制、是对个性的束缚的思想，是与集体主义的本意相违背的。事实上，正是集体主义为培养个人的健全人格、鲜明个性和创新精神提供了道义保障。集体主义重视个人利益的实现，这是毫无疑义的，但这并不等于说，任何个人不分场合不分时间的利益需求，都应该无条件得到满足。社会主义集体主义所重视和保障的是个人的正当利益，而不是任何性质的个人利益，对于损人利己、损公肥私的行为，集体主义不但不保护，而且强烈反对和禁止。

例如在疫情防控期间，拒戴口罩闯商场的贵阳女子，不听劝反而对工作人员拳脚相向；澳洲籍女子梁某入境北京居家隔离观察期间，未戴口罩在小区内跑步，拒不配合社区防疫工作；从泰国回国的女子，经上海转机落地重庆，在重庆的机场里大闹，拒绝隔离还怒骂防疫人员等类似的现象，反映出的都是一种以自我为中心，为满足自己的私欲不惜损害社会和他人利益的极端个人主义，对此，我们要坚决反对。

以上就是集体主义原则科学内涵的三方面，它们是一个统一的整体。

（三）集体主义原则道德要求的层次性

社会主义市场经济条件下，道德主体存在多样性，主体的觉悟水平也处于不同层次。集体主义原则在新时期，根据人们的道德水平和觉悟现状，分为三个层次的道德要求。

（1）无私奉献，一心为公。这一层次，是集体主义的最高层次，是一切共产党员、先进分子应努力达到的道德目标。

(2) 先公后私、先人后己。这是已经具有较高社会主义道德觉悟的人能够达到的要求。

(3) 顾全大局、遵纪守法、热爱祖国、诚实劳动。这是对每一个公民的最基本的道德要求。

对集体主义作出分层次的要求，适应了发展社会主义市场经济的需要，也便于人们的道德水平由低向高发展。

当代大学生要正确认识和处理国家、集体、个人的利益关系，自觉坚持个人利益服从集体利益、局部利益服从整体利益、当前利益服从长远利益，反对小团体主义、本位主义和极端个人主义。

三、社会主义道德的基本规范要求有哪些

社会主义道德的核心和原则，为社会主义道德建设规定了性质和发展方向。落实在具体的道德建设中，则需要把社会公德、职业道德、家庭美德、个人品德建设作为着力点。人类社会生活可分为三大领域，即公共生活、职业生活、家庭生活，为调整和规范这三大领域，在道德方面分别形成了与之相对应的道德规范即社会公德、职业道德和家庭美德。社会公德、职业道德和家庭美德的建设，最终都要落实到个人品德的养成上。

（一）社会公德

社会公德是指人们在社会交往和公共生活中应该遵守的行为准则，它涵盖人与人、人与社会、人与自然之间的关系。社会公德是新时代公民道德建设的重要内容，主要包括文明礼貌、助人为乐、爱护公物、保护环境、遵纪守法。

社会公德是相对于个人私德而言。在我国，最早将道德划分为公德和私德的是梁启超，他在1902年发表的《论公德》一文中，第一次区分了公德和私德，并把它们分别阐释为"人人独善其身者谓之私德，人人相善其群者谓之公德，二者皆人生所不可缺之具也"。

目前，划分"公德"和"私德"最普遍的依据就是道德规范的适用范

围。社会公德与公共生活密切相关，公共生活是相对于私人生活而言的，私人生活以家庭内部活动和个人活动为主要领域。在私人空间里人们的行为是相对独立的，因而具有一定的封闭性和隐秘性；在公共生活中，一个人的行为必定与他人发生直接或间接的联系，具有鲜明的开放性和透明性，对社会的影响更为直接和广泛。这就需要我们在公共场所、公共生活中，自觉遵守社会公德，维护好公共秩序。

（二）职业道德

职业道德是指从事一定职业的人在职业生活中应当遵循的具有职业特征的道德要求和行为准则。它涵盖了从业人员与服务对象、职业与职工、职业与职业之间的关系。职业生活中的基本道德规范包括爱岗敬业、诚实守信、办事公道、服务群众和奉献社会（《新时代公民道德建设实施纲要》将其中的"服务群众"表述为"热情服务"）。

良好的职业道德是我们任何一个人在任何一个岗位做好一份工作必须具备的基本品质。例如在抗击新冠肺炎疫情的战斗中，以钟南山院士等为代表的广大医务工作者"不计报酬，无论生死"，在危难面前挺身而出，用自己的实际行动和无畏的勇气践行了医者救死扶伤的职业道德和神圣使命。

还有如用生命叩响"地球之门"的、曾获得"全国优秀教师"等一系列荣誉称号的战略科学家黄大年、把论文写在大地上的时代楷模李保国教授、万米高空临危不乱确保旅客生命安全的英雄机长刘传健等，在他们身上都体现着干一行爱一行，爱一行钻一行，精益求精以及在自己的工作岗位上兢兢业业甘于奉献的崇高职业精神。

（三）家庭美德

作为公民道德建设的关键一环，家庭的作用不可或缺。对于家庭的重要作用，习近平总书记高度关注，2016年12月12日，在会见第一届全国文明家庭代表时的讲话中，他强调："无论时代如何变化，无论经济社会如何发展，对一个社会来说，家庭的生活依托都不可替代，家庭的社会功能都不可替代,家庭的文明作用都不可替代。"① 所以,在任何时代,我们都要重视家庭建设,注重家庭、家教、家风,践行以尊老爱幼、男女平等、夫妻和睦、勤俭持家、邻里团结(《新时代公民道德建设实施纲要》将其中的"邻里团结"表述为"邻里互助")为主要内容的家庭美德。

(1) 注重家庭。中华民族历来重视家庭。在 2015 年的春节团拜会上,习近平总书记深情吟诵了唐代诗人孟郊的《游子吟》,生动表达了中国人深厚的家庭情结。家庭是社会的基本细胞,家庭和睦则社会安定,家庭幸福则社会祥和,家庭文明则社会文明。历史和现实告诉我们,家庭的前途命运同国家和民族的前途命运紧密相连,正如孟子所言"天下之本在国,国之本在家"②。只有千家万户都好了,国家才能好,民族才能好;同样,国家好,民族好,家庭才能好。所以,我们既要为家庭的幸福而努力打拼,又要为国家的繁荣昌盛而奋力拼搏,把爱家和爱国统一起来。

(2) 注重家教。家庭是人生的第一课堂,父母是孩子的第一任老师。"家庭教育涉及很多方面,但最重要的是品德教育,是如何做人的教育。"③习近平总书记曾以自己为例,讲述了小时候母亲给他买小人书《岳飞传》,其中"岳母刺字"的故事在他脑海中留下了精忠报国的深刻印象。还有像爱国华侨陈嘉庚,兴巨资办学却对家人很"抠门",勤俭家教让子女养成了和他一样的公益情怀;获得"人民教育家"国家荣誉称号的于漪老师耕耘教坛 60 多年,儿子、孙女在她的熏陶下相继走上教师岗位。这些生动的例子都告诉我们,追求家庭和顺美满,关键要用良好家教家风涵育道德品行。

(3) 注重家风。家风是指一个家庭或家族的传统风尚或作风,它是社会风气的重要组成部分。良好的家风,不仅对家庭成员的个人修养产生着重要的作用,也对整个社会道德风尚的形成产生着重要的影响。"家风好,

---

① 习近平谈治国理政(第2卷)[M]. 北京:外文出版社,2018:353.
② 《孟子·离娄上》。
③ 习近平谈治国理政(第2卷)[M]. 北京:外文出版社,2018:354.

就能家道兴盛、和顺美满；家风差，难免殃及子孙、贻害社会。"[1] 从孔子的诗礼庭训到诸葛亮的《诫子书》、司马光的《家范》；从朱熹的《朱子家训》到《曾国藩家书》《梁启超家书》，从彰显革命先辈威武不屈、视死如归的浩然正气及坚定的理想信念的《红色家书》到抗疫期间饱含着浓厚家国情怀的《抗疫家书》，等等，都是在倡导、体现着一种良好的家风。

正如歌曲《国家》中所唱的"家是最小国，国是千万家；有了强的国，才有富的家"。千千万万个家庭是国家发展、民族进步、社会和谐的重要基点，是人们梦想启航的地方。我们当代大学生要积极参与家庭文明建设，推动形成爱国爱家、相亲相爱、向上向善、共建共享的社会主义家庭文明新风尚。

（四）个人品德

个人品德是个体对某种道德要求认同和践履的结果，集中体现了道德认知、道德情感、道德意志、道德信念和道德行为的内在统一。

个人品德在社会道德建设中具有基础性作用。在现实生活中，社会公德、职业道德和家庭美德的状况，最终都是以每个社会成员的道德品质为基础的。社会公德、职业道德和家庭美德建设，最终都要落实到个人品德的养成上。所以要"推动践行以爱国奉献、明礼尊规、勤劳善良、宽厚正直、自强自律为主要内容的个人品德，鼓励人们在日常生活中养成好品行"[2]。

历史上思想家们提出了各种提升个人品德的积极有效的方法，包括学思并重、省察克治、慎独自律、知行合一、积善成德。按照这些方法去做，并长期坚持下去，才能使自己不断进步、不断完善，从而成为品德高尚的人。

专题小结

社会主义道德建设是社会主义文化建设的重要内容，它对于提高人民

---

[1] 习近平谈治国理政（第 2 卷）[M]. 北京：外文出版社，2018：355.
[2] 中共中央，国务院. 新时代公民道德建设实施纲要 [Z]. 北京：中国法制出版社，2019：6.

思想觉悟、道德水准、文明素养，提高全社会文明程度，具有至关重要的作用。当代大学生要在掌握社会主义道德的核心和原则、了解社会主义道德规范的基础上，提高道德实践能力，自觉明大德、守公德、严私德，做社会主义道德建设的积极践行者和弘扬者。

延伸阅读

1. 毛泽东．为人民服务［M］//毛泽东选集（第3卷）．北京：人民出版社，1991.
2. 习近平．注重家庭，注重家教，注重家风［M］//习近平谈治国理政（第2卷）．北京：外文出版社，2017.
3. 傅雷．傅雷家书［M］．南京：译林出版社，2018.
4. 杨绛．我们仨［M］．北京：生活·读书·新知三联书店，2018.

思考题

1. 为什么说为人民服务是社会主义道德的核心？
2. 如何理解集体主义的科学内涵？

（撰写人：谢丽萍）

专题十三　我国社会主义法律的本质特征和运行

教学设计思路

一、教学目的与要求

（一）知识目标

1. 理解法律的含义。
2. 掌握我国社会主义法律的本质特征。
3. 理解法律运行的环节。

（二）能力目标

在理解我国社会主义法律运行的四环节中，培养学生具有初步运用中国特色社会主义法学理论分析法治实践中一些具体问题的能力。

（三）情感和价值观目标

引导大学生在学习马克思主义法学原理的基础上，深刻理解我国社会主义法律所体现的党的主张和人民意志的统一、科学性和先进性的统一，充分认识我国社会主义法律对中国特色社会主义建设的重要保障作用，帮助学生牢固树立马克思主义法律观。

专题十三 我国社会主义法律的本质特征和运行

二、针对的学生主要思想困惑

我国社会主义法律的本质特征是什么?

三、针对的错误思潮与模糊认识

部分学生对我国社会主义法律与资本主义法律的区别认识不清。

四、教学重点难点

1. 法律的含义。
2. 我国社会主义法律的本质特征。

五、教学时数

3 课时

教学正文

授课导入

法治是现代文明的制度基石。法治兴则国家兴,法治衰则国家乱。在中国传统文化中,法律就富含着公平如水、正义神圣的深刻意蕴,寄托着惩恶扬善、匡扶正义的价值追求。据《说文解字》考证,汉语中"法"的古体是"灋"。"灋,刑也,平之如水,从水;廌,所以触不直者去之,从去。"在古代,"法"主要表现为"刑"或"刑律"。古代的"刑"既有刑戮、罚罪之意,也有规范之意。"廌"也称"獬豸",是神话中的独角兽,它公正不阿,善断是非曲直。据说,我国的司法鼻祖皋陶就用它来裁判诉讼案件,被獬豸用独角顶触的一方败诉或判为有罪。

一、什么是法律

树立正确的法治观、培养法治思维,首先要准确理解法律的含义。列宁曾经说过，人对于事物、现象、过程的认识是从现象到本质，从不甚深刻的本质到更深刻的本质的深化的无限运动。从法律的发展史来看，法律是一种复杂的社会历史现象，只有透过各种法律现象，把握深藏其后的本质，才能深刻揭示法律的一般含义。

（一）法律的含义

1. 法律是由国家创制和实施的行为规范

这是从法律制定和实施的运作过程、从法律的现象特征来理解法律的含义，这里需要注意以下几个方面。

第一，法律是一种行为规范。例如，作为机动车驾驶人或乘车人，必须系安全带，这是《中华人民共和国道路交通安全法》规定的。但是，法律作为社会规范区别于道德规范、风俗习惯、职业规范的首要之处在于，它是由国家创制并保证实施的社会规范。国家创制法律规范的方式主要有两种：一是制定，即国家机关在法定的职权范围内依照法律程序，制定、修改、废止规范性法律文件的活动；二是认可，即国家机关赋予某些既存的社会规范以法律效力，或者赋予先前的判例以法律效力。

第二，法律具有高度的统一性和普遍适用性。首先，法律的统一性指各个法律之间在根本原则上的一致；其次，除极特殊的情况外，一个国家只能有一个总的法律体系，且该法律体系内部各规范之间不能相互矛盾，其他社会规范则不具备这种高度的统一性；最后，法律作为一个整体在本国主权范围内具有普遍的约束力，所有国家机关、社会组织和个人都必须遵守。

第三，法律由国家强制力保证实施。也就是说，法律具有国家强制性，既表现为国家对合法行为的肯定和保护，也表现为国家对违法行为的否定和制裁。需要特别注意的是：一方面，国家强制力是法律实施的最后保障手段，但国家强制力并不是保证法律实施的唯一力量。法律意识、道德观念、纪律观念在保证法律的实施过程中也发挥着重要作用。另一方面，国家强制力仅是法律实施的"保证"力量，并不是说法律实施的任意过程均需要国家强制力的介入。人们遵守法律，除了是基于对法律强制性的恐惧外，更主要是法律是良法，即保障其权益的法。人们遵守法律可以实现其权益。

2. 法律由一定的社会物质生活条件所决定

这是从决定法律产生、制约法律发展的因素来理解法律的。法律作为上层建筑的重要组成部分，不是凭空出现的，而是产生于特定社会物质生活条件的基础之上。社会物质生活条件是指与人类生存相关的物质资料生产方式、地理环境和人口因素等。其中，物质资料的生产方式既是决定社会面貌、性质和发展的根本因素，也是决定法律本质、内容和发展方向的根本因素。当物质资料生产方式发生变革，由其所决定的法律内容也会随之发生变化。2021年1月1日开始实施的《民法典》就是应时代痛点而生，对诸多社会民生热点进行了直接回应。例如，大数据背景下的个人信息保护，从事与人体基因、人体胚胎等有关的医学和科研活动应遵循的行为准则，QQ号、游戏账号等网络虚拟财产权保护，等等。

物质资料的生产方式包括生产力与生产关系两个方面，对法律产生决定性影响。在阶级社会中，有什么样的生产关系，就有什么性质和内容的法律。奴隶制生产关系、封建制生产关系、资本主义生产关系和社会主义生产关系，相应地产生了四种性质的法律。同时，生产力的发展水平也制约着法律的发展程度。例如，在生产力水平较低的奴隶社会，不可能有专门保护科技发明创造的知识产权法，也不可能有完备的现代企业法律制度。

3. 法律是统治阶级意志的体现

这是从法律的本质特征的角度来理解法律的。在阶级社会中，法律是统治阶级意志的体现。这一命题包含着丰富的内容。

第一，法律所体现的是统治阶级的阶级意志，即统治阶级的整体意志，而不是个别统治者的意志，也不是统治者个人意志的简单相加。统治阶级不仅迫使被统治阶级服从和遵守法律，而且要求统治阶级的成员也遵守法律。

第二，法律所体现的统治阶级意志，并不是统治阶级意志的全部，仅仅是上升为国家意志的那部分意志。法律仅是体现统治阶级意志的一种方式而已。统治阶级的意志还可以通过其他方式体现，例如本阶级政党的纲领。

综上所述，可以将法律定义为：法律是由国家制定或认可并以国家强制力保证实施的，反映由特定社会物质生活条件所决定的统治阶级意志的规范体系。

（二）法律的历史发展

法律不是从来就有的，也不是永恒存在的。它随着私有制、阶级和国家的产生而产生，也将随着私有制、阶级和国家的消亡而消亡。

法律的历史类型是按历史上法律的阶级本质和其所依赖的经济基础对法律所进行的基本分类。迄今为止，人类历史上依次有四种类型的法律制度：奴隶制法律、封建制法律、资本主义法律、社会主义法律。下面简要介绍一下法律的历史类型。

1. 奴隶制法律

《汉谟拉比法典》是目前所知的世界上第一部比较完整的成文法典。法典竭力维护不平等的社会等级制度和奴隶主贵族的利益，比较全面地反映了古巴比伦社会的情况。

它刻在一根高 2.25 米，上周长 1.65 米，底部周长 1.90 米的黑色玄武岩柱上，共 3500 行，正文有 282 条内容，用阿卡德语写成。它是世界上最古老、最完整的法典，是汉谟拉比为了向神明显示自己的功绩而纂集的。

《汉谟拉比法典》的一些规定：

某好心人收留一不堪主人虐待而逃亡的奴隶——死刑

奴隶主将奴隶伤害致死——无罪

奴隶不承认主人是自己的主人——割除双耳

理发匠剃去奴隶的发式标记——死刑

专题十三 我国社会主义法律的本质特征和运行

【案例点评】古巴比伦《汉谟拉比法典》，是世界上迄今为止基本上完整保留下来的最早的成文法典；古罗马《十二铜表法》，是古罗马以原习惯法为基础制定的第一部成文法；东罗马帝国《查士丁尼民法大全》，标志着罗马法发展到最完备阶段。罗马法尽管属于奴隶制法，但它反映了简单的商品经济关系，对后世产生了重大影响，被恩格斯称为"商品生产者社会第一个世界性法典"。[①]

结合《汉谟拉比法典》，我们来了解一下奴隶制法律的共同特征：第一，严格保护奴隶主的所有制，确认奴隶主阶级经济、政治、思想统治的合法性，确保奴隶主的私有财产不受侵犯，维护奴隶主对奴隶的占有权。第二，公开反映和维护奴隶主的等级特权，不仅明文规定奴隶的无权地位，而且规定了自由民之间的不平等。第三，刑罚种类繁多，刑罚手段极其残酷，刑罚的执行带有极大的任意性，依靠严刑峻罚来维护奴隶主阶级的统治。第四，长期保留原始社会的某些行为规范残余，如同态复仇和赔偿制度的普遍存在、男性家长的广泛权力等，反映了奴隶制法律受传统影响较大。

2. 封建制法律

封建制法律具有以下共同特征：第一，维护地主阶级的土地所有制，确认农民对封建地主的依附关系，严格保护封建地主的所有权；第二，确认和维护封建等级特权，皇帝（君主）享有最高的立法、行政、司法、军事等大权，贵族、地主分别享有国家管理社会生活方面的特权；第三，维护专制皇权；第四，刑罚严酷，罪名繁多，滥施肉刑，广为株连，野蛮擅断。

3. 资本主义法律

资本主义法律是通过资产阶级革命建立资产阶级国家而产生的。资本主义私有制经济是资本主义整个上层建筑的基础，其法律自然始终不变地维护资产阶级的利益。资本主义法律是资产阶级共同意志的体现，是统治

[①] 王凯. 汉谟拉比法典——古巴比伦文明的唯一记录[J]. 科学与文化, 2007 (3).

工人阶级和其他劳动人民的工具,其根本任务是维护资产阶级的政治、经济和社会秩序。资本主义法律规定的自由、民主、平等等价值原则是形式上的,归根结底是维护资产阶级根本利益,所以属于剥削阶级类型的法律。

资本主义法律维护以剥削雇佣劳动为基础的资本主义私有制,其基本特征主要体现为四个原则:一是与资本主义私有制相适应的私有财产神圣不可侵犯原则;二是与资本主义市场经济相适应的契约自由原则;三是与资本主义民主政治相适应的法律面前人人平等原则;四是与资产阶级人道主义相适应的人权保障原则。

4. 社会主义法律

我国社会主义法律制度是在中国人民反对帝国主义、封建主义和官僚资本主义反动统治的革命斗争中孕育,在新中国建立之后形成,并在社会主义建设的过程中发展起来的。社会主义法律是新型的法律制度,有着与以往剥削阶级类型法律制度不同的经济基础与阶级本质。2019 年 12 月,十三届全国人大常委会第十五次会议决定将民法典草案提请十三届全国人大三次会议审议。《民法典》这部共 7 编加附则,84 章、1260 条、逾 10 万字的鸿篇巨制首次亮相。以人为本,时代精神,集大成者,是这部民法典三个最瞩目的成就。"在民法慈母般的眼里,每一个人就是整个国家。"在法学界元老江平看来,《民法典》的内容无非包括两大主轴:规范民事活动和规定民事权利。其侧重点不同反映了立法价值取向的不同。而《中华人民共和国民法典》第 1 条即开宗明义"保护民事主体的合法权益"。以人民为中心,保护公民私有权利的理念贯穿这部法典始终,各分编涉及的胎儿权利保护、新增居住权制度、强化对债权实现的保护力度等,均是具体体现。①

社会主义法律以公有制为经济基础,保障全体劳动者共同占有生产资

---

① 民法典里的时代精神 [EB/OL]. (2020 - 05 - 20) [2021 - 03 - 15]. http://finance.ifeng.com/c/7wbzFdk3AKS.

料，通过解放生产力和发展生产力来推动社会物质财富和精神财富的日益丰富，从而实现人的全面发展和全体社会成员的共同富裕。社会主义法律是最广大人民群众意志的集中体现，是实现人民当家作主、实行人民民主专政的重要保证。社会主义法律反映了社会主义生产关系的本质要求，为实现普遍意义的平等、自由奠定了坚实基础，开辟了广阔空间，实现了对历史上各种类型法律制度的超越。

二、如何理解我国社会主义法律的本质特征

改革开放以来，我国法治建设进入前所未有的快速发展时期，形成以宪法为统帅的社会主义法律体系，国家和社会生活各方面实现有法可依，这是一个巨大的历史成就。从本质上说，我国社会主义法律是中国特色社会主义制度的重要组成部分，是党领导人民当家作主的制度保障。可以从三个方面来理解我国社会主义法律的本质。

（一）我国社会主义法律体现了党的主张和人民意志的统一

一个国家法律的阶级意志属性，同这个国家的性质是一致的。中华人民共和国是工人阶级领导的、以工农联盟为基础的人民民主专政的社会主义国家。与此相适应，我国社会主义法律也必然是包括中国工人阶级、农民阶级、知识分子及其他拥护社会主义和祖国统一的爱国者在内的广大人民群众共同意志的体现。

反映在社会主义法律中的工人阶级为领导的广大人民的共同意志不是自发形成的，而是在中国工人阶级的先锋队——中国共产党的领导下，发展社会主义民主，通过各种民主渠道，集中人民群众中的正确意见形成的；是在正确总结经验教训，深刻认识社会发展的规律性，正确认识社会生活的客观需要和广大人民的共同利益的基础上形成的。

社会主义法律维护人民的根本利益，巩固中国共产党的领导地位，体现了党的主张和人民意志的统一。党领导人民制定宪法法律，党领导人民实施宪法法律，党自身必须在宪法法律范围内活动，这是党的领导力量的体现，也是我国社会主义法律最本质特征的具体表现。

（二）我国社会主义法律具有科学性和先进性

法律的科学性是指法律能够正确反映客观规律。在社会主义国家，由于工人阶级和它所领导的广大人民的共同意志同社会发展的客观要求是一致的，所以就其本质讲，社会主义的法律是人类历史上最能充分反映客观规律的法律。例如，我国宪法中关于社会主义是中华人民共和国的根本制度，今后国家的根本任务是集中力量进行社会主义现代化建设的规定，就科学地反映了近代和现代中国发展的客观规律。我国法律确认公民的平等地位，确认"各尽所能，按劳分配"的原则等，生动地体现了社会主义法律的民主。这种正义性，是绝大多数人公认的正义，是真正体现社会进步的正义。这是我国的社会主义法律同一切剥削阶级法律的一个根本区别。同时，我国法律能够适应时代发展的要求，改革创新立法体制、立法程序、立法技术，使立法的质量和水平不断提高，具有先进性。因此，从本质上说，我国社会主义法律更能尊重和反映社会发展规律，具有科学性和先进性。

（三）我国社会主义法律是中国特色社会主义建设的重要保障

从法律的社会作用来看，我国社会主义法律是中国特色社会主义建设的重要保障。经济建设方面，我国法律维护和巩固社会主义经济制度，促进社会主义市场经济持续健康发展，保障现代化经济体系建设顺利推进。政治建设方面，我国法律维护和巩固社会主义政治制度，保障社会主义民主政治顺利推进，保证人民享有广泛的民主权利和自由，巩固人民民主专政。文化建设方面，我国法律巩固社会主义意识形态，维护社会主义核心价值观，弘扬社会主义道德，促进文化事业和文化产业的发展，推动社会主义文化繁荣兴盛。社会建设方面，我国法律确保让改革发展成果更多更公平惠及全体人民，促进社会公平正义，形成有效的社会治理、良好的社会秩序，使人民获得感、幸福感、安全感更加充实、更有保障、更可持续。生态文明建设方面，我国法律倡导尊重自然、顺应自然、保护自然的理念，引导形成节约资源和保护环境的空间格局、产业结构、生产方式、生活方式，推动绿色发展，促进人与自然和谐共生。

由此可见，我国的经济建设、政治建设、文化建设、社会建设和生态文明建设以及其他各项事业的发展，都离不开社会主义法律的引领、规范和保障，这一点在我国抗击新冠肺炎疫情期间的立法体现得尤为明显。

【案例点击】2020年2月5日下午，习近平总书记主持召开中央全面依法治国委员会第三次会议对依法防控疫情提出九点要求。其中，习近平总书记强调要完善疫情防控相关立法，加强配套制度建设，完善处罚程序，强化公共安全保障，构建系统完备、科学规范、运行有效的疫情防控法律体系。同时还要严格执行疫情防控和应急处置法律法规，加强风险评估，依法审慎决策，严格依法实施防控措施，坚决防止疫情蔓延。并且要加大对危害疫情防控行为执法司法力度，严格执行传染病防治法及其实施条例、野生动物保护法、动物防疫法、突发公共卫生事件应急条例等法律法规，依法实施疫情防控及应急处理措施等。①

【案例评析】疫情防控正处于关键时期，依法科学有序防控至关重要。习近平总书记强调，要在党中央集中统一领导下，始终把人民群众生命安全和身体健康放在第一位，从立法、执法、司法、守法各环节发力，全面提高依法防控、依法治理能力，为疫情防控工作提供有力的法治保障。由此可见，我国社会主义法律体现了社会主义的本质要求，为保障人民群众的生命健康服务，同时也为我国取得防疫的胜利和保障经济的平稳发展起到重要作用。

三、我国社会主义法律是怎样运行的

法律的生命就在于其运行，法律正是在其运行过程中完全体现出其本质、功能和价值的。法律的运行是一个从创制、实施到实现的过程。这个过程主要包括法律制定、法律执行、法律适用、法律遵守等环节。法律制

---

① 习近平主持召开中央全面依法治国委员会第三次会议强调　全面提高依法防控依法治理能力　为疫情防控提供有力法治保障［EB/OL］.（2020-02-06）［2021-05-25］. http：//cpc. people. com. cn/n1/2020/0206/c64094-31573224. html.

定是国家对权利和义务，即社会利益和负担进行的权威性分配；法律的执行、适用、遵守则是把法律规范转化为法律实践，把法定的权利和义务转化为现实的权利和义务。我国社会主义法律的运行具有鲜明的中国特色。

（一）法律制定

（1）法律制定是指有立法权的国家机关，依照法定职权和程序、制定规范性法律文件的活动，是法律运行的起始性和关键性环节。立法是法治的重要内容，制定完备而良善的法律是进行法治建设的前提和基础。依法治国，进行社会主义法治建设应当高度重视立法工作。

（2）立法是国家机关的一项专有活动，即它只能由有权制定法律或经授权的国家机关来行使，其他任何机关、社会组织、团体和个人都不能行使这项职权和进行这项活动。

法律的制定是一种严格依照法定程序进行的活动。现代社会法律的创制不是个人意志的体现，而是一种人民意志的表达、反映和集中过程，并且由于现代立法的复杂性和专门性，不经过一定的法定程序，立法或者不能准确地表达民意，或者会出现一些难以防止的技术性纰漏。因此，依照法定程序进行立法活动，更符合现代立法的要求。

（3）立法既包括法律的创制活动，也包括法律的修改、补充、废止以及认可、解释的活动。

（4）我国独创了"一元、两级、多层次"的立法体制。"一元"是指根据我国《宪法》规定，我国是一个单一制的、统一的多民族国家，因此我国的立法体制是统一的、一元化的，全国范围内只存在一个统一的立法体系，不存在两个或两个以上的立法体系。"两级"是指根据《宪法》规定，我国立法体制分为中央立法和地方立法两个等级。"多层次"是指根据《宪法》规定，不论是中央级立法，还是地方级立法，都可以各自分成若干个层次和类别。

根据《宪法》规定，全国人民代表大会及其常务委员会行使国家立法权，负责宪法和法律的制定、修改、废止和解释工作。国务院有权根据宪法和法律制定行政法规。中央军委有权根据宪法和法律制定军事法规。国务院各部门可以根据宪法、法律和行政法规，在本部门的权限范围内，制定部门规章。省、自治区、直辖市的人民代表大会及其常委会根据本行政区域的具体情况和实际需要，在不与宪法、法律和行政法规相抵触的前提下，可以制定地方性法规。设区的市的人民代表大会及其常委会根据本市的具体情况和实际需要，在不与宪法、法律、行政法规和本省、自治区的地方性法规相抵触的前提下，可以制定地方性法规，报省、自治区的人民代表大会常委会批准后施行。省、自治区、直辖市、设区的市的人民政府可以根据法律、行政法规和本省、自治区、直辖市的地方性法规，制定地方政府规章。自治区、自治州、自治县的人民代表大会可以根据当地民族的具体情况制定自治条例和单行条例。特别行政区立法机关有权根据特别行政区基本法自主地制定本行政区的法律。

（5）立法程序。立法程序，是指特定的国家机关制定、修改和废除法律和其他规范性法律文件及认可法律的法定步骤和方式。完善立法的程序，对于保证立法的规范化、科学化，减少或避免立法的主观随意性，维护法律的稳定性、连续性和权威性，提高立法的质量，更好地发挥法律的作用，都具有重要的意义。

我国的立法法对全国人民代表大会及其常务委员会的立法程序进行了基本的规定，全国人民代表大会及其常务委员会的立法程序主要有以下四个步骤，即法律案的提出、法律案的审议、法律案的表决、法律的公布。其他的立法程序一般参照进行。

以实施法律的主体和法律的内容为标准，法律的实施方式可以分为三种：守法、执法、司法。

（二）法律执行

1. 法律执行的含义

在广义上，法律执行是指国家机关及其公职人员，在国家和公共事务管理中依照法定职权和程序，贯彻和实施法律的活动。在狭义上，法律执行则是指国家行政机关执行法律的活动，也称为行政执法。行政执法是法律实施和实现的重要环节，必须坚持合法性、合理性、信赖保护、效率等基本原则。

2. 法律执行的主体

我国行政执法的主体大体分为两类：一是中央和地方各级政府，包括国务院和地方各级人民政府；二是各级政府中享有执法权的下属行政机构。此外，法律授权的社会组织、行政机关依法委托的社会组织可以在一定范围内执行法律。

3. 执法的原则

行政执法是法律实施和实现的重要环节，必须坚持合法性、合理性、信赖保护（诚实信用）、效率等基本原则。

（三）法律适用

1. 法律适用的含义

法律适用是指国家司法机关及其公职人员依照法定职权和程序适用法律处理案件的专门活动。

2. 法律适用的特征

（1）专属性。在我国，司法机关是指国家审判机关和检察机关。人民法院代表国家行使审判权，人民检察院代表国家行使法律监督权。其他任何国家机关、社会组织和个人，不得行使国家司法权。在中国，司法权包括审判权和检察权。审判权即适用法律处理案件，作出判决和裁定；检察权包括代表国家批准逮捕、提起公诉、不起诉、抗诉等。司法机关依照法律代表国家独立行使职权，不受行政机关、社会团体和个人的干涉。

（2）程序性。司法机关严格按照法定程序进行专门活动，我国的司法分为刑事司法、民事司法和行政司法。

（3）专业性。司法是运用法律处理案件的专门活动，需要专业人员进行实施。

（4）权威性。司法以国家强制力为保障，所作出的裁决具有权威性，任何人都必须服从。司法是司法机关以国家强制力为后盾实施法律的活动，具有国家强制性。由于法律的适用总是与法律争端、违法的出现相联系，总是伴随着国家的干预、争端的解决和对违法者的法律制裁。没有国家强制性，就无法进行上述活动。司法机关依法所作的决定，所有当事者都必须执行，不得违抗。

3. 司法的基本要求

司法的基本要求：正确、合法、合理、及时。

4. 司法的原则

司法的原则主要有：司法公正；公民在法律面前一律平等；以事实为依据，以法律为准绳；司法机关独立公正行使司法权等。

（四）法律遵守

1. 法律遵守的含义

法律遵守是指国家机关、社会组织和公民个人依照法律规定行使权力和权利以及履行职责和义务的活动。

2. 法律遵守的根据和要求

（1）守法是法的要求。守法是公民的法律义务，义务人必须遵守法律。

（2）守法是人民出于契约利益和信用的要求。人们出于利益需要订立契约。遵守法律履行契约可以获得契约利益，同时也是守信的要求。

（3）守法是由于惧怕法律的制裁。法律由国家的强制力量保障实施，违法的行为将受到法律制裁。

（4）守法是出于社会的压力。

（5）守法是出于心理上的惯性。守法是大多数人的行为模式。人们从小模仿他人的行为，也养成了守法的习惯。

（6）守法也是一种道德要求。

3. 法律遵守的条件

（1）守法的主观条件。守法的主观条件是守法主体的主观心理状态和法律意识水平，包括人们的政治意识、法律意识、道德意识和文化教育程度等。

（2）守法的客观条件。守法的客观条件是守法主体所处的客观社会环境，包括法治状况、政治状况、经济状况、民族传统、国际形势和科学技术等。

4. 法律遵守的主体

人们通常把守法仅仅理解为履行法律义务。其实，守法意味着一切组织和个人严格依法办事的活动和状态。依法办事，就是依法享有并行使权利、依法承担并履行义务。守法是法律实施和实现的基本途径。一切组织和个人都必须遵守宪法和法律，任何公民享有宪法和法律规定的权利，同时必须履行宪法和法律规定的义务。

【案例点击】2020年1月30日，周某前往恩施市某超市购物，因未佩戴口罩被保安劝阻，周某不仅不配合疫情防控工作，还侮辱谩骂劝阻人员。公安派出所接警后，迅速赶到现场对周某进行告诫。周某不知收敛，继续辱骂劝阻人员。最终，民警将违法行为人传唤至派出所，周某被依法处以行政拘留。①

【案例评析】周某的行为违反了《中华人民共和国治安管理处罚法》。《治安管理处罚法》第50条规定："有下列行为之一的，处警告或者二百元以下罚款；情节严重的，处五日以上十日以下拘留，可以并处五百元以下罚款：（一）拒不执行人民政府在紧急状态情况下依法发布的决定、命令的；（二）阻碍国家机关工作人员依法执行职务的；阻碍人民警察依法执行职务的，从重处罚。"

疫情防控期间，周某不配合防控工作，侮辱谩骂超市保安人员，妨害社会管理秩序，依据《关于依法惩治妨害新型冠状病毒感染肺炎疫情防控违法犯罪的意见》要求，依法从严惩治。虽然在疫情防控中我国已经取得

---

① 防控期不戴口罩进超市并辱骂劝阻人员 恩施一男子被拘［EB/OL］. （2020-02-01）［2021-03-15］. http://www.enshi.cn/2020/0201/946062.shtml.

专题十三 我国社会主义法律的本质特征和运行

阶段性胜利,但是当前我国防范疫情输入压力不断增大,还不是松懈的时候。因此,现在我们每一个人依然需要遵照国家法律要求在进入公共场所时做好防护,积极配合防疫部门的工作,我们每一个人尊法守法的行为都对助力打赢防疫之战具有重要意义。作为当代大学生,我们更应该成为尊法守法的模范。

专题小结

建设法治中国,离不开每个公民的参与和推动。在全面依法治国、建设法治中国的进程中,大学生肩负着重要责任。掌握法律的含义、我国社会主义法律的本质特征、我国社会主义法律运行的相关理论知识,有助于大学生正确理解法律的基础理论知识,为当代大学生法治观念的树立和法治思维的培养奠定认知基础。

延伸阅读

1. 中央文献研究室. 习近平关于全面依法治国论述摘编[M]. 北京:中央文献出版社,2015.

2. 公丕祥,龚廷泰. 马克思主义法律思想通史[M]. 南京:南京大学出版社,2014.

思考题

1. 请思考,我国社会主义法律与其他历史类型法律的根本区别是什么?

2. 如何理解我国社会主义法律运行具有鲜明的中国特色?

(撰写人:赵洁)

专题十四　坚持全面依法治国

教学设计思路

一、教学目的与要求

（一）知识目标

1. 了解以宪法为核心的中国特色社会主义法律体系的构成。
2. 了解中国特色社会主义法治体系的主要内容和全面依法治国的基本格局。
3. 了解中国特色社会主义法治道路"特"在哪里。

（二）能力目标

引导学生科学认识从中国特色社会主义法律体系到法治体系建设的发展历程，深刻理解中国特色社会主义法治道路和全面依法治国的基本格局，增强法治理论认知能力和政治辨别力。在此基础上逐渐养成自觉守法、遇事找法、解决问题靠法的习惯。

（三）情感和价值观目标

1. 引导大学生增强对中国特色社会主义法治建设的认同感，增强中国特色社会主义法治道路自信。
2. 增强大学生自身作为时代新人建设社会主义法治国家的责任感和使命感。

二、针对的学生主要思想困惑

1. 如何全面理解中国特色社会主义法律体系和法治体系的内容？
2. 如何坚持走中国特色社会主义法治道路？
3. 如何理解全面依法治国的基本格局？

三、针对的错误思潮与模糊认识

1. 党的领导贯穿全面依法治国全过程，因此党大于法。
2. 建设社会主义法治国家只需法治，无须德治。

四、教学重点难点

1. 中国特色社会主义法律体系和法治体系的主要内容。
2. 坚持走中国特色社会主义法治道路。
3. 全面依法治国的基本格局。

五、教学时数

3 课时

教 学 正 文

授课导入

2014年10月20~23日在北京召开的党的十八届四中全会通过《中共中央关于全面推进依法治国若干重大问题的决定》，明确提出全面推进依法治国的总体目标和重大任务。这是中国共产党治国理政理念和方式的重大转变，标志着依法治国按下"快进键"、进入"快车道"。习近平总书记强调："没有全面依法治国，我们就治不好国、理不好政，我们的战略布局就会落空。"①全面依法治国为协调推进"四个全面"战略布局提供了重要法治保障。党的十九大将"坚持全面依法治国"作为新时代建设中国特色社会主义强国的基本方略之一，在推进依法治国整体蓝图的指导思想、总体目标、基本原则和具体路线等方面也都做出了更深入的判断。

从加强法制建设到依法治国方略的提出，再到全面依法治国，是中国共产党几代人共同努力、接力探索的结果。全面依法治国是关系我们党执政兴国、人民幸福安康、国家长治久安的重大战略问题，是"四个全面"战略布局的重要组成部分。因此，作为国家建设者和接班人的大学生深入理解全面依法治国至关重要。

一、如何理解以宪法为核心的中国特色社会主义法律体系

完善以宪法为核心的中国特色社会主义法律体系，是全面依法治国的重要内容，是建设中国特色社会主义法治体系的前提和基础，我们需要理解宪法的核心地位、宪法的完善发展和全面贯彻实施，需要了解中国特色社会主义法律体系的构成，深化对中国特色社会主义法律体系的认知。

（一）宪法是国家的根本法

1. 我国宪法的地位

宪法是国家的根本法，是治国安邦的总章程，是党和人民意志的集中体现，是国家各项制度和法律法规的总依据，规定了国家的根本制度，具有至上的地位和最高效力，是中国特色社会主义法律体系的核心，在全面依法治国中具有突出的地位和重要的作用。

宪法是国家的根本法，表明宪法在国家法律体系中的统帅地位。宪法是治国安邦的总章程，体现出宪法在治国理政中的杠杆作用和执政活动中的纲领属性。

我国现行宪法是 1982 年 12 月 4 日第五届全国人民代表大会第五次会

---

① 习近平：在省部级主要领导干部学习贯彻党的十八届四中全会精神全面推进依法治国专题研讨班上的讲话 [N]. 人民日报，2015 - 02 - 04（1）.

议通过的《中华人民共和国宪法》。2014 年开始，我国将每年的 12 月 4 日定为国家宪法日，这有助于落实依宪治国，发挥宪法作用，维护宪法权威。

2. 宪法的发展

我国宪法制定和修改的每一步，都与时代主题相伴、与时代发展同步、与时代需求相应。"事随势迁，而法必变。"习近平总书记指出："宪法只有不断适应新形势、吸纳新经验、确认新成果，才能具有持久生命力。"①在 1988 年、1993 年、1999 年、2004 年四次修改宪法的基础上，2018 年 3 月，十三届全国人大一次会议审议通过《中华人民共和国宪法修正案》。通过本次宪法修改，党的十九大确定的重大理论观点和重大方针政策，党和国家事业发展的新成就新经验新要求载入国家根本法。本次宪法修改具有重大而深远的意义，体现了党和国家事业发展的新成就新经验新要求，在总体保持我国宪法连续性、稳定性、权威性的基础上推动了宪法与时俱进、完善发展，为新时代坚持和发展中国特色社会主义、实现"两个一百年"奋斗目标和中华民族伟大复兴的中国梦提供了有力的宪法保障。

3. 宪法的基本原则

宪法的基本原则是贯穿宪法始终，对宪法的制定、修改、实施、遵守等环节起指导作用的基本准则。

（1）党的领导原则。中国共产党执政就是党领导、支持、保证人民当家作主，最广泛地动员和组织人民群众依法管理国家和社会事务，管理经济和文化事业，维护和实现最广大人民的根本利益。

（2）人民主权原则。我国宪法体现了人民主权原则，强调国家的一切权力属于人民。人民行使国家权力的机关是全国人民代表大会和地方各级人民代表大会。宪法还规定了人民主权的具体实现形式和途径。

---

① 习近平：在首都各界纪念现行宪法公布施行 30 周年大会上的讲话 [EB/OL]. (2012 - 12 - 04) [2021 - 05 - 25]. http://www.gov.cn/ldhd/2012 - 12/04/content_ 2282522. htm.

(3) 尊重和保障人权原则。我国宪法明确规定了公民在政治、经济、文化和社会生活等方面享有的权利和自由，规定了对妇女、儿童、老人、残疾人和华侨等具有特定身份人员的权益保护。宪法还规定国家要为公民实现权利和自由以及其他人权提供物质上和法律上的保障。

(4) 社会主义法治原则。我国宪法明确规定实行依法治国，建设社会主义法治国家。社会主义法治原则要求坚持宪法法律至上、法律面前人人平等，推进国家各项工作法治化，维护社会公平正义，维护社会主义法制的统一、尊严、权威。

(5) 民主集中制原则。我国宪法规定，中华人民共和国的国家机构实行民主集中制原则。国家权力统一由全国人民代表大会和地方各级人民代表大会行使，全国人民代表大会和地方各级人民代表大会由民主选举产生，对人民负责，受人民监督。

(二) 中国特色社会主义法律体系

党的十九大报告提出"以良法促进发展、保障善治"，进一步明确了社会主义法治的价值——良法善治，其中良法是善治的前提。全面依法治国，完备的法律规范体系是首要前提，这就是以宪法为统帅，以法律为主干，以行政法规、地方性法规为重要组成部分，由宪法相关法、民法商法、行政法、经济法、社会法、刑法、诉讼与非诉讼程序法等多个法律部门组成的中国特色社会主义法律体系。其中实体法律部门包括宪法相关法、民法商法、行政法、经济法、社会法、刑法等。

2011年，时任全国人民代表大会常务委员会委员长吴邦国宣布中国特色社会主义法律体系形成，这是中国法治建设进程中的一个标志性事件。由此，中国已在根本上实现从无法可依到有法可依的历史性转变，各项事业发展步入法治化轨道。

制度的生命在于创新。党的十八届四中全会明确了全面推进依法治国的重大任务，首要的就是完善以宪法为核心的中国特色社会主义法律体系，加强宪法实施。这是对中国特色社会主义法律体系形成后如何继续完善作出的科学部署。如果说中国特色社会主义法律体系的形成完成了法律制度的创立、实现了法律制度体系化,那么,完善以宪法为核心的中国特色社会主义法律体系,将推动中国特色社会主义法律体系不断创新发展。

在中国特色社会主义法律体系已经形成的背景下,党的十八届四中全会提出了建设中国特色社会主义法治体系的目标,从法律体系迈向法治体系,这表明我国的法治建设已经进入新的历史阶段。

二、什么是中国特色社会主义法治体系

"法治体系"是习近平总书记汇聚全党智慧而凝练出来的一个具有时代性、内涵丰富的核心概念,是习近平总书记全面依法治国新理念新思想新战略的重大理论创新。从"法律体系"到"法治体系"反映了党的治国理政基本思路的重要转变。

习近平总书记明确指出:"全面推进依法治国涉及很多方面,在实际工作中必须有一个总揽全局、牵引各方的总抓手,这个总抓手就是建设中国特色社会主义法治体系。全面依法治国各项工作都要围绕这个总抓手来谋划、来推进。"[1]全面推进依法治国,总目标就是建设中国特色社会主义法治体系,建设社会主义法治国家。

建设中国特色社会主义法治体系,就是在中国共产党领导下,坚持中国特色社会主义制度,贯彻中国特色社会主义法治理论,形成完备的法律规范体系、高效的法治实施体系、严密的法治监督体系、有力的法治保障体系,形成完善的党内法规体系。

(一)完备的法律规范体系

厉行法治,良法先行。完备的法律规范体系,是中国特色社会主义法治体系的前提,是法治国家、法治政府、法治社会的制度基础。

法律体系必须随着时代和实践的发展而不断发展。这对进一步加强和

---

[1] 习近平. 关于《中共中央关于全面推进依法治国若干重大问题的决定》的说明(2014年10月20日)[M]//人民代表大会制度重要文献选编(四). 北京:中国民主法制出版社、中央文献出版社,2015:1792-1793.

改进立法工作，不断完善中国特色社会主义法律体系，提出了新的更高的要求。

在2020年新冠肺炎疫情防控关键时刻，习近平总书记强调："要完善疫情防控相关立法，加强配套制度建设，完善处罚程序，强化公共安全保障，构建系统完备、科学规范、运行有效的疫情防控法律体系。"①

最高人民法院、最高人民检察院、公安部、司法部联合出台《关于依法惩治妨害新型冠状病毒感染肺炎疫情防控违法犯罪的意见》（法发〔2020〕7号），对社会反映强烈的利用疫情哄抬物价、暴力伤医、破坏野生动物资源、制售假劣药品、医疗器械、医用卫生材料等违法犯罪行为的惩治办法与法律责任予以明确。全国人大常委会也及时颁布《关于全面禁止非法野生动物交易、革除滥食野生动物陋习、切实保障人民群众生命健康安全的决定》，严厉打击非法野生动物交易及食用行为。

上海、北京、浙江等地相继出台了一系列疫情防控关键时期的地方法规，明确了社会各界战"疫"的权利义务关系边界，进一步规范各种管控措施使其在法治轨道有序运行，最大限度降低疫情防控成本。

疫情防控紧急立法，有利于规范疫情防控措施和疫情防控各方的权利和义务，保障防疫工作科学、规范、有序地进行。立法之举，为打好疫情防控阻击战提供了及时、有效的法治支撑。

2020年5月28日，十三届全国人大第三次会议通过《中华人民共和国民法典》，这是新中国成立以来第一部以"法典"命名的法律，是新时代我国社会主义法治建设的重大成果。习近平总书记强调，民法典在中国特色社会主义法律体系中具有重要地位，是一部固根本、稳预期、利长远的基础性法律，对推进全面依法治国、加快建设社会主义法治国家，对发展社会主义市场经济、巩固社会主义基本经济制度，对坚持以人民为中心的发展思想、依法维护人民权益、推动我国人权事业发展，对推进国家治

---

① 习近平主持召开中央全面依法治国委员会第三次会议强调 全面提高依法防控依法治理能力 为疫情防控提供有力法治保障 [N]. 人民日报, 2020-02-06 (01).

理体系和治理能力现代化，都具有重大意义。

（二）高效的法治实施体系

法律的生命力在于实施，法律的权威也在于实施。"天下之事，不难于立法，而难于法之必行。"习近平总书记强调："如果有了法律而不实施、束之高阁，或者实施不力、做表面文章，那制定再多法律也无济于事。"① 全面推进依法治国的重点应该是保证法律严格实施，以高效的法治实施体系提升全面依法治国的成效。

高效的法治实施体系，是指执法、司法、守法等各个环节有效衔接、协调高效运转、持续共同发力，实现效果最大化的法治实施系统。建设高效的法治实施体系，关联依法治国、依法执政、依法行政的共同推进和法治国家、法治政府、法治社会的一体建设，是建设中国特色社会主义法治体系的重点，也是难点。

在制定良法的基础上以坚决的态度去贯彻落实相关法律法规，是打赢疫情防控阻击战的重要保证。在这场目标明确的全民阻击战中，我们的一举一动都要与法同行，切忌"随心所欲"。只有立法有力、执法有据、守法有序，才能不断增强疫情防控的社会法治"免疫力"，形成良法与善治同频共振的强大合力，在法治轨道上统筹推进疫情防控工作，并借此全面推进法治国家建设。

（三）严密的法治监督体系

法治建设，重在治权。习近平总书记强调："权力监督的目的是保证公权力正确行使，更好促进干部履职尽责、干事创业。"② 把权力关进制度的笼子里，只能通过构建严密的法治监督体系来实现。法治监督体系是中国特色社会主义法治的重要保障。

---

① 习近平. 关于《中共中央全面推进依法治国若干重大问题的决定》的说明［EB/OL］.（2014 - 10 - 28）［2021 - 05 - 25］. http：//www.xinhuanet.com/politics/2014 - 10/28/c_1113015372.htm.

② 习近平主持中央政治局第十一次集体学习并讲话［EB/OL］.（2018 - 12 - 14）［2021 - 05 - 25］. http：//www.gov.cn/xinwen/2018 - 12/14/content_5348908.htm.

严密的法治监督体系,是指以规范和约束公权力为重点建立的有效的法治化权力监督网络。它以有权必有责、用权受监督、违法必追究,坚决纠正有法不依、执法不严、违法不究行为等为主要任务,是宪法法律有效实施的重要保障,是加强对权力运行制约和监督的迫切要求。

健全宪法实施的监督机制是法治监督最根本的任务。强化对行政权力的监督和制约,构建不敢腐的惩戒机制、不能腐的防范机制、不想腐的保障机制。发挥党内监督、人大监督、民主监督、行政监督、司法监督、审计监督、社会监督、舆论监督的合力,形成对法治运行全过程全方位的监督。建立严密的法治监督体系的最大亮点首推国家监察体制改革。成立监察委员会,制定国家监察法,实现对所有行使公权力的公职人员监察全覆盖。这是推进国家治理体系和治理能力现代化的重大举措。

(四)有力的法治保障体系

形成有力的法治保障体系是全面依法治国的必然要求和应有之义,也是确保"四个全面"战略布局行稳致远、循轨而行、落地生根的关键举措。有力的法治保障体系,是指在法律制定、实施和监督过程中形成的结构完整、机制健全、资源充分、富有成效的保障系统,包括政治和组织保障、人才和物质条件保障、法治意识和法治精神保障等。

习近平总书记强调:"全面推进依法治国,方向要正确,政治保证要坚强。党的领导是社会主义法治最根本的保证。"[1]党的十九大提出成立的中央全面依法治国领导小组,是全面依法治国最大的组织保障,也是党中央深化依法治国实践最根本的举措。

【案例点击】2017年5月3日,习近平总书记到中国政法大学考察,并同中国政法大学师生和首都法学专家、法治工作者代表、高校负责同志座谈,并发表重要讲话。他指出,建设法治国家、法治政府、法治社会,实现科学立法、严格执法、公正司法、全民守法,都离不开一支高素质的

---

[1] 习近平:党纪国法不能成"稻草人"违纪违法都要受到追究 [EB/OL]. (2015-02-02) [2021-05-25]. http://www.xinhuanet.com/politics/2015-02/02/c_1114225307.htm.

专题十四 坚持全面依法治国

法治工作队伍。法治人才培养上不去，法治领域不能人才辈出，全面依法治国就不可能做好。要坚持以马克思主义法学思想和中国特色社会主义法治理论为指导，立德树人，德法兼修，培养大批高素质法治人才。①

【案例评析】治国经邦，人才为先。德才兼备的高素质法治工作队伍是社会主义法治建设强有力的人才保障。法学教育"为谁培养人、如何培养人、培养什么样的人"，是习近平总书记在这次座谈会上提出的教育命题。习近平总书记深刻全面地阐述了法治人才培养对全面推进依法治国的重要性，强调高校是法治人才培养的第一阵地，提出的"立德树人，德法兼修"是国家对新时期法治人才培养以及法治人才素质的要求和期许。

2018年8月24日，习近平总书记在中央全面依法治国委员会第一次会议上再次强调，要加强法治工作队伍建设和法治人才培养，重申"更好发挥法学教育基础性、先导性作用"，明确目标是实现立法、执法、司法工作者"五个过硬"，为培养高素质法治人才进一步指明了方向、明确了目标、提供了方法。

（五）完善的党内法规体系

治国必先治党，治党务必从严，从严必依法度。加强党内法规制度体系建设，是全面从严治党、依规治党的必然要求，是建设中国特色社会主义法治体系的重要内容。完善的党内法规体系，是指内容科学、程序严密、配套完备、运行有效的党内制度及其运行、保障体系。

习近平总书记在党的十九大报告中指出，增强依法执政本领，加快形成覆盖党的领导和党的建设各方面的党内法规制度体系，加强和改善对国家政权机关的领导。这意味着在建立健全基本性党内法规制度的基础上，中央将继续完善党内法规制度体系，实现党内法规制度体系全覆盖。

以党章为"纲"统领党内法规制度体系建设。党章是党的总章程，对坚持党的领导、加强党的建设具有根本性的规范和指导作用。2017年10

---

① 习近平在中国政法大学考察 [EB/OL]. (2017-05-04) [2021-05-25]. http://www.xinhuanet.com/politics/2017-05/03/c_1120913310.htm.

月，党的十九大修正的党章将习近平新时代中国特色社会主义思想确立为党的指导思想，把党的十九大报告确立的管党治党、治国理政重大理论观点和重大战略思想写入党章，为党章注入新时代血液。

2019年9月，中共中央印发修订后的《中国共产党党内法规制定条例》《中国共产党党内法规和规范性文件备案审查规定》以及新制定的《中国共产党党内法规执行责任制规定（试行）》，对党内法规工作进行了全链条的制度规范，提升了党内法规制定的前瞻性、民主性和科学性。

三、如何坚持走中国特色社会主义法治道路

中国特色社会主义法治道路是社会主义法治建设成就和经验的集中体现，明确了建设社会主义法治国家的性质和方向，是中国特色社会主义道路在法治领域的具体体现，是建设社会主义法治国家的正确道路。

习近平总书记强调："全面推进依法治国，必须走对路。如果路走错了，南辕北辙了，那再提什么要求和举措也都没有意义了。全会决定有一条贯穿全篇的红线，这就是坚持和拓展中国特色社会主义法治道路。中国特色社会主义法治道路是一个管总的东西。具体讲我国法治建设的成就，大大小小可以列举出十几条、几十条，但归结起来就是开辟了中国特色社会主义法治道路这一条。"[1]

在坚持和拓展中国特色社会主义法治道德这个根本问题上，我们要树立自信、保持定力。走中国特色社会主义法治道路是一个重大课题，有许多东西需要深入探索，但是基本的东西必须长期坚持。

（一）坚持中国共产党的领导

党的领导是中国特色社会主义最本质的特征，是社会主义法治最根本的保证。把党的领导贯彻到依法治国全过程和各方面，是我国社会主义法治建设的一条基本经验。习近平总书记指出，抓住了党的领导这个根本问题，就是抓住了中国特色社会主义法治的本质和核心。全面依法治国这件

---

[1] 习近平. 加快建设社会主义法治国家[J]. 求是, 2015 (1).

专题十四 坚持全面依法治国

大事能不能办好,最关键的是方向是不是正确、政治保证是不是坚强有力。习近平总书记进一步强调,对这个核心问题,要理直气壮讲,大张旗鼓讲。要向干部群众讲清楚我国社会主义法治的本质特征,做到正本清源、以正视听。中国特色社会主义法治最大的"特"就"特"在这里。

【案例点击】2018年3月,中共中央印发《深化党和国家机构改革方案》。文件中明确提出组建中央全面依法治国委员会。2018年8月24日,中共中央总书记、国家主席、中央军委主席、中央全面依法治国委员会主任习近平主持召开中央全面依法治国委员会第一次会议并发表重要讲话。这是中央全面依法治国委员会成立后的首次亮相。①

【案例评析】全面依法治国是一项长期而重大的历史任务,党的领导是全面依法治国的"定海神针"。习近平总书记指出:"当前,立法、执法、司法、守法等方面都存在不少薄弱环节,法治领域改革面临许多难啃的硬骨头,迫切需要从党中央层面加强统筹协调。"②

这是我们党历史上第一次设立这样的机构,目的是加强党对全面依法治国的集中统一领导,统筹推进全面依法治国工作。习近平总书记提出明确要求:"成立这个委员会,就是要健全党领导全面依法治国的制度和工作机制,强化党中央在科学立法、严格执法、公正司法、全民守法等方面的领导,更加有力地推动党中央决策部署贯彻落实。"③

2020年年初以习近平同志为核心的党中央团结带领全国各族人民打了一场抗击新冠肺炎疫情的人民战争、总体战、阻击战。党中央的集中统一领导是我们打赢疫情防控阻击战的根本前提。在党中央的集中统一领导下,形成了群策群力、群防群治、协同配合的运行机制和社会氛围,取得了抗击疫情的重大战略成果,彰显了党的卓越政治领导力、思想引领力、群众组织力、社会号召力。

---

① 习近平主持召开中央全面依法治国委员会第一次会议[EB/OL].(2018-08-24)[2021-3-12]. http://www.gov.cn/xinwen/2018-08/24/content_5316286.htm.
② 习近平. 加强党对全面依法治国的领导[J]. 求是, 2019 (4).
③ 习近平. 加强党对全面依法治国的领导[J]. 求是, 2019 (4).

抗击疫情的斗争实践再次证明，坚持党中央的集中统一领导，是全国各族人民的根本利益所在，是我们最重要的政治优势，越是危难关头，越要紧密团结在党中央周围，坚决维护党中央权威，确保党中央政令畅通。有了这一条，全党全国就有了主心骨，上下同心，众志成城，党就一定能够带领人民充分展现出中国速度、中国规模、中国效率。

曾经有一段时间，社会上存在一个疑问：一方面，中国共产党是全面依法治国的领导核心；另一方面，法治又强调宪法法律至上，那么党的领导和法治之间是不是对立的关系？到底是党大还是法大？对此问题，习近平总书记一针见血地指出："'党大还是法大'是一个政治陷阱，是一个伪命题。对这个问题，我们不能含糊其辞、语焉不详，要明确予以回答。"①

全面依法治国，方向要正确，政治保证要坚强，最关键的就是坚持中国共产党的坚强领导，不能把党的领导和依法治国对立起来。党和法、党的领导和依法治国是高度统一、具有内在一致性的关系，不是冲突、对立的关系。法是党的主张和人民意愿的统一体现，党领导人民制定宪法法律，党领导人民实施宪法法律，党自身必须在宪法法律范围内活动，这就是党的领导力量的体现。社会主义法治必须坚持党的领导，要把党的领导贯彻到依法治国的全过程和各方面，党的领导必须依靠社会主义法治。只有在党的领导下依法治国、厉行法治，人民当家作主才能充分实现，国家和社会生活法治化才能有序推进。

习近平总书记强调："如果说'党大还是法大'是一个伪命题，那么对各级党政组织、各级领导干部来说，权大还是法大则是一个真命题。纵观人类政治文明史，权力是一把双刃剑，在法治轨道上行使可以造福人民，在法律之外行使则必然祸害国家和人民。"②

---

① 习近平：党纪国法不能成"稻草人"违纪违法都要受到追究 [EB/OL]. (2015-02-02) [2021-05-25]. http://www.xinhuanet.com/politics/2015-02/02/c_1114225307.htm.

② 习近平：党纪国法不能成"稻草人"违纪违法都要受到追究 [EB/OL]. (2015-02-02) [2021-05-25]. http://www.xinhuanet.com/politics/2015-02/02/c_1114225307.htm.

（二）坚持人民主体地位

民之所望，政之所向。为中国人民谋幸福，为中华民族谋复兴，是中国共产党人的初心和使命。坚持人民主体地位是依法治国的基本原则，是社会主义法治的题中之义，也是识别法治真伪的试金石。

在社会主义法治国家，人民是依法治国的主体和力量源泉。我们党的根基在人民、血脉在人民、力量在人民。人民力量是我们所有事业发展的依靠。坚持人民主体地位，必须坚持法治建设为了人民、依靠人民、造福人民、保护人民，以保障人民根本权益为出发点和落脚点，必须把人民当家作主贯彻到依法治国的全过程之中，为法治中国的建设打牢深厚的群众基础。

新冠肺炎疫情防控同人民的生命和健康息息相关，关系着人民的根本利益。坚持人民主体地位贯穿疫情防控的全过程和各方面。2020年2月5日，习近平总书记在中央全面依法治国委员会第三次会议上强调，要在党中央集中统一领导下，始终把人民群众生命安全和身体健康放在第一位，从立法、执法、司法、守法各环节发力，全面提高依法防控、依法治理能力，为疫情防控工作提供有力法治保障。2020年3月10日，习近平总书记在湖北考察新冠肺炎疫情防控工作时指出，为保证人民生命安全和身体健康要筑牢制度防线，要组织更多的干部、党员下沉一线、深入社区，及时解决人民群众困难。党中央的疫情防控要求、最大关切与人民的根本利益是一致的，这种一致性展现了人民主体地位在疫情防控中的贯彻落实。

坚持人民主体地位还包括依靠人民群众的力量展开防疫工作。党中央广泛地动员群众、组织群众、依靠群众。广大人民群众也积极响应党的号召，自觉遵从疫情防控的各项安排和部署，形成群防群治的强大合力。

（三）坚持法律面前人人平等

平等是社会主义法律的基本属性，是社会主义法治的基本要求。坚持法律面前人人平等，要求公民不分民族、种族、性别、职业、家庭出身、宗教信仰、教育程度、财产状况、居住期限等，都应当平等享有公民权利、平等履行公民义务。

坚持法律面前人人平等,要坚决反对特权思想和特权现象。"把权力关进制度的笼子",让权力不再任性。强化法律制度刚性,对违反法律、逾越红线的行为和现象一查到底,真正让法律发力、禁令生威。

(四)坚持依法治国和以德治国相结合

习近平总书记提出:"改革开放以来,我们深刻总结我国社会主义法治建设的成功经验和深刻教训,把依法治国确定为党领导人民治理国家的基本方略,把依法执政确定为党治国理政的基本方式,走出了一条中国特色社会主义法治道路。这条道路的一个鲜明特点,就是坚持依法治国和以德治国相结合,强调法治和德治两手抓、两手都要硬。这既是历史经验的总结,也是对治国理政规律的深刻把握。"①

法治和德治,是治国理政不可或缺的两种方式,如车之两轮或鸟之两翼,忽视其中任何一个,都将难以实现国家的长治久安。习近平总书记强调:"把法律和道德的力量、法治和德治的功能紧密结合起来。"② 使法律与道德相辅相成,实现法治与德治相得益彰,法安天下,德润人心。

正确认识法治和德治的地位。对国家和社会治理而言,法治和德治都非常重要且不可或缺。法治是治国理政的基本方式,依法治国是基本方略,法治具有根本性、决定性和统一性,它强调对任何人都一律平等,任何人都必须遵守法律。德治是治国理政的重要方式,以德治国就是通过在全社会培育、弘扬社会主义核心价值观和社会主义道德,对不同人群提出有针对性的道德要求。

正确认识法治和德治的作用。法治和德治对社会成员都具有约束作用,但约束作用的内在要求和表现形式不同,行为人违反两种规范以后承担的后果也不相同。法治发挥作用要以国家强制力为后盾,主要依靠法律

---

① 习近平:坚持依法治国和以德治国相结合 [EB/OL]. (2016-12-10) [2021-05-25]. http://www.xinhuanet.com//politics/2016-12/10/c_1120093133.htm.

② 坚定不移把全面从严治党引向深入 [EB/OL]. (2018-03-10) [2021-05-25]. http://www.china.com.cn/lianghui/news/2018-03/10/content_50695738.shtml.

专题十四　坚持全面依法治国

的预测作用、惩罚作用、威慑作用和预防作用对公民和社会组织的行为进行约束，并对违反法律的行为追究法律责任；德治发挥作用主要通过人们的内心信念、传统习俗、社会舆论等进行道德教化，并对违反道德的行为进行道德谴责。

正确认识法治和德治的实现途径。法治和德治的实现方式和实施载体不同。法治主要依靠制定和实施法律规范的形式来推进和实施，实行法有禁止不得为，体现的是规则之治。德治主要依靠培育和弘扬道德等途径来推进和实施，道德是内心的法律，以价值、精神和理念等形式表现出来，引导人们自觉地在行动上符合道德才可为，违反道德不可为。

推动法治和德治的相互促进。一是强化道德对法治的支撑作用；二是把道德要求贯彻到法治建设中；三是运用法治手段解决道德领域突出问题。2020年5月28日十三届全国人大三次会议表决通过的《中华人民共和国民法典》第183～184条规定："因保护他人民事权益使自己受到损害的，由侵权人承担民事责任，受益人可以给予适当补偿。没有侵权人、侵权人逃逸或者无力承担民事责任，受害人请求补偿的，受益人应当给予适当补偿。""因自愿实施紧急救助行为造成受助人损害的，救助人不承担民事责任。"这些规定对于匡正社会风气、强化道德建设具有重要的现实意义，体现了民法典为道德撑腰的立法精神，也增强了民法的道德底蕴。

（五）坚持从中国实际出发

习近平总书记指出："走什么样的法治道路、建设什么样的法治体系，是由一个国家的基本国情决定的。"① 中国特色社会主义法治道路熔铸于中国革命、建设与改革的历史逻辑，是经济社会等基本国情长期发展、渐进改进、内生性演化的结果。"为国也，观俗立法则治，察国事本则宜。不观时俗，不察国本，则其法立而民乱，事剧而功寡。"全面推进依法治国，必须从我国实际出发，同推进国家治理体系和治理能力现代化相适应，既

---

① 习近平. 加快建设社会主义法治国家（2014年10月23日）[M]//十八大以来重要文献选编》（中）. 北京：中央文献出版社，2016：186.

不能罔顾国情、超越阶段，也不能因循守旧、墨守成规。

坚持从实际出发，就是要突出法治道路的中国特色、实践特色、时代特色。从我国实际出发，不等于关起门来搞法治，我们必须学习借鉴世界上优秀的法治文明成果。但是学习借鉴不是简单的拿来主义，决不能照搬别国模式和做法，决不能走西方"宪政""三权鼎立""司法独立"的路子。

站在历史新起点上，我们要坚定不移走中国特色社会主义法治道路，坚持建设法治中国的方向不变、道路不偏、力度不减，推动新时代全面依法治国伟大事业走得更稳、行得更远。

展望未来，中国特色社会主义法治道路必将继续展现其独特优势，在解决自身发展实践问题的过程中彰显更加鲜明的中国特色、中国风格、中国气派，并对人类法治文明发展作出新的更大贡献。

四、全面依法治国的基本格局是什么

推进全面依法治国，必须从立法、执法、司法、守法四个方面统筹推进。"科学立法、严格执法、公正司法、全民守法"十六字方针，展现了全面依法治国的基本格局。

（一）科学立法

法律是治国之重器，立法是法治的龙头环节。科学立法以完善以宪法为核心的中国特色社会主义法律体系，加强宪法实施为目标。要坚持以民为本、立法为民理念，使每一项立法都符合宪法精神、反映人民意志、得到人民拥护。把公正、公平、公开原则贯穿立法全过程，完善立法体制机制，增强法律法规的及时性、系统性、针对性、有效性。

（二）严格执法

法律的生命力在于实施，法律的权威也在于实施。严格执法以深入推进依法行政、加快建设法治政府为目标。法治政府的核心内涵是依法行政，确保权力行使不能恣意、任性。推行政府权力清单制度，就是要把权力关进制度的笼子,让公众知道政府的权力边界,让权力真正在阳光下运行。目前全国所有省、市、县三级政府部门权责清单均已公布。

2020年新冠肺炎疫情防控无疑是对各级各地政府的一次大考,而这又体现在各地依法防控的相关行动上。习近平总书记强调:"疫情防控越是到最吃劲的时候,越要坚持依法防控,在法治轨道上统筹推进各项防控工作,保障疫情防控工作顺利开展。"[1] 只有依法防控,才能平衡限制个人基本权利和自由与有效保障个人生命健康、迅速恢复生活、生产秩序之间的关系,才能在防疫过程中做到有章可循,才能保证防疫措施的合法性,从而保证防疫的效率、保证政府的公信力。

2020年疫情防控一级响应之后,北京、上海、浙江等地的人大常委会以"决定"等形式陆续制定了疫情防控的地方性法规,"决定"授权地方政府根据实际需要可以出台控制性措施。依此授权,各地政府从本地实际出发制定了一些程度不同的地方疫情防控管控措施,果断决策于法有据,并依法履职,使得疫情防控能够在法治框架内依法、有序开展,增强了民众战胜疫情的信心,提升了政府公信力。

严格执法严必有度,法方有威。防疫过程中一些地方出现了极个别的、短暂的防控方式不当、防控手段过激等乱作为、不作为或不依法的行为,这在侵犯公民合法权益的同时也导致政府公信力下降,进而影响到社会的诚信。针对防疫工作中的执法越界行为,国家层面曾多次予以纠正。公安部在2020年2月18日就再次强调,要"坚持依法履行职责,坚持严格规范公正文明执法,严禁过度执法、粗暴执法"。这是对权力不依法现象的敲打,也是对公民合法权益的依法捍卫。只有在法治轨道内,坚持权力依法行使、运用法治方式开展疫情防控工作,才能确保打赢疫情防控的人民战争、总体战、阻击战。

---

[1] 习近平主持召开中央全面依法治国委员会第三次会议强调 全面提高依法防控依法治理能力 为疫情防控提供有力法治保障 [N]. 人民日报,2020-02-06(01).

（三）公正司法

公平正义是社会主义法治的价值追求。公正司法的基本内涵是在司法活动的过程与结果中，要体现出公平、平等、正当、正义的精神。司法是维护社会公平正义的最后一道防线。努力让人民群众在每一个司法案件中都能感受到公平正义。这是我们党维护社会公平正义的铮铮誓言，也是衡量司法工作成败的关键标尺。

从党的十八大提出"进一步深化司法体制改革"，到党的十九大要求"深化司法体制综合配套改革"，以习近平同志为核心的党中央从全面推进依法治国，实现国家治理体系和治理能力现代化的高度，擘画司法体制改革宏伟蓝图，加快建设公正高效权威的社会主义司法制度。

【案例点击】1994年8月5日在石家庄市郊区的一块玉米地内发生了一起强奸杀人案。1995年3月15日，河北省石家庄市中级人民法院以故意杀人罪、强奸妇女罪，判处聂树斌死刑。4月25日，河北省高级人民法院做出终审判决，核准死刑。4月27日，聂树斌被执行死刑。

2016年12月2日，最高人民法院对聂树斌故意杀人、强奸妇女再审案公开宣判，法院再审认定聂树斌案原判认定的聂树斌犯故意杀人罪、强奸妇女罪的事实不清、证据不足，当庭宣告撤销原审判决，改判聂树斌无罪。2017年3月，聂树斌家属获268万余元国家赔偿。[①]

【案例评析】聂树斌案历时22年，最终由最高人民法院再审改判无罪。该案再审判决表明了人民法院坚持有错必纠、有冤必申的态度，是全面依法治国战略部署的具体落实、司法公正的生动体现。该案还显示出人民法院坚定实践证据裁判、疑罪从无等法律原则，彰显程序公正理念的决心，展示了党的十八大以来全面深化司法改革的实际成效，是健全完善冤假错案防范、纠正机制的重要成果，向社会传递了信仰法治、信赖司法的正能量。

司法公正是由一个个具体个案的公正累积起来的。习近平总书记在中央政法工作会议上指出："要懂得'100-1=0'的道理，1个错案的负面

---

① 胡云腾. 记载中国法治进程之典型案件 聂树斌案［M］. 北京：人民法院出版社，2019.

影响足以摧毁 99 个公正裁判积累起来的良好形象。执法司法中万分之一的失误，对当事人就是百分之百的伤害。要重点解决好损害群众权益的突出问题，决不允许对群众的报警求助置之不理，决不允许让普通群众打不起官司，决不允许滥用权力侵犯群众合法权益，决不允许执法犯法造成冤假错案。"① 习近平总书记提出的四个"决不允许"是对司法机关工作态度的严格要求，是从源头上防范冤假错案的根本举措。

一起错案的纠正，就是一次司法公正的彰显，也回应了人民群众对于公平正义的强烈诉求。人民群众也从防范和纠正冤假错案的举动中，感受到党中央对建设公正高效权威的司法制度的坚定决心，感知到司法在改革中迈向公平公正的坚实脚步，提升了人民群众对司法公正的信心。

（四）全民守法

法治的真谛，在于全体人民的真诚信仰和忠实践行。全民守法，就是任何组织或者个人都必须在宪法和法律范围内活动，任何公民、社会组织和国家机关都要以宪法和法律为行为准则，依照宪法和法律行使权利或权力、履行义务或职责。

科学立法、严格执法、公正司法、全民守法共同构成全面依法治国的基本格局。它们之间相互联系、相互影响。科学立法使法律既反映客观规律，也反映人民的意志和利益，回应百姓的诉求。科学立法的过程就是普法教育的过程，有助于法律权威的树立和人民群众自觉学法、用法。各级行政机关严格执法、对公民权利的尊重和维护，会推动社会形成崇尚法治的风尚。各级领导干部牢记法律红线不可逾越、法律底线不可触碰，带头守法，才能以"关键少数"带动"最大多数"。公正司法捍卫法治的尊严，才能赢得人民群众的信赖，才能让人民群众学会在法治轨道内解决矛盾纠纷。

【案例点击】郭某某妨害传染病防治案被列入 2020 年 4 月 15 日最高人民法院发布的第三批妨害疫情防控犯罪典型案例。

2020 年 2 月 29 日至 3 月 7 日，被告人郭某某从河南省郑州市乘坐火车

---

① 习近平：习近平关于全面依法治国论述摘编 [M]. 北京：中央文献出版社，2015：96-97.

到达北京市后乘飞机经阿联酋阿布扎比中转，先后到意大利米兰、法国巴黎旅行，后乘飞机按原路线返回。3月7日，郭某某乘飞机从阿布扎比到达北京市后，乘坐机场大巴到北京西站，于当日下午乘坐火车返回郑州市。回到郑州市后，郭某某明知境外入郑人员需要申报健康登记和采取隔离措施，故意隐瞒出入境情况，且未执行隔离规定，返程次日到单位上班。其间，郭某某出现咽痛、发热等症状，仍多次乘坐公共交通工具，出入公共场所。3月11日，郭某某被确诊为新冠肺炎患者，与其密切接触的43人被集中隔离医学观察，其工作单位所在大厦全楼封闭7天。

河南省郑州市二七区人民法院经审理认为，被告人郭某某违反传染病防治法的规定，拒绝执行卫生防疫机构依照传染病防治法提出的预防、控制措施，引起新型冠状病毒传播的严重危险，社会危害严重，影响恶劣，其行为构成妨害传染病防治罪，应依法从严惩处。综合其犯罪事实、性质、情节和对社会的危害程度以及认罪悔罪表现，于2020年4月3日以妨害传染病防治罪判处被告人郭某某有期徒刑一年六个月。①

【案例评析】一个案例胜过一打文件。以案释法、以案警示，典型案例就是生动的法治教育公开课。通过办理典型案件进行普法，充分发挥典型案例的引领、示范、指导作用，增强公众对法治的信仰，以实际案例让公众知法、守法。

这起典型案件的审理和发布为维护社会秩序和疫情防控秩序提供了一个法治样本，将拒绝执行新冠肺炎防控措施、引起新冠肺炎病毒传播严重危险的行为具体化、普及化，使公众明晰了犯罪的基本特征及其社会危害。对违法者适用刑罚不仅是惩罚犯罪、防止其再次犯罪，也在于以此警示他人、规制社会成员的行为，从而使公众的行为符合疫情防控的规范，达到威慑、预防、规范的效果。

在抗击疫情的特殊时期，我们每个公民都应该自觉守责、守德、守法，顾

---

① 人民法院依法惩处妨害疫情防控犯罪典型案例（第三批）[EB/OL].（2020-04-15）[2021-03-12]. http://www.court.gov.cn/zixun-xiangqing-225671.html.

全大局、自我约束、服从调度，以积极作为的态度，信任立法、配合执法、倚赖司法、努力护法，共同维护社会的有序运行，坚守信念、坚定信心，把依法抗疫坚持到底，这既是对自己负责、对他人负责，更是对国家负责。

专题小结

以宪法为核心的中国特色社会主义法律体系的形成，以及中国特色社会主义法治体系的完善，是全面依法治国、推进社会主义法治建设的重大成就。新时代全面依法治国，必须把党的领导贯彻落实到依法治国的全过程和各方面，必须坚定不移走中国特色社会主义法治道路，建设中国特色社会主义法律体系和法治体系，建设社会主义法治国家，形成科学立法、严格执法、公正司法、全民守法的基本格局，促进国家治理体系和治理能力现代化。

延伸阅读

1. 习近平. 论坚持全面依法治国 [M]. 北京：中央文献出版社，2020.
2. 中共中央宣传部理论局. 法治热点面对面 [M]. 北京：学习出版社、人民出版社，2015.
3. 李林. 中国的法治道路 [M]. 北京：中国社会科学出版社，2016.

思考题

1. 中国为什么必须走中国特社会主义的法治发展道路？
2. 从法律体系到法治体系一字之差背后的意蕴是什么？

（撰写人：赵国英）

专题十五　培养社会主义法治思维

教学设计思路

一、教学目的与要求

（一）知识目标

1. 引导和帮助大学生理解法治思维的基本内涵，掌握法治思维的基本内容。

2. 引导和帮助大学生掌握尊重和维护法律权威的基本要求。

（二）能力目标

帮助大学生掌握培养法治思维的方法，提高尊法、学法、守法、用法的自觉性。

（三）情感和价值观目标

引导大学生尊崇法治，养成法治思维，提高尊重和维护社会主义法律权威的自觉性，成长为法治中国、法治社会建设的重要力量。

二、针对的学生主要思想困惑

1. 法治思维与人治思维有什么区别？

2. 尊重、维护法律权威的价值是什么？

三、针对的错误思潮与模糊认识

中国治国理政均是人治思维。

四、教学重点难点

1. 法治思维的含义。

2. 法治思维的基本内容。

3. 法律权威的含义。

五、教学时数

3 课时

教 学 正 文

授课导入

2020 年 2 月 11 日，在抗击新冠肺炎疫情的关键时刻，最高人民检察院发布首批十个妨害新冠肺炎疫情防控犯罪典型案例，共涉及抗拒疫情防控措施、暴力伤医、制假售假、哄抬物价、破坏野生动物资源等七类犯罪。① 这些案例说明，有人法治思维缺失，藐视法律权威，个人既付出了代价，又影响了抗疫大局。

养成法治思维、树立法律权威很重要。那么，什么是法治思维？什么是法律权威？大学生应该怎样养成法治思维，提高尊重和维护社会主义法律权威的自觉性？

---

① 抗拒防控、暴力伤医……首批妨害疫情防控十个典型案例发布 [EB/OL]. (2020 - 02 - 11) [2021 - 05 - 25]. https：//news. china. com/zw/news/13000776/20200211/37788875. html.

一、如何理解法治思维

党的十八大以来，习近平总书记多次强调法治思维的重要性。2012年12月，在首都各界纪念现行宪法公布施行30周年大会上，习近平总书记强调各级领导干部要提高运用法治思维和法治方式深化改革、推动发展、化解矛盾、维护稳定的能力。2013年2月，在中央政治局集体学习时又强调各级领导机关和领导干部要提高运用法治思维和法治方式的能力，努力以法治凝聚改革共识、规范发展行为、促进矛盾化解、保障社会和谐。2014年，《中共中央关于全面推进依法治国若干重大问题的决定》要求"提高党员干部法治思维和依法办事能力"。①

思维方式是看待事物的角度、方式和方法，法治思维是一种思维方式。它的含义是什么？有什么特性？

（一）培养法治思维，抛弃人治思维

1. 法治思维的概念

法治思维是指以法治价值和法治精神为导向，运用法律原则、法律规则、法律方法思考和处理问题的思维模式。法治思维主要有四层含义。

第一，法治思维是一种正当性思维。它以法治价值和法治精神为指导，蕴含着公正、平等、民主、人权等法治理念。

第二，法治思维是一种规范性思维。强调以法律原则和法律规则为依据来指导人们的社会行为。

第三，法治思维是一种可靠的逻辑思维，即以法律手段与法律方法为依托分析问题、处理问题、解决纠纷。

第四，法治思维是一种符合规律、尊重事实的科学思维。

综上可见，法治思维是一种融法律的价值属性和工具理性于一体的特殊的高级法律意识，是一种适合现代社会的思维方式。

---

① 中共中央关于全面推进依法治国若干重大问题的决定 [N]. 人民日报，2014 - 10 - 29.

法治思维的主体，主要是公权力的行使者，同时也包括大学生在内的全体社会成员。对公民而言，法治思维就是当自己的理想目标、思想感情、行为方式、权利诉求和利益关系等与法律的价值、规则或要求发生冲突时，能够服从法律，作出符合法律规定的选择，按照法律的指引实施自己的行为。

2. 准确把握法治思维与人治思维的区别

中国封建社会历史漫长，人治思维根深蒂固，现今其影响依然存在。例如，遇到权益受到损害，有的公民虽然也会到法院进行诉讼，但是仍然习惯性地托人找法官，希望得到关照。

人治思维是指人们以信奉人之治为核心形成的思想观念和思维方式。其主要特点有权力至尊，漠视权利，放纵权力，拒斥程序，暗箱操作等。法治思维与人治思维的区别集中体现在四个方面。

其一，在依据上，法治思维认为国家的法律是治国理政的基本依据，处理法律问题要以事实为根据、以法律为准绳；而人治思维的本质是主张人高于法或权大于法，它片面强调以个人的魅力、德性和才智来治国平天下。这体现了以法律为准还是以个人意志为准的冲突。例如古希腊柏拉图提出的"哲学王"之治，我国古代推崇的"圣君""贤人"之治以及后世的"英雄""强人""能人"之治等，主要强调的都是依靠个人的能力和德性治国理政。

其二，在方式上，法治思维以一般性、普遍性的平等对待方式调节社会关系，解决矛盾纠纷，坚持法律面前人人平等原则，具有稳定性和一贯性；而人治思维漠视规则的普遍适用性，按照个人意志和感情进行治理，具有任意性和非理性。这体现了一般性、普遍性与任意性、非理性的冲突。

其三，在价值上，法治思维强调集中社会大众的意志来进行决策和判断，是一种"多数人之治"的思维；而人治思维是个人说了算的专断思维。这体现了民主与专断的冲突。

其四，在标准上，法治思维与人治思维的分水岭不在于有没有法律或者法律的多寡与好坏，而在于最高的权威究竟是法律还是个人。法治思维以法律为最高权威，强调"必须使民主制度化、法律化，使这种制度和法律不因领导人的改变而改变，不因领导人的看法和注意力的改变而改变"①。人治思维则奉个人的意志为最高权威，当法律的权威与个人的权威发生矛盾时，强调服从个人而非服从法律的权威。这体现了法律至上与权力至尊的冲突。

党特别要求各级领导干部在治国理政中要提高运用法治思维和法治方式深化改革、推动发展、化解矛盾、维护稳定的能力，一个重要原因就是要清除长期封建社会遗留的人治影响，改变重权不重法、重权力不重权利、重治民轻治官、重管理轻服务等误区，铲除产生以言代法、以权压法等背离社会主义法治精神行为的温床，推动全面依法治国。

有人认为，中国治国理政均是人治思维，这种观点是静止机械地看问题。在中国漫长的封建社会，治国理政靠人治思维。但在新中国成立后，党和政府开始重视法治思维。尽管有过一段曲折历史，但全社会摒弃人治思维、培育法治思维的方向明确，成绩巨大。特别是在党的十八大以来，党中央推进全面依法治国，明确倡导法治思维，中国彻底告别人治思维、更好地拥抱法治思维的愿景越来越展现出得以实现的最大可能。

在2020年抗击新冠肺炎疫情中，国外有人无端指责"武汉封城"是人治思维。这种说法是错误的。"武汉封城"蕴含着人权等诸多法治理念，具有充分的法律依据，如《中华人民共和国传染病防治法》《突发公共卫生事件应急条例》《湖北省突发公共卫生事件应急预案》等。"武汉封城"恰恰体现的是依法办事、以法律为最高权威的法治思维。

（二）全面把握法治思维的基本内容

法治思维内涵丰富、外延宽广。一般来讲，法治思维主要包括以下五个方面。

---

① 邓小平文选（第2卷）[M].北京：人民出版社，1994：146.

专题十五 培养社会主义法治思维

1. 法律至上

法律至上是指在国家或社会的所有规范中,法律是地位最高、效力最广、强制力最大的规范。现代国家有很多规范,例如宗教规范、道德规范、团体规范和行业规范等。法律至上要求这些规范都不得超越法律规范,不得与法律规范相抵触。这里的法律,既包括宪法,也包括其他一般法律。法律至上尤其是指宪法至上,因为宪法具有最高的法律效力,是其他一切法律的依据。

法律至上具体表现为法律的普遍适用性、优先适用性和不可违抗性。其一,法律的普遍适用性,是指法律在本国主权范围内对所有人具有普遍的约束力。所有国家机关、社会组织和公民都必须遵守法律,依法享有和行使法定职权与权利,承担和履行法定职责与义务。其二,法律的优先适用性,是指当同一项社会关系同时受到多种社会规范的调整而多种社会规范又相互矛盾时,要优先考虑法律规范的适用。其三,法律的不可违抗性,是指法律必须遵守,违反法律要受到惩罚。任何人不论权力大小、职位高低,只要有违法犯罪行为,就要依法追究其法律责任。养成法律至上思维,对于自觉遵守法律、维护法律权威意义重大。例如,党的十八大到十九大期间,经党中央批准立案审查的省军级以上党员干部及其他中管干部440人。其中,十八届中央委员、候补委员43人,中央纪委委员9人。全国纪检监察机关共接受信访举报1218.6万件(次),处置问题线索267.4万件,立案154.5万件,处分153.7万人,其中厅局级干部8900余人,县处级干部6.3万人,涉嫌犯罪被移送司法机关处理5.8万人。① 这充分说明,任何人不论权力大小、职位高低,只要有违法犯罪行为,就要依法追究其法律责任。

2. 权力制约

权力制约是指国家机关的权力必须受到法律的规制和约束。在我国,

---

① 十八届中央纪律检查委员会向中国共产党第十九次全国代表大会的工作报告 [EB/OL]. (2017-10-29) [2021-05-25]. https://www.ccdi.gov.cn/toutiao/201710/t20171029_126172.html.

一切权力为民所有，一切权力为民所用。因此，只有依法对权力的配置和运行进行有效制约和监督，才能防止权力私用、权力滥用和权力腐败。国家工作人员就职时应当按照法律规定公开进行宪法宣誓。为落实依宪治国、依宪执政，维护宪法权威，普及宪法知识，我国把每年12月4日定为"国家宪法日"。

2018年3月17日，12名陆海空三军仪仗兵，分两列从会场后方正步行进至主席台前伫立，三名礼兵迈着正步护送《中华人民共和国宪法》至宣誓台，全体起立，高唱国歌。习近平举起右手，在第十三届全国人民代表大会第一次会议的第五次全体会议上进行了宪法宣誓，这是我国实行宪法宣誓制度以来第一次在全国人民代表大会上举行宪法宣誓活动。

"我宣誓：忠于中华人民共和国宪法，维护宪法权威，履行法定职责，忠于祖国、忠于人民，恪尽职守、廉洁奉公，接受人民监督，为建设富强民主文明和谐美丽的社会主义现代化强国努力奋斗！"[1]

这是中华人民共和国历史上首次国家领导人宪法宣誓。铮铮誓言，凝聚的是依宪治国、依宪执政的庄严承诺，是我国一切国家机关的权力均受宪法的规制和约束的体现，也是国家领袖以身作则，带头遵守宪法、维护宪法的直接体现。

权力制约分为权力由法定、有权必有责、用权受监督、违法受追究四项要求。

其一，权力由法定，即法无授权不可为，是指国家机关的职权必须来自法律明确的授予。国家机关必须严格依照法律规定的权限范围行使职权，而不得行使法律未授予的权力。

其二，有权必有责，是指国家机关在获得权力的同时必须承担相应的职责和责任。当发生了属于其职权范围内的事项时，国家机关必须履行相应的管理职责。

---

[1] 宪法宣誓一周年 习近平的九个瞬间 [EB/OL]. (2019-03-17) [2021-03-15]. http://politics.people.com.cn/n1/2019/0317/c1001-30979520.html.

其三，用权受监督，是指国家权力的运行和行使必须接受各种形式的监督，让人民监督权力，让权力在阳光下运行。

其四，违法受追究，是指国家工作人员违法行使权力必须受到法律的追究和制裁。养成权力制约思维，要求自觉运用权力、勇于监督权力，同时自觉监督宪法、法律的实施。

3. 公平正义

公平正义是指社会的政治利益、经济利益和其他利益在全体社会成员之间合理、公平分配和占有。一般来讲，公平正义主要包括权利公平、机会公平、规则公平和救济公平。

权利公平包括三重含义：一是权利主体平等，国家对每个权利主体"不偏袒""非歧视"；二是享有的权利特别是基本权利平等；三是权利保护和权利救济平等。

机会公平是指生活在同一社会中的成员拥有相同的发展机会和发展前景，反对任何形式的歧视。机会公平包括国家和社会要积极为社会成员的发展创造条件，并努力创造平等的起点；社会成员的发展进步权要受到同等尊重，不断拓展社会成员的发展领域；不仅要关注当代人的平等机会，还要考虑后代人的机会平等。

规则公平是指对所有人适用同一的规则和标准，不得因人而异。具体包括法律规则面前人人平等、法律内容面前人人平等和法律保护面前人人平等，任何人不得享有法律之外的特权，任何人也不会被法律排除在保护之外。

救济公平是指为权利受到侵害或处于弱势地位的公民提供平等有效的救济。救济公平包括以下三项：司法救济公平，即司法要公正对待每一个当事人，致力于实现司法公正；行政救济公平，即政府对需要救济的社会成员提供的救济服务要一律平等，不得区别对待；社会救济公平，即社会对需要救济的社会成员提供的社会救济服务要一律平等，不得厚此薄彼。养成公平正义思维，有利于增强实现公平正义的责任感，为促进全社会的公平正义而奋斗。需要注意的是，救济公平并不是说对每个人都是无差别的救济额度、方法,而是说要以事实为根据、以法律为准绳的平等对待。

4. 权利保障

权利保障主要是指对公民权利的法律保障,具体包括公民权利的宪法保障、立法保障、行政保护和司法保障。

宪法保障是权利保障的前提和基础。宪法表明尊重和保障人权的鲜明态度,确立保障权利的有效机制,明确列出宪法保障的公民基本权利,能够推动整个国家和法律体系加强权利保障。

立法保障是权利保障的重要条件。宪法有关基本权利的规定一般较为原则,各项具体权利的保障由立法机关通过立法作出明确规定。

行政保护是权利保障的关键环节,行政机关在行使行政管理权的过程中必然要涉及处置社会成员的利益问题,很容易发生损害或侵犯公民权利的现象。行政机关是否能够有效地保护公民权利,直接反映出一个国家的权利保障状况。

司法保障是公民权利保障的最后防线,既是解决个人之间权利纠纷的有效渠道,也是纠正和遏制行政机关侵犯公民权利的有力机制。

5. 正当程序

做一件事情,往往需要按照一定的程序,只有按照程序做,才能防止主观任性、无序混乱。只有严格按照法律程序办事办案,处理结果才可能公正并具有公信力和权威性。

程序的正当,表现在程序的合法性、中立性、参与性、公开性、时限性等方面。合法性是指程序运行合乎法律的规定,有关机关或个人不得违反或变相违反。中立性是指程序设计和运行应平等地对待双方当事人,不得偏向任何一方。参与性是指案件或纠纷的利害关系人都有机会进入办案程序,充分表达自己的利益诉求和意见主张,为解决纠纷发挥作用。公开性是指程序运行的过程和结果应当向当事人和社会公开,以接受各方监督,防止办案不公和暗箱操作,让正义以人们看得见的方式实现。时限性是指程序的运行必须有合理的期限,符合时间成本和效率原则的要求,不得无故拖延或没有终结。如诉讼案件应当在法定的期限内作出裁判，如无法定事由，诉讼期限不得延长。正义不应缺席，也不应迟到，迟到的正义是有瑕疵的正义。

【案例点击】于艳茹诉北京大学案

于艳茹为北京大学 2008 级博士研究生，2013 年 7 月 5 日取得博士学位。后被发现，其在 2013 年 1 月向《国际新闻界》杂志社、投稿，并在同年 7 月 23 日刊登的论文《1775 年法国大众新闻业的"投石党运动"》一文构成严重抄袭。2015 年 1 月 9 日，北京大学在调查后作出《关于撤销于艳茹博士学位的决定》，依据《学位条例》《国务院学位委员会关于在学位授予工作中加强学术道德和学术规范建设的意见》《北京大学研究生基本学术规范》等规定，决定撤销其博士学位，并收回学位证书。于艳茹不服，上诉到北京市海淀区人民法院。

海淀区法院经审理，以程序违法为由撤销了北京大学作出的《关于撤销于艳茹博士学位的决定》。理由是：学位条例及相关法律法规虽然未对撤销博士学位的程序作出明确规定，但撤销博士学位涉及相对人重大切身利益，是对取得博士学位人员获得的相应学术水平作出否定，对相对人合法权益产生极其重大的影响。因此，北京大学在作出《撤销决定》前，应当遵循正当程序原则，充分听取于艳茹的陈述和申辩，保障其享有相应权利。北京大学虽在调查初期与于艳茹有过一次约谈，但此次约谈系调查程序。北京大学在作出《撤销决定》前未充分听取于艳茹的陈述和申辩，因此有违正当程序原则。另外，海淀法院还指出，北京大学的《撤销决定》中仅载明依据《学位条例》等规定，但未明确具体条款，故没有明确的法律依据，适用法律有不当之处。北京大学不服判决，又上诉至北京市第一中级人民法院。二审法院判决驳回其上诉，维持原判。

【案例评析】在我国行政管理领域，一直存在"重实体、轻程序"的问题，这也是法治思维中规范性思维不足的表现，即没有完全以法律原则和法律规则为依据来指导社会行为。于艳茹案突出说明了程序正当的重要性。海淀区人民法院的判决引发广泛讨论，获得好评，促进了全社会程序权利意识的普及和强化，提升了法治思维，对于推进我国的法治国家建设进程具有积极意义。

二、如何尊重和维护法律权威

培养法治思维，关键是要尊重法律权威。

【案例点击】 苏格拉底之死

公元前399年，雅典进行了一场著名的审判，70岁的苏格拉底被指控犯了反对城邦的旧神、试图引入新神和腐蚀青年这三项罪，被雅典人以城邦利益的名义判处了死刑。

苏格拉底坚信自己没有罪。在被处死前夕，朋友建议他越狱以免一死，并愿意提供帮助，遭到了苏格拉底拒绝。苏格拉底表示，生活在这个城邦，就必须服从城邦的法律。在任何情况下，他都不愿违反法律，即便判决有失公正。最终，苏格拉底平静地接受了死刑。

苏格拉底死后，雅典人逐渐认识到自己犯了错误，转而去追究当初控诉苏格拉底的人的责任。

【案例评析】 "苏格拉底之死"最大的意义，就是表明了对法律权威的尊重。法律只有被遵守才有权威性，而只有法律树立了权威，才能有国家秩序与社会正义的存在。

尊重法律权威，要尊重一般法律的权威，更要尊重宪法至上的权威。大学生要培养法治思维，关键是要深刻认识尊重社会主义法律权威的意义，以实际行动维护社会主义法律权威。

(一) 法律权威源自人民的内心拥护和真诚信仰

1. 影响法律权威的主要因素

法律权威是指法律在社会生活中的作用力、影响力和公信力，是法律应有的尊严和生命。法律是否具有权威，取决于四个基本要素。

一是法律在国家和社会治理体系中的地位和作用。只有法律占主导地位和起决定作用，法律才具有权威。在人治社会，不可能有真正的法律权威。

二是法律本身的科学程度。法律只有反映客观规律和人类理性，才具有权威。古希腊思想家亚里士多德认为，法治的两个基本条件是：制定好的法律，并严格实施这种法律。

例如，在现实生活中，有人担心见义勇为会造成个人权益损失或受助人损害，使自己"摊上事"，从而犹豫不决。对此，2017年通过的《中华人民共和国民法总则》对见义勇为中可能造成的损失问题作了有针对性的规定。《民法总则》第183条规定：因保护他人民事权益使自己受到损害的，由侵权人承担民事责任，受益人可以给予适当补偿。没有侵权人、侵权人逃逸或者无力承担民事责任，受害人请求补偿的，受益人应当给予适当补偿。《民法总则》第184条规定：因自愿实施紧急救助行为造成受助人损害的，救助人不承担民事责任。《民法总则》关于见义勇为的规定是科学的，其保护了见义勇为者，鼓励了见义勇为行为。科学的法律规定，才能得到大家拥护，相关法律制度才能得以更好地执行。《中华人民共和国民法典》坚持上述法律精神，作了相同的法律规定。

三是法律在实践中的实施程度。法律只有在实践中得到严格实施和遵循，才具有权威。习近平总书记指出"法律的生命力在于实施，法律的权威也在于实施。'天下之事，不难于立法，而难于法之必行'。如果有了法律而不实施、束之高阁，或者实施不力、做表面文章，那制定再多法律也无济于事。"[1]

四是法律被社会成员尊崇或信仰的程度。法律只有反映人民共同意愿且为人民真诚信仰，才具有权威。党的十八届四中全会指出"法律的权威源自人民的内心拥护和真诚信仰"[2]，一语道破法治视野下法律权威的实质。

---

[1] 习近平. 关于《中共中央关于全面推进依法治国若干重大问题的决定》的说明 [N]. 人民日报，2014－10－29.

[2] 中共中央关于全面推进依法治国若干重大问题的决定 [N]. 人民日报，2014－10－29.

2. 尊重和维护法律权威利国利民

习近平总书记反复强调:"法治兴则国家兴,法治衰则国家乱。什么时候重视法治,法治昌明,什么时候就国泰民安;什么时候忽视法治,法治松弛,什么时候就国乱民怨。"① 这从一个侧面突出说明了尊重和维护法律权威的极端重要性。

【案例点击】张先著诉芜湖市人事局取消公务员考试资格案

从 20 世纪 90 年代中期开始,乙肝病毒携带者在就业时屡屡受挫,尤其是国家人事部于 1994 年 6 月颁布《公务员录用体检标准》,第一次将乙肝检测作为"硬指标"。"乙肝歧视"成为就业中经常发生的现象。

2003 年 6 月,大学毕业的芜湖青年张先著在芜湖市报考公务员职位,综合成绩名列第一,按规定进入体检程序。2003 年 9 月间,张先著在先后两次体检中均因检查出感染乙肝病毒,被认定为体检不合格。芜湖市人事局以口头方式向张先著宣布,由于体检结论不合格而不予录用。2003 年 11 月 10 日,张先著以芜湖市人事局的行为剥夺其担任国家公务员的资格,侵犯其合法权利为由,向原芜湖市新芜区人民法院提起行政诉讼。

2004 年 4 月 2 日,新芜区法院作出一审判决,确认被告芜湖市人事局取消原告张先著进入考核程序资格主要证据不足。同时,对原告要求被录用至相应职位的请求不予支持。芜湖市人事局不服一审判决,向芜湖市中级人民法院提起上诉。2004 年 5 月 31 日,芜湖中院终审判决:驳回上诉,维持原判。②

【案例评析】张先著提起诉讼的"中国乙肝歧视第一案",在全国引起很大反响,张先著成了全国用行政诉讼的法律手段维护乙肝患者权益的第一人。张先著胜诉的意义在于这场官司唤起了社会对这个群体正当权利的重视。此案判决后,全国多个省份修改了招考公务员禁止录用乙肝病毒携

---

① 中共中央宣传部. 习近平新时代中国特色社会主义思想学习纲要(第 8 章)[M]. 北京:学习出版社,人民出版社,2019:96.

② 70 年要案纵览:张先著诉芜湖市人事局取消公务员考试资格案[EB/OL]. [2021-03-15]. https://www.thepaper.cn/newsDetail_forward_4131750.

带者的有关规定，国家人事主管部门进一步统一了国家公务员体检录用标准。后来，国家有关部门规定在公民入学、就业体检中不得要求进行乙肝项目检测，充分保护了公民的合法权益。司法界和舆论普遍认为，人民法院将人事部门的公务员录用行为纳入行政诉讼的受案范围，开启了司法审查该类行为的先河。通过司法程序解决就业歧视纠纷，有助于促进政府依法行政，促使政府带头摒弃就业歧视，使宪法上的平等原则落到实处，确保对公民权利的尊重和保障。[①] 张先著用实际行动尊重和维护法律权威，用法律武器捍卫乙肝患者权益，并促进了社会进步。法院并没有因为张先著是民告官而有歧视行为，这促进了国家长治久安、社会进步。

具体而言，尊重和维护法律权威的意义具体表现在：其一，尊重和维护法律权威是社会主义法治观念的核心要求和建设社会主义法治国家的前提条件。其二，尊重和维护法律权威对于推进国家治理体系和治理能力现代化、实现国家的长治久安极其重要。其三，尊重和维护法律权威是实现人民意志、维护人民利益、保障人民权利的基本途径。其四，尊重和维护法律权威是维护个人合法权益的根本保障。

（二）尊重和维护法律权威的基本要求

1. 信仰法律

最重要的法律，不是刻在大理石上，也不是刻在铜表上，而是铭刻在公民的内心里。法律必须被信仰，否则形同虚设。如果对法律不信任，认为靠法律解决不了问题，而总是想找门路、托关系，或者采取极端行为，那就不可能建成法治社会。

【案例点击】 罗彩霞名字和身份证号被盗用案

2009年3月，天津师范大学学生罗彩霞，因名字和身份证号被盗用而无法获得教师资格证以及毕业证。经查，原因是：2004年高考后，湖南省邵东县公安局原政委王峥嵘通过非法途径，让其女儿冒名顶替她，被贵州

[①] 70年要案纵览：张先著诉芜湖市人事局取消公务员考试资格案［EB/OL］.［2021-03-15］. https://www.thepaper.cn/newsDetail_forward_4131750.

师大录取，使罗彩霞当年失去了上大学的机会。在获知此事后，罗彩霞拒绝了王峥嵘私了的要求，向公安机关报案，并向法院提起诉讼。在媒体的监督和司法机关的介入之下，王峥嵘受到了法律的制裁。

【案例评析】罗彩霞的行为，就是信仰法律的典型，用法律手段解决问题，是尊重和维护法律权威的行为。在这一过程中，自己的权益得以维护，社会正义得以伸张。这是选择"私了"所不能达到的效果。

2. 遵守法律

用实际行动捍卫法律尊严，保障法律实施。参与社会活动，实施个人行为，都要以法律为依据，不得违反法律规范。处理问题、作出决定时，要先问问法律的规定"是什么"和"为什么"，是否合法可行。在处理守法与违法的关系时，要防微杜渐，防止因小失大。在面临选择的重大关头，要依法冷静权衡，防止头脑发热或心存侥幸而铸成大错。

3. 服从法律

应当拥护法律的规定，接受法律约束，履行法定的义务，服从依法进行的管理，承担相应的法律责任。对一切依据法律和事实作出的决定，真心接受与认可，自觉执行。

4. 维护法律

争当法律权威的守望者、公平正义的守护者、具有良知的护法者。对违法犯罪行为，要敢于揭露、勇于抵制，消除袖手旁观、畏缩不前的恐惧心理，抵制遇事回避的惧法现象。

三、如何培养大学生的法治思维

（1）学习法律知识。学习和掌握基本的法律知识，是培养法治思维的前提。除了从书本上获取法律知识外，还可以通过收听收看法制广播电视节目、阅读法律类报纸杂志，尤其是运用网络等途径学习法律知识。

（2）掌握法律方法。一是正确理解法律的方法，包括理解法律条文的含义、内容和精神等。例如，抢劫与抢夺、定金与订金、合同的完全不履行与不完全履行等相近易混概念的理解。二是正确运用法律的方法。

（3）参与法律实践。一是参与立法讨论；二是依法行使监督权；三是旁听司法审判；四是参与模拟法庭、法律诊所、法律辩论等校园法治文化活动，增长法律知识，锻炼法治思维。

凡是人民法院公开审判的案件，都允许公民旁听，大学生可以向人民法院申请旁听法院庭审，了解案件的审判过程，增长法律知识。申请法院旁听一般步骤如下：①点击打算旁听的法院的官网，找到开庭公告栏目选择要旁听的案件；②3日之内，携带身份证或其他有效证件去办理旁听证；③若旁听人数过多，需提前与法院联系。

对旁听公民除进行必要的身份查验和安全检查外，不得设置旁听限制，但下列人员不得参加旁听：①不满18岁的未成年人（经法院批准的除外）；②精神病人和醉酒的人；③其他不宜旁听的人。

（4）养成守法习惯。自觉遵守宪法和法律，坚持从具体事情做起，才能养成守法的习惯和法治思维。

（5）守住法律底线。法律红线不可逾越、法律底线不可触碰。大学生应当坚持从我做起，从身边做起，形成底线思维，严守法律底线，带头遵守法律。

专题小结

建设社会主义法治国家，推动公民养成法治思维，明确人治思维与法治思维的根本区别，尊重和维护法律权威有重要意义。当代大学生要自觉养成法治思维，带头维护和尊重法律权威，积极投身全面依法治国，成长为社会主义的建设者和接班人。

延伸阅读

1. 习近平．关于《中共中央关于全面推进依法治国若干重大问题的决定》的说明 [N]. 人民日报, 2014 - 10 - 29.

  2. 中共中央宣传部. 习近平新时代中国特色社会主义思想学习纲要 [M]. 北京: 学习出版社、人民出版社, 2019: 95 - 108.

思考题

  1. 什么是法治思维？基本内容有哪些？

  2. 联系抗击新冠肺炎疫情的实际，谈一谈树立社会主义法律权威的意义有哪些。

（撰写人：王璇）

专题十六　依法行使权利、履行义务

教学设计思路

一、教学目的与要求

（一）知识目标

1. 引导和帮助大学生理解法律权利与法律义务的内涵，掌握法律权利与法律义务的关系。

2. 引导和帮助大学生掌握我国宪法法律规定公民享有的基本权利、履行的基本义务。

（二）能力目标

帮助大学生掌握行使法律权利的界限，明确违反法定义务应当承担的法律责任，培养大学生依法行使法律权利、履行法律义务的意识与能力。

（三）情感和价值观目标

引导大学生树立马克思主义权利义务观，帮助大学生提升法治素养，成长为自觉担当民族复兴大任的时代新人。

二、针对的学生主要思想困惑

如何理解法律权利和法律义务的关系？

三、针对的错误思潮与模糊认识

个别学生受西方媒体影响，认为"武汉封城"限制了公民自由、侵犯了人权。

四、教学重点难点

1. 法律权利和法律义务的关系。
2. 我国宪法法律规定的公民的基本权利。
3. 我国宪法法律规定的公民的基本义务。

五、教学时数

3 课时

教 学 正 文

授课导入

2020年3月8日，《纽约时报》的一场美式双标实况"演出"，让人大跌眼镜。《纽约时报》发文，妄称中国封城"给人民的生活和自由带来了巨大损失""侵犯人权"。20分钟后，《纽约时报》又发文，称赞意大利封城是"冒着牺牲自己的经济风险，来遏制冠状病毒的扩散"。真的是如《纽约时报》所言，中国封城"给人民的生活和自由带来了巨大损失"吗？中国封城是"侵犯人权"吗？当然不是。为什么不是？这里涉及公民的权利义务等内容。那么，如何从法律角度理解公民的权利和义务？我国公民享有哪些基本权利，要履行哪些基本义务？如何正确行使法律权利、履行法律义务？这些都是本专题要学的内容。

专题十六 依法行使权利、履行义务

一、如何正确理解法律权利和法律义务

（一）法律权利和法律义务的概念和特征

在当今社会，权利和义务关系是社会关系的核心部分，其中被法律规定或认可的，称为法律权利和法律义务。

1. 法律权利的含义与特征

法律权利是指反映一定的社会物质生活条件所制约的行为自由，是法律所允许的权利人为满足自己的利益而采取的、由其他人的法律义务所保证的法律手段。法律权利具有以下四方面的特征。

一是法律权利的内容、种类和实现程度受社会物质生活条件制约。马克思主义认为，"权利决不能超出社会的经济结构以及由经济结构制约的社会的文化发展"。[①] 权利的产生、发展和实现，都必须以一定的社会经济条件为基础，不能脱离一个国家或地区的经济社会发展阶段和水平空谈权利及其实现。以我国城乡居民选举人大代表的权利发展为例：1953年的选举法，根据当时的城乡人口比例等经济社会发展状况，规定每一位全国人大代表所代表农村与城市人口比例为8∶1。改革开放以来，随着城乡人口比例的较大变化和社会经济的发展，1995年修改选举法时将比例修改为4∶1。2010年十一届人大三次会议表决通过的选举法，决定城乡按相同人口比例选举人大代表。

二是法律权利的内容、分配和实现方式因社会制度和国家法律不同而存在差异。同样一种权利，在不同社会制度下和不同国家法律中表现形式有所不同。例如财产权，资本主义法律规定私有财产神圣不可侵犯。《中华人民共和国宪法》第12条规定：社会主义的公共财产神圣不可侵犯。国家保护社会主义的公共财产。禁止任何组织或者个人用任何手段侵占或者破坏国家的和集体的财产。第13条规定：公民的合法的私有财产不受侵

[①] 马克思恩格斯文集（第3卷）[M]. 北京：人民出版社，2009：435.

犯。国家依照法律规定保护公民的私有财产权和继承权。国家为了公共利益的需要，可以依照法律规定对公民的私有财产实行征收或者征用并给予补偿。也就是说，我国的社会主义法律首先规定"社会主义的公共财产神圣不可侵犯"，同时规定"公民的合法的私有财产不受侵犯"。

三是法律权利不仅由法律规定或认可，而且受法律维护或保障，具有不可侵犯性。在阶级和国家存在的情况下，人类的生活和社会活动都与国家息息相关，没有所谓"天赋权利""神赋权利"，权利的实现最终依赖国家的保障。由国家强制力保障其实现，是法律权利区别于其他权利的根本所在。

四是法律权利必须依法行使，不能不择手段行使法律权利。权利人在法律允许范围内行使权利、满足利益的行为是合法的，而一旦超越该范围，则是非法或不受法律保护的。

在抗击新冠肺炎疫情中，绝大多数人都能正确理解法律权利并依法行使，为我国迅速遏制疫情蔓延发挥了重要作用，但也有极个别"任性而为"。

【案例点击】梁某妍案

2020年3月15日15时许，朝阳公安分局接某小区卫生防疫工作人员报警称：一女子拒不配合社区防疫工作。接报警后，呼家楼派出所民警立即赶赴现场开展工作。经核查，梁某妍，女，47岁，澳大利亚籍，就职于拜耳医药保健有限公司，3月14日由首都机场入境进京，工作居留许可有效期至2020年9月5日。

15日下午，本应在租住地居家观察的梁某妍，未戴口罩在小区内跑步，社区卫生防疫工作人员发现后进行劝阻，但该人情绪激动，拒不配合。民警到场后，对梁某妍进行了批评教育，要求其严格遵守疫情防控相关规定，梁某妍表示服从管理，未再外出。梁某妍的行为在网上曝光后，引发社会关注，所在公司对其辞退处理。3月18日，北京市公安局出入境管理局依据《中华人民共和国出境入境管理法》第67条等规定，决定依法注销梁某妍工作类居留许可、限期离境。①

【案例评析】梁某妍享有跑步自由、保持健康权利，这是受法律保护的。但法律权利的内容、种类和实现程度既受社会物质生活条件的制约，还要依法行使。在抗击新冠疫情的特殊时期，梁某妍尚处强制居家隔离期间，她并没有外出跑步的权利，更不享有不戴口罩外出跑步的自由。因为，这会侵犯社会全体成员的生命健康权等。梁某妍的行为是被相关法律法规所禁止的，是超出了法律范围的非法行为。梁某妍为之付出了代价，失去了百万年薪的工作，有网友戏称此为史上最贵"跑步"。

2. 法律义务的含义与特征

法律义务是指反映一定的社会物质生活条件所制约的社会责任，是保障法律所规定的义务人按照权利人要求作为或不作为以满足权利人利益的法律手段。

法律义务具有法定的强制性，违反法律义务必须承担法律责任。法律义务的履行表现为两种形式：一种是作为，是指义务人实施积极的行为，如公民接受教育、参军入伍、依法纳税等；另一种是不作为，是指义务人不得实施某种行为，如公民不得偷税漏税等。

法律义务具有四个特点。

第一，法律义务是历史的。随着经济社会发展和人权保障进步，法律义务的内容和履行方式会不断调整、变化。例如，1958年，第一届全国人大常委会通过《农业税条例》，农民要履行向国家交农业税的义务。随着社会经济的发展，2005年12月，第十届全国人大常委会决定，《农业税条例》自2006年1月1日起废止，全面取消农业税。农民的农业税这一法律义务消失。这也标志着在中国大地上延续了2600年的"皇粮国税"——农业税走进了历史。

第二，法律义务源于现实需要。法律义务的设定与一个国家或地区的

---

① 北京警方：注销疫情期间违规跑步澳籍女子工作类居留许可，限期离境［EB/OL］．（2020-03-19）［2021-05-25］．http：//legal．people．com．cn/n1/2020/0319/c42510-31639990．html．

制度性质、历史传统、文化背景、宗教信仰和安全形势等因素密切关联。例如，在抗击新冠肺炎疫情中，依据相关法律法规，我国公民必须履行"戴口罩"、接受"强制隔离"等法律义务。

第三，法律义务必须依法设定。法律义务的设定有法律依据，必须由具有法律职权的国家机关依照法律程序设定。例如，我国公民必须承担接受义务教育的义务，就是根据《中华人民共和国宪法》《中华人民共和国义务教育法》等法律法规设定的。

第四，法律义务可能发生变化。公民和社会组织承担的法律义务，在履行的过程中可能会因法定情形变更、消灭，或产生新的法律义务。例如，根据民法中诉讼时效的规定，债务人欠债权人的钱财，由于债权人在法定的期限内没有行使索要的权利（同时没有其他法定事由出现），债务人原来承担的强制归还义务就转化为自愿归还义务。

（二）法律权利与法律义务的关系

1. 二者具有统一性

法律权利与法律义务不可分割，相互依存。

（1）法律权利和法律义务是相互依存的关系。法律权利的实现必须以相应法律义务的履行为条件，法律义务的设定和履行也必须以法律权利的行使为根据。

（2）法律权利与法律义务是目的与手段的关系。否则，法律义务就失去了履行的价值和动力，或者法律权利形同虚设。

没有无义务的权利，也没有无权利的义务，权利和义务具有一致性。公民在享有权利的同时，也要忠实地履行义务。不能只享受权利，不履行义务。只有履行了自己的义务，才能更好地行使权利。例如，每个公民都履行了纳税义务，就能享受政府投资基础设施建设所带来的便利。

（3）有些法律权利和法律义务具有复合性的关系，即一个行为同时既是权利行为，又是义务行为。例如公民有接受义务教育的权利，同时接受义务教育也是义务。如果一名10岁的小学生上课经常顶撞老师，学校提出要开除该名小学生。学校能否这样做？当然是不可以的，因为接受义务教育是未成年人的权利，各方面包括学校要保证该权利的实现。当然，该名小学生也应该履行接受义务教育的义务。

2. 二者具有平等性

法律权利与法律义务平等是现代法治的基本原则，是社会公平正义的重要方面。

（1）法律权利与法律义务平等表现为法律面前人人平等被确立为基本原则。根据这一原则，不允许一些人只享受权利而不履行义务，或者多享受权利而少承担义务，另一些人只承担义务不享受权利，或者多承担义务少享受权利。

（2）在法律权利和法律义务的具体设定上要平等。对于一个具体的民事侵权或者刑事犯罪行为设定法律义务，就必须与权利受到侵害的程度相适应，不能超出公正和平等的限度设定权利。

（3）权利与义务的实现要体现平等。要求权利人只能按照权利的内容行使权利，不能向义务人提出过分要求。义务人必须满足权利人的合法权益，不得逃避应当承担的法律义务。

3. 二者互利共赢

在法律权利与法律义务相一致的情况下，一个人无论是行使权利还是履行义务，实际上都是对自己有利的。例如，公民履行了维护国家统一与民族团结的义务，表现为一种付出，但相应地，因为国家安定团结、民族和睦，公民自己的安全利益等也得到了保护。要注意的是，不能机械静止地理解法律权利与法律义务的关系。特别是由于现代社会的分工越来越细，行业越来越多，权利和义务在一定情况下也会出现不对应和不同时的状态。例如，军人承担保卫祖国义务，教师承担立德树人的义务，各行各业尽职尽责，在履行义务的同时实现了各自利益。

二、我国宪法法律规定的基本权利和基本义务的主要内容

（一）我国宪法法律规定的基本权利

我国是社会主义国家，人民当家作主，享有充分的广泛的基本权利，主要有政治权利、人身权利、财产权利、社会经济权利和宗教信仰及文化权利。

1. 政治权利

政治权利是公民参与国家政治活动的权利和自由的统称，包括选举权利、表达权、民主管理权、监督权等。

《中华人民共和国宪法》第34条、第35条、第41条，对公民的政治权利作了规定。

第三十四条 中华人民共和国年满十八周岁的公民，不分民族、种族、性别、职业、家庭出身、宗教信仰、教育程度、财产状况、居住期限，都有选举权和被选举权；但是依照法律被剥夺政治权利的人除外。

第三十五条 中华人民共和国公民有言论、出版、集会、结社、游行、示威的自由。

第四十一条 中华人民共和国公民对于任何国家机关和国家工作人员，有提出批评和建议的权利；对于任何国家机关和国家工作人员的违法失职行为，有向有关国家机关提出申诉、控告或者检举的权利，但是不得捏造或者歪曲事实进行诬告陷害。对于公民的申诉、控告或者检举，有关国家机关必须查清事实，负责处理。任何人不得压制和打击报复。由于国家机关和国家工作人员侵犯公民权利而受到损失的人，有依照法律规定取得赔偿的权利。

2. 人身权利

人身权利是指公民的人身不受非法侵犯的权利，是公民参加国家政治、经济与社会生活的基础，是公民权利的重要内容。主要包括生命健康权、人身自由权、人格尊严权、住宅安全权、通信自由权等。

专题十六　依法行使权利、履行义务

《中华人民共和国宪法》第 37～40 条，对公民的人身权作了具体规定。

第三十七条　中华人民共和国公民的人身自由不受侵犯。

任何公民，非经人民检察院批准或者决定或者人民法院决定，并由公安机关执行，不受逮捕。

禁止非法拘禁和以其他方法非法剥夺或者限制公民的人身自由，禁止非法搜查公民的身体。

第三十八条　中华人民共和国公民的人格尊严不受侵犯。禁止用任何方法对公民进行侮辱、诽谤和诬告陷害。

第三十九条　中华人民共和国公民的住宅不受侵犯。禁止非法搜查或者非法侵入公民的住宅。

第四十条　中华人民共和国公民的通信自由和通信秘密受法律的保护。除因国家安全或者追查刑事犯罪的需要，由公安机关或者检察机关依照法律规定的程序对通信进行检查外，任何组织或者个人不得以任何理由侵犯公民的通信自由和通信秘密。

《中华人民共和国民法典》涉及人身权的有关规定如下：

第一百零九条　自然人的人身自由、人格尊严受法律保护。

第一百一十条　自然人享有生命权、身体权、健康权、姓名权、肖像权、名誉权、荣誉权、隐私权、婚姻自主权等权利。

第一百一十一条　自然人的个人信息受法律保护。任何组织或者个人需要获取他人个人信息的，应当依法取得并确保信息安全，不得非法收集、使用、加工、传输他人个人信息，不得非法买卖、提供或者公开他人个人信息。

第一百一十二条　自然人因婚姻家庭关系等产生的人身权利受法律保护。

第九百九十条　人格权是民事主体享有的生命权、身体权、健康权、姓名权、名称权、肖像权、名誉权、荣誉权、隐私权等权利。

除前款规定的人格权外，自然人享有基于人身自由、人格尊严产生的

— 255 —

其他人格权益。

3. 财产权利

财产权利是指公民、法人或其他组织通过劳动或其他合法方式取得财产和占有、使用、收益、处分财产的权利。对个人而言，财产权是公民权利的重要内容，是公民在社会生活中获得自由与实现经济利益的必要途径。

《中华人民共和国宪法》第 13 条对公民财产权有明确规定：公民的合法的私有财产不受侵犯。国家依照法律规定保护公民的私有财产权和继承权。国家为了公共利益的需要，可以依照法律规定对公民的私有财产实行征收或者征用并给予补偿。

我国其他法律还有很多具体规定。公民享有的财产权主要包括：一是私有财产权。公民一切具有财产价值的权利，不管是生活资料还是生产资料，不管是物权、债权还是知识产权，都应当受到保护。公民在其财产权受到侵犯时，有权要求侵权行为人停止侵害、返还财产、排除妨害、恢复原状、赔偿损失，或依法向人民法院提起诉讼。二是继承权，是指继承人依法取得被继承人遗产的资格。在我国，继承人有的是法律明确规定的，有的是被继承人通过订立合法有效的遗嘱或遗赠指定的，有的是通过被继承人与他人签订的遗赠抚养协议指定的。

4. 社会经济权利

社会经济权利是指公民要求国家根据社会经济的发展状况，积极采取措施干预社会经济生活，加强社会建设，提供社会服务，以促进公民的自由和幸福，保障公民过上健康而有尊严的生活的权利。主要包括劳动权、休息权、社会保障权、物质帮助权等。

《中华人民共和国宪法》第 42～45 条对公民的社会经济权利有明确规定。

第四十二条　中华人民共和国公民有劳动的权利和义务。国家通过各种途径，创造劳动就业条件，加强劳动保护，改善劳动条件，并在发展生

专题十六　依法行使权利、履行义务

产的基础上，提高劳动报酬和福利待遇。劳动是一切有劳动能力的公民的光荣职责。国有企业和城乡集体经济组织的劳动者都应当以国家主人翁的态度对待自己的劳动。国家提倡社会主义劳动竞赛，奖励劳动模范和先进工作者。国家提倡公民从事义务劳动。国家对就业前的公民进行必要的劳动就业训练。

第四十三条　中华人民共和国劳动者有休息的权利。国家发展劳动者休息和休养的设施，规定职工的工作时间和休假制度。

第四十四条　国家依照法律规定实行企业事业组织的职工和国家机关工作人员的退休制度。退休人员的生活受到国家和社会的保障。

第四十五条　中华人民共和国公民在年老、疾病或者丧失劳动能力的情况下，有从国家和社会获得物质帮助的权利。国家发展为公民享受这些权利所需要的社会保险、社会救济和医疗卫生事业。国家和社会保障残废军人的生活，抚恤烈士家属，优待军人家属。国家和社会帮助安排盲、聋、哑和其他有残疾的公民的劳动、生活和教育。

5. 宗教信仰及文化权利

宗教信仰及文化权利是指公民依法享有的与宗教信仰活动和文化生活相关联的自由和权利的总称，主要包括公民在文化和教育领域享有的权利，宗教信仰自由权等。

《中华人民共和国宪法》第36条、第46条、第47条对公民的宗教信仰及文化权利有明确规定。

第三十六条　中华人民共和国公民有宗教信仰自由。任何国家机关、社会团体和个人不得强制公民信仰宗教或者不信仰宗教，不得歧视信仰宗教的公民和不信仰宗教的公民。国家保护正常的宗教活动。任何人不得利用宗教进行破坏社会秩序、损害公民身体健康、妨碍国家教育制度的活动。宗教团体和宗教事务不受外国势力的支配。

第四十六条　中华人民共和国公民有受教育的权利和义务。国家培养青年、少年、儿童在品德、智力、体质等方面全面发展。

第四十七条　中华人民共和国公民有进行科学研究、文学艺术创作和其他文化活动的自由。国家对于从事教育、科学、技术、文学、艺术和其他文化事业的公民的有益于人民的创造性工作,给以鼓励和帮助。

在理解宗教信仰自由时,要注意以下三点。

其一,要全面理解。公民既有信仰宗教的自由,也有不信仰宗教的自由;有信仰这种宗教的自由,也有信仰那种宗教的自由;在同一宗教里,有信仰这个教派的自由,也有信仰那个教派的自由;有过去信教而现在不信教的自由,也有过去不信教而现在信教的自由。

其二,要正确理解。公民有信仰宗教的自由,但不意味着可以信仰邪教,因为邪教不属于宗教,两者有本质区别。一些邪教往往打着宗教的幌子传播,颇具迷惑性。

其三,宗教信仰自由是宪法赋予公民的权利,但共产党员、共青团员不可以信仰宗教。宗教的世界观是唯心主义的,与马克思主义的世界观的区别是根本性的,无法调和与兼容。党员如果信仰宗教、传播宗教思想,就意味着理想信念的动摇和滑坡。共产党员不得信教,是严肃的政治纪律。《关于新形势下党内政治生活的若干准则》明确规定:党员不准搞封建迷信,不准信仰宗教,不准参与邪教。在信教群众占大多数的一些少数民族中,允许党员干部在不违背原则立场情况下,尊重和随顺一些带有宗教色彩和宗教传统但已成为风俗习惯的活动,这要与党员信教区别开来。

《中国共产主义青年团章程》明确:中国共产主义青年团坚决拥护中国共产党的纲领,以马克思列宁主义、毛泽东思想、邓小平理论、"三个代表"重要思想、科学发展观、习近平新时代中国特色社会主义思想为行动指南。共青团员在志愿入团时明确自己信仰马克思主义,是无神论者,因而不得信仰宗教。

除上述基本权利外,我国公民还享有妇女同男子平等的权利,婚姻、家庭、母亲和儿童受国家的保护等权利。

(二)我国宪法法律规定的基本义务

我国宪法规定了公民的基本义务。《中华人民共和国宪法》第 52~56 条规定了我国公民的基本义务:

专题十六 依法行使权利、履行义务

第五十二条 中华人民共和国公民有维护国家统一和全国各民族团结的义务。

第五十三条 中华人民共和国公民必须遵守宪法和法律,保守国家秘密,爱护公共财产,遵守劳动纪律,遵守公共秩序,尊重社会公德。

第五十四条 中华人民共和国公民有维护祖国的安全、荣誉和利益的义务,不得有危害祖国的安全、荣誉和利益的行为。

第五十五条 保卫祖国、抵抗侵略是中华人民共和国每一个公民的神圣职责。依照法律服兵役和参加民兵组织是中华人民共和国公民的光荣义务。

第五十六条 中华人民共和国公民有依照法律纳税的义务。

很多大学生想去服兵役,这是一项基本义务。我国实行义务兵与志愿兵相结合、民兵与预备役相结合的兵役制度。我国公民都有义务依法服兵役。我国《兵役法》规定,每年12月31日以前年满18周岁的男性公民,应当被征集服现役。同时,我国兵役法对服兵役的主体作了限制性规定:有严重生理缺陷或者严重残疾不适合服兵役的人,免服兵役;依照法律被剥夺政治权利的人不得服兵役,没有服兵役的资格;应征公民是维持家庭生活的唯一劳动力或者正在全日制学校就学的学生的,可以缓征。应征公民被羁押,正在被依法被受侦查、起诉、审判的,或者被判处徒刑、拘役、管制正在服刑的,不征集;有服兵役义务的公民拒绝、逃避兵役登记的,应征公民拒绝、逃避征集的,预备役人员拒绝、逃避军事训练和执行军事勤务,经责令限期改正后仍逾期不改的,基层人民政府应当强制其履行服兵役的义务。普通高等学校毕业生的征集年龄可以放宽至24岁。

除了上述基本义务外,公民还有劳动的义务和受教育的义务,父母有抚养教育未成年子女的义务,成年子女有赡养扶助父母的义务等。

三、如何依法行使法律权利、履行法律义务

法律权利和法律义务不只存在于纸面上,而是要在现实生活中运用。大学生行使权利、履行义务都要依法进行。行使法律权利有界限,违反法

定义务要承担法律责任。

（一）行使法律权利的界限

依法行使法律权利要求公民行使权利时应严格依据法律进行，以法律的相关规定为界限，超出这个边界就可能侵犯到他人的权利或者损害到国家、社会的利益。

（1）权利行使的目的。公民在行使法律权利时，不仅要在形式上符合相关法律的规定，也要符合立法意图和精神，不得违反宪法法律确定的基本原则，保障权利行使的正当性。此外，行使权利不得破坏公序良俗，妨碍法律的社会功能和法律价值的实现。

（2）权利行使的限度。任何权利的行使都不是绝对的，都有其相应的限度，必须依照法律规定的限度来行使权利，以合法利益和社会公共利益为界，否则有可能违法犯罪。《中华人民共和国宪法》第52条规定：中华人民共和国公民在行使自由和权利的时候，不得损害国家的、社会的、集体的利益和其他公民的合法的自由和权利。例如：住校生王某的钱物被同寝室的同学周某盗窃后，王某伙同几位同学将周某打成重伤并夺回被盗钱物。王某在自己的钱物被偷后有索要自己的钱物的权利，但必须采用合法的方式和手段，伙同他人把周某打成重伤，侵犯了周某的合法权利。

（3）权利行使的方式。权利行使的方式分为口头方式、书面方式和行为方式，有时口头方式和书面方式可以兼用。例如，18周岁以上的公民参加人民代表大会代表选举投票，就是以行为方式行使权利。

（4）权利行使的程序。由于一个人行使权利的过程可能就是另一个人履行义务的过程，所以程序正当原则同样适用于权利行使过程。通常情况下，行使权利的程序是法律规定的。

（二）违反法定义务要承担的法律责任

公民未能依法履行义务，根据情节轻重，应当承担相应的法律责任。具体的法律责任主要包括民事责任、行政责任和刑事责任。

民事责任是指由于违反民事法律规定、违约或者由于民法规定所应承担的一种法律责任。民事责任是保障民事权利和民事义务实现的重要措施。民事责任分为财产责任与非财产责任。财产责任是指由民事违法行为人承担财产上的不利后果，使受害人得到财产上补偿的民事责任，如损害赔偿责任。非财产责任是指为防止或消除损害后果，使受损害的非财产权利得到恢复的民事责任，如消除影响、赔礼道歉等。

行政责任是指因违反行政法或因行政法规定而应承担的责任。对行政违法者的制裁包括行政处罚和行政处分。行政处罚是由国家行政机关对违反行政法律规定的行政相对人所实施的法律制裁，主要种类有警告、罚款、没收违法所得、没收非法财物、责令停产停业、吊销或暂扣许可证或执照、行政拘留等。行政处分是指国家行政机关对违反法律规定的行政人员所实施的法律制裁，种类主要有警告、记过、记大过、降级、撤职、开除等。

刑事责任是行为人因其犯罪行为所必须承担的由国家司法机关代表国家依法所确定的否定性法律后果。《中华人民共和国刑法》第 32 条：刑罚分为主刑和附加刑。主刑亦称基本刑或本刑，是从刑或附加刑的对称，是对犯罪适用的主要刑罚方法，只能独立适用。附加刑，指刑法规定，补充主刑适用的刑罚方法。《中华人民共和国刑法》第 33 条规定主刑的种类有管制、拘役、有期徒刑、无期徒刑和死刑。第 34 条规定附加刑包括罚金、剥夺政治权利和没收财产。第 35 条规定，对于犯罪的外国人，可以独立适用或者附加适用驱逐出境。

专题小结

明确法律权利、法律义务，特别是明确《中华人民共和国宪法》所规定的公民的基本权利和基本义务，对每一位公民都非常重要。作为当代大学生，既要依法行使宪法和法律赋予的权利，又要依法履行义务，以实际行动推动社会主义法治国家建设。

延伸阅读

1. 《中华人民共和国宪法》。
2. 中共中央宣传部．习近平新时代中国特色社会主义思想三十讲[M]．北京：学习出版社，2018．

思考题

1. 如何正确理解法律权利和法律义务的关系？
2. 我国宪法规定的公民的基本权利和基本义务有哪些？

（撰写人：王璇）